Martin Lilkendey
100 Jahre Musikvideo

Film

Für meinen Vater

Martin Lilkendey, geb. 1970, lehrt an der Universität Koblenz-Landau Kunstpraxis und Kunstwissenschaft mit den Schwerpunkten Musikvideo und Portraitfotografie. Er war langjähriger Freier Producer der Station Promotion VIVA Fernsehen und Discjockey elektronischer Musik.

Martin Lilkendey

100 Jahre Musikvideo

Eine Genregeschichte vom frühen Kino bis YouTube

[transcript]

Diese Dissertation wurde vom Fachbereich 2 der Universität Koblenz-Landau zur Erlangung des akademischen Grades eines Doktors der Philosophie angenommen.

Bibliografische Information der Deutschen Nationalbibliothek
Die Deutsche Nationalbibliothek verzeichnet diese Publikation in der Deutschen Nationalbibliografie; detaillierte bibliografische Daten sind im Internet über http://dnb.d-nb.de abrufbar.

Umschlaggestaltung: Kordula Röckenhaus, Bielefeld
Umschlagabbildung: Martin Lilkendey, Köln, 2016
Lektorat & Korrektorat: Elke Windrath
Printed in Germany
Print-ISBN 978-3-8376-3776-2
PDF-ISBN 978-3-8394-3776-6

Gedruckt auf alterungsbeständigem Papier mit chlorfrei gebleichtem Zellstoff.
Besuchen Sie uns im Internet: *http://www.transcript-verlag.de*
Bitte fordern Sie unser Gesamtverzeichnis und andere Broschüren an unter: *info@transcript-verlag.de*

Inhalt

1 Was ein Musikvideo ist

Der unstimmig erscheinende Titel „100 Jahre Musikvideo. Eine Genregeschichte vom frühen Kino bis YouTube“ ist mit Absicht gewählt. Kritische Leser werden sich fragen: ‚Wie können Musikvideos 100 Jahre alt sein? Das Video gibt es doch erst seit etwa einem halben Jahrhundert!‘

Nun ist aber das, was wir heute Musikvideo nennen, in den wenigsten Fällen im technischen Sinne ein Video. Erst seit der Einführung des HighDefinitionVideos ab Mitte der 90er Jahre wurde die Produktion mit Video üblich und kam schon Mitte bis Ende der 70er Jahre kurzzeitig vor allem bei Musikvideos vor. Bis dahin und in den letzten 20 Jahren aber sind die meisten Musikvideos eigentlich Filme (16 mm, 35 mm).

Ich werde vorerst den Begriff Musikvideo verwenden, weil er erstens von allen gleich verstanden wird und zweitens einen historischen Irrtum in sich trägt. Insofern stellt der Titel auch gleichzeitig meine These dar, dass Musikvideos auf eine hundertjährige Geschichte zurückblicken dürfen, die nahezu durchgängig historisch nachzuweisen ist, obwohl sie durch verschiedene Distributionseinheiten oder Medien wechseln und sowohl den Inhalt als auch die formale Technik der Zeit nutzen und offenbaren. Musikvideos spiegeln immer die populärste Musik der Zeit wider. Sie hatten und haben deshalb immer einen Markt, der bedient wird. Die Musikindustrie lässt für ihre Künstler Musikvideos regelmäßig erst seit den 70er Jahren produzieren, um von der Sekundäreigenschaft des Musikvideos als Werbeinstrument im höchsten Maße profitieren zu können.

1.1 Der Begriff und sein Hintergrund

Der Begriff Musikvideo entstand erst im Zusammenhang der 80er Jahre, als das Musikfernsehen sein Hauptsendematerial benennen musste. In einer Anzeige von MTV zum Sendestart im Musikmagazin „Billboard“ liest man den Begriff „video records“ (Billboard vom 1. August 1981, S. 41). Die Unsicherheit in der Begrifflichkeit taucht auch in der wissenschaftlichen Literatur der 80er Jahre vielfach auf. Im Vorwort zu „Clip Klapp Bum. Von der visuellen Musik zum Musikvideo“ (1987) von Bòdy und Weibel sind „Musikvideo“, „Clip“, „Musikvideoclip“ sowie

„Musikclip" zu lesen. Diese Begriffe werden von den Autoren synonym verwendet. Auch Morse spricht noch 1991 fast durchgehend von „rock video" (Morse 1991, S. 295). Die „Video Music Awards", die von MTV seit 1984 vergeben werden, heißen deshalb auch nicht „Musicvideo Awards", obwohl sie von den Erfindern von MTV jetzt selber „Music Videos" genannt werden: Jac Holzman, senior vice president, Warner communications, sagt: „I'd been involved with music videos – ‚clips', we were calling them then – a long time. When we came out with the first Doors album in 1967, we made a video of them doing ‚Break On Through'." (Holzman, nach Anson 2000, S. 2). Ein Blick in die deutsche Fernsehprogrammzeitschrift „GONG" zeigt auch keinen einheitlichen Begriff. Zum 26.9.1983 kann man zu „Thommys Pop Show"[1] „Internationale Video Hits" lesen (vgl. GONG 1983, S. 63) und zum 27.9.1983 wurde die Sendung „Formel Eins"[2] mit „Videoclips und Live-Auftritten" angekündigt (vgl. a. a. O., S. 64).

Der oben genannte Irrtum erklärt sich insofern, als dass die Musikvideos nicht vom Fernsehen oder der Tonträgerindustrie erfunden wurden, sie aber den eigentlich falschen Begriff prägten, weil Mitte der 70er Jahre das Videoband als MAZ (Magnetaufzeichnung) das Sendeformat war, mit dem das Fernsehen arbeitete und auch die Fernsehstudios Videos als Speichermedium nutzten. Alle Musikvideos der Zeit beziehungsweise alle Musikvideos, die damals im Fernsehen gezeigt werden sollten, waren ohnehin Videobandaufzeichnungen, gleichgültig ob sie ursprünglich mit Video oder mit Film produziert wurden. Wichtig ist aber, dass zu dieser Zeit die Musikvideos erstmals von der Musikindustrie reihenweise in Auftrag gegeben wurden, wenn man davon absieht, dass die Kinofilmindustrie in den 30er und 40er Jahren Musikverlage kaufte, um eigene Musik für Filme zu lizensieren und auch um die Vermarktung der Soundtracks zu beherrschen (vgl. Smith 1998, S. 30ff.). Bis dahin produzierte die Musikindustrie kaum eigene Musikvideos.

Allein der Teilbegriff „Video" lässt sofort denken: ‚Das ist eine Erfindung der 80er Jahre!' Deshalb wurde der Titel der Arbeit durch den Zusatz „100 Jahre" ergänzt, um die Absurdität dieses durch den Begriff suggerierten Verhältnisses zu verstärken. Biba Kopf schreibt bereits 1987 dazu: „Schon seit den ersten Tagen des Tonfilms hat es Experimente mit musikalisch-visuellen Effekten gegeben; aber mit der ihr eigenen Arroganz verlegt die Popindustrie die Geburt des neuen Mediums gerne in die eigene Ära [...]" (Kopf 1987, S. 197).

Ein weiteres Argument vorausgehender wissenschaftlicher Arbeiten, Musikvideos als eine Erfindung der 80er Jahre gelten zu lassen, ist deren Verflechtung mit dem Fernsehen als Musikfernsehen. Auch im „Handbuch der populären Musik" findet man zum Begriff „Musikvideo" den Werbeaspekt als wichtigstes Element, der gerade durch die Möglichkeit des Musikfernsehens erst zum Tragen komme

1 | Erstausstrahlung am 27.11.1982 im ZDF. Moderiert hat sie Thomas Gottschalk.

2 | WDR 1983–1990.

(vgl. Wicke/Ziegenrücker 2007, S. 477). Schmidt u. a. postulieren, dass erst die Verschränkung des Musikvideos mit einem Musikfernsehsender – MTV – dem kommerziellen Musikvideo einen festen Platz in der Popkultur zuweise und deshalb die Geburtsstunde des Musikvideos und des Musikfernsehens identisch seien (vgl. Schmidt u.a. 2009, S. 24). Gemeint ist damit das Jahr 1981, in dem MTV den Sendebetrieb im New Yorker Kabelnetz aufnahm. Dass die Musikvideos zu Beginn der 80er Jahre augenfällig im Fernsehen der westlichen Welt einen quantitativen Boom erlebten, kann dabei als unterstützendes Argument gelten und muss verschiedenen Entwicklungen zugeschrieben werden:

Erstens erlebte die Musikindustrie angeblich nach einem enormen Zuwachs in den späten 60er und frühen 70er Jahren Ende der 70er Jahre einen Verlust von etwa 20 Prozent, was die Musikindustrie nach neuen Möglichkeiten zur Promotion suchen ließ und in diesem Zusammenhang das Musikfernsehen gelegen kam (vgl. ebd.).

Ein Verlust von 20 Prozent deckt sich allerdings nicht mit den Statistiken der IFPI[3] von 1973 bis 1993. Folgt man diesen, so wächst die Anzahl der verkauften Tonträger kontinuierlich von 1,3 Milliarden im Jahr 1973 auf 3,3 Milliarden zwanzig Jahre später. In den Jahren 1977 bis 1980 gibt es allerdings einen Rückgang um circa sechs Prozent. Das Argument verliert daneben weiter an Plausibilität, da die Musikindustrie zunächst ablehnend auf die MTV-Idee reagierte. John Lack und Jack Schneider äußern sich heute folgendermaßen:

> John Lack: I went out to the first Billboard video-music convention, and was on a panel with Michael Nesmith, Sid Sheinberg, the president of MCA-Universal, and the head of Arbitron, one of those research companies. The guy from Arbitron gets up and says, ‚There is definitely a market for video music.' Nesmith gets up and says, ‚This is going to be the creative stuff for the next generation.' I get up and go, ‚Warner is putting in $ 25 million, and we have to get your clips.' Then Sheinberg gets up. He says, ‚This guy Lack is out of his fucking mind, 'cause we ain't giving him our music.'
>
> Jack Schneider: The record companies hated it. They said, ‚We made this mistake in radio – you ain't gonna catch us making it again. You are going to have to pay for the rights to this video.' Walter Yetnikoff, the head of CBS Records, was adamant: We weren't getting anything. (Lack/Schneider, nach Anson 2000, S. 5).

Die Musikindustrie erkannte erst viel später, dass die Möglichkeit, ihre Musik im Fernsehen für ihre Zielgruppe zu platzieren, sehr lukrativ war. Die gleiche Blauäugigkeit zeigte die Musikindustrie schon zu Beginn des Mediums Radio,

3 | IFPI ist die Abkürzung für „International Federation of the Phonographic Industry".

was 1940 zum ASCAP-Boykott[4] führte, und zeigt dieselbe Haltung wie heute bei den schwierigen Verhandlungen zwischen GEMA und YouTube (vgl. o. Verf. 2016a: GEMA). Zugegeben sind Rechteverwerter wie GEMA nicht mit der Musikindustrie gleichzusetzen. Trotzdem werden hier dieselbe Klientel und dieselben Interessen vertreten, mit denen Geld verdient werden will: die Musiker und ihre Produkte. Jahre später realisierte man den Erfolg des Musikfernsehens anhand von Zahlen: In der Dekade 1984 bis 1994 konnte die Musikindustrie eine Umsatzsteigerung von zwölf Milliarden auf 38 Milliarden US-Dollar verzeichnen (Abb. 1).

Abbildung 1

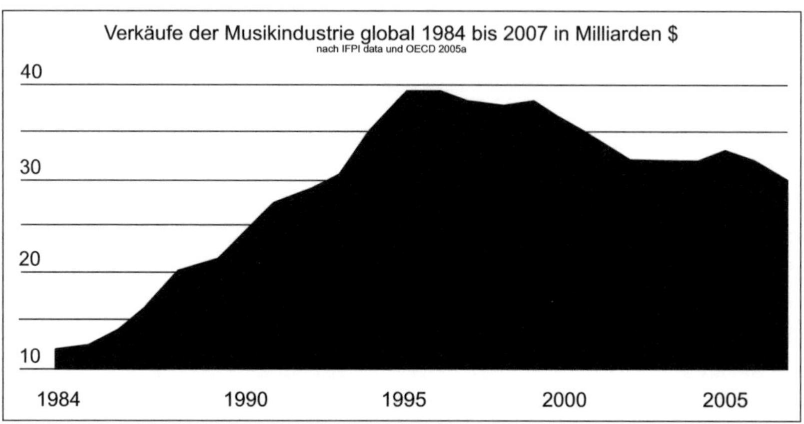

Dass diese Steigerung allerdings nur mit dem Musikfernsehen zu erklären ist, kann nicht stimmen: Man muss sicherlich die Einführung der CD 1984 und auch die Zweitauswertungen durch Sampler mit einbeziehen. Tim Renner beschreibt in seinem autobiografischen Buch über die Musikindustrie, wie die Fans mit der Einführung der CD ihre bereits gekauften Alben ein zweites Mal kauften. Doch zeitgleich mit der Etablierung von MTV musste jeder Pop-Künstler ein Video haben. Insofern korrelieren folglich auch die Umsätze und Preise der Musikvideos mit der Umsatzsteigerung der gesamten Musikindustrie.

Zweitens bildete die neue Ware „Home Video" Mitte der 70er bis Mitte der 80er Jahre nicht nur eine grundlegende populäre Akzeptanz des Mediums, sondern auch für die Major Label der Musik und Filmindustrie einen neuen, riesigen Markt. Die Verkaufsrate des VCR (Video Cassette Recording) steigt bis 1980 auf

4 | Die American Society of Composers, Authors and Publishers ist eine Verwertungsgesellschaft, die 1940 dem Radio verbot, ihre Musik zu spielen, weil sie nicht genug dafür zahlen wollten. 1941 stellte die ASCAP einen Umsatzrückgang von 60 Prozent fest und gab so ihre Musik für das Radio wieder frei.

58,8 Prozent und das „Billboard Magazine“ widmet ab 1980 der neuen Technik für zu Hause eine eigene Rubrik (vgl. Billboard vom 26.7.80, S. 54). 1985 gibt es „Billboard Videocassette Charts“ sowohl für Musikvideos als auch für andere Videoprodukte wie beispielsweise Spielfilme oder Dokumentarfilme. Zusätzlich kann man in einer Tabelle der Musikzeitschrift ab dem 5. Februar 1983 sehen, welche Musikvideos in den verschiedenen Rotations (d. i. die Häufigkeit der Wiederholung eines Musikvideos) bei dem Sender MTV sind.

Diese Markteroberung veranlasste auch junge Regisseure wie Keith MacMillan ab Mitte der 70er Jahre, auf das Musikvideogeschäft zu setzen und auch am Anfang tatsächlich direkt mit der neuen Studiovideotechnik aufzuzeichnen. Wie bei den Soundies der 40er und den Scopitone-Filmen der 60er Jahre wurden die Musikvideos an einem Tag produziert. Die Ausnutzung der Studio-Videotechnik der 70er Jahre mit neuen Tricks wie dem Blue-Box-Verfahren war nur wenige Jahre von Bedeutung.

Nicht außer Acht lassen darf man die beispielsweise in Deutschland von Fernsehproduktionen hergestellten Musikvideos. Mike Leckebusch hatte ein eigenes Studio für seine Gäste des „Musikladens“, die ganz spontan ein Video brauchten. Auch die Sendung „Formel Eins“ produzierte eigene Musikvideos für Künstler, die für ihren Hit noch kein Video hatten (vgl. Renner 2008, S. 78ff.). Anfang der 80er Jahre ging es hauptsächlich zurück zu dem klassischen Film in 16 mm oder 35 mm, nachdem der Konkurrenzkampf um das beste Video für die Marketingstrategie der Musikindustrie sehr bedeutsam wurde. Schließlich bestimmte der Sender MTV, welche Videos gespielt wurden, weil dem Sender sein eigenes Image wichtiger war als lediglich Werbeträger zu sein. Bob Pittmann konstatierte: „The star wouldn’t be the videos, the star would be the channel.“ (Pittman, nach Anson 2010, S. 3).

Die Kosten für Musikvideos stiegen vor dem dargestellten Hintergrund immens. Den Anfang machte Michael Jacksons „Thriller“ aus dem Jahr 1983 mit den damals gigantischen Produktionskosten von circa 500.000 US-Dollar. Die meisten Musikvideos mit über 1.000.000 US-Dollar Produktionskosten sind in den 90er Jahren zu finden. Das war diejenige Zeit, in der die Musikindustrie am meisten verdiente.

Drittens ist die Veränderung des Popmarktes respektive der Jugendkultur zu einer den Konsum akzeptierenden, orientierten und selbst schaffenden Gesellschaft zu nennen. Allein die Akzeptanz des Massenmediums Fernsehen ist eine Haltung, die sich die Rock-Hippie-Generation nie hätte vorstellen können. Die europäische Punkbewegung sowie die ihr entsprechende amerikanische Hip-Hop-Bewegung löschten alle Regeln der Popkultur und setzten sie im New Wave neu zusammen.

Sagte die 68er-Bewegung noch: „Wir können eine Welt gestalten."[5] und die folgende Glamrockgeneration: „Wir flüchten in eine andere Welt."[6], so verneinte der Punk die existierende Welt, um in einer eigenen Welt völlig neu zu beginnen und durch den Postpunk in eine Kommerzialisierung zurückzufallen, die von der 80er Generation in verschiedenen Richtungen wie beispielsweise New Wave, Popper, Yuppies, Ökos, Gothics oder New Romantics voll akzeptiert wurde.

Diese Zeit ist von einer absoluten Selfmade-Jugendkultur geprägt, bei der die Teilnehmer dazu eingeladen waren, alles neu zu gestalten: die Mode, die Musik mit ihren neuen Synthesizern und auch das Fernsehen. Der Look wurde wichtiger denn je und dazu trägt das Musikvideo Entscheidendes bei. David Bowie ist in Bezug auf die extreme Identifikation durch den Look eine Schlüsselfigur. Er schafft in der Glamrockzeit zu Beginn der 70er Jahre seine ersten Erfolge als ZiggyStardust, um in der Folgezeit seinen Look alle paar Jahre neu zu generieren und über Bilder oder Videos neu zu inszenieren. In den 80er Jahren erreicht er in seinem Extrem-Popper-Look in Zeiten des Albums „Let's Dance" seinen Zenit und fällt in den 90er Jahren in ein kreatives Tief. Bowie ist auch einer der ersten Befürworter des Senders MTV und nimmt an der Promotionkampagne „I want my MTV"[7] teil.

Die Definition eines Popstars erfolgt in den 80er Jahren sehr stark durch die eigene (Medien-)Präsenz. Stars wie Madonna, die nun mehr auf Look und Präsenz setzen, erhalten durch das Musikfernsehen bei MTV eine Plattform, ohne die sie wahrscheinlich nicht so erfolgreich geworden wären. Bowie sagt dazu selbst: „Ich verstehe Video als eine Ausweitung meiner künstlerischen Möglichkeiten. Ich kann mir den Tag vorstellen, an dem die Verbindung aus Musik und Video eine ganz neue Art von Star hervorbringen wird." (Bowie, nach Kopf 1987, S. 200). Die neue Art von Star hat sich mittlerweile längst durchgesetzt. Solange es sich um Stars handelt, die eine natürliche Präsenz wie Elvis, Jim Morrison, Bowie oder Prince haben, ist eine visuelle Unterstützung auch wünschenswert und sehr willkommen, weil ihr Bühnentalent ein wesentlicher Teil ihrer Popstarpersönlichkeit war und ist. Allerdings bietet das Musikvideo auch vielen, die keine natürliche Präsenz haben, die Möglichkeit, durch eine unterstützende visuelle Inszenierung zum Megastar zu werden. Deshalb reichte Bowie auch allein seine Präsenz in einem Musikvideo. Der Auftritt genügte, um den Zuschauer von seiner

5 | Vgl. dazu Rudi Dutschke im Interview im Südwestfernsehen am 3.12.1967: „Wir können eine Welt gestalten, wie sie die Welt noch nie gesehen hat, eine Welt, die sich auszeichnet, keinen Krieg mehr zu kennen, keinen Hunger mehr zu haben, und zwar in der ganzen Welt."

6 | Zum Beispiel die musikalisch heraufbeschwörten Fantasy-Welten bei Yes oder Jethro Tull.

7 | Werbekampagne des Senders; die Zuschauer sollten ihren Kabelanbieter nach MTV fragen, 1984f.; vgl. Kugel 1998.

Aura zu faszinieren. Beispielhaft sind seine Musikvideos, die ihn selten in Bewegung zeigen, wie bei „Heroes" von 1977. Bei Michael Jackson ist es zusätzlich die Körperbewegung, die ihm große Präsenz verleiht. Fast zur gleichen Zeit zeigt Michael Jackson ein ähnliches Video, das mit etwas mehr Discosound gewürzt ist und ausschließlich ihn alleine zeigt: „Rock with you". Auch für den Song „Don't Stop 'til Ya Get Enough", ebenfalls von 1979, gilt diese Beobachtung. Bei Madonna reichte weder ihre Präsenz noch ihre tänzerische Qualität. Sie baut für ihren Erfolg auf eine überladene Inszenierung mit Sex und vielen Tänzern. Eines ihrer ersten Videos, „Holiday"[8], zeigt sie in einer Choreografie mit zwei Tänzern, die sie auch bei ihren Auftritten dieser Zeit begleiten. Madonna wäre demnach der Prototyp desjenigen neuen Stars, den Bowie oben anspricht: aufgebaut auf eine Präsentation durch das bewegte Bild, durch das Musikvideo. Bezeichnenderweise ist sie auch mit bis jetzt 20 Awards die von MTV am meisten ausgezeichnete Künstlerin.

Dieser Akzeptanz des Publikums gegenüber der kommerziellen Poppräsenz in den 80er Jahren verdankt MTV seine Berechtigung beziehungsweise seinen Erfolg, die Musikindustrie (mit Einschränkung wegen der Einführung der CD) ihre maximale Gewinnsteigerung und das Musikvideo seine Preissteigerung bis in die 90er Jahre und nicht zuletzt seinen Namen, wegen der Verortung in dieser Zeit.

1.2 Bestimmungen des Musikvideos

Nach der einführenden Sensibilisierung für das Thema werden nun die Form, der Inhalt und die Funktion eines Musikvideos genauer beschrieben werden, um zu definieren, was ein Musikvideo sein soll:

Die Form ist die technische Bestimmung des Musikvideos. Der Inhalt bestimmt sich durch die Bildsemantik. Die Funktion stellt die Frage nach dem, wozu das Musikvideo hergestellt ist und was damit gemacht oder erreicht werden soll. Die Bestimmung der Funktion kann je nach Perspektive des Betrachters variieren. Der Konsument wird dem Musikvideo eine andere Funktion zuweisen als der Auftraggeber, der Künstler oder der Regisseur. Deshalb lohnt es sich, je nach Bestimmungsart zu unterscheiden. Allerdings muss der Schwerpunkt auf die Intention des Herstellers, des Regisseurs, gelegt werden. Es handelt sich schließlich insgesamt um ein Produkt der Ästhetik, das besondere Anforderungen an den Betrachter stellt. „Im Falle des Musikvideos hat man es [...] mit einer Kunst resp. einem ästhetischen Gebilde zu tun, welches eigenen Gestaltungsprinzipien folgt [...]." (Schmidt u.a. 2009, S. 11).

---

8 | Die Choreographie und die beiden Tänzer tauchen sowohl im ersten Video 1983 als auch im Musikladen „Eurotops" (Radio Bremen am 1.3.1984) auf.

Die Ästhetik entsteht im Zusammenspiel zwischen Inhalt, Form und Funktion oder in Bezugnahme zweier oder eines einzelnen Aspekts. Der Regisseur entscheidet sich für eine Realisation, die im Idealfall nur an seine subjektive Kreativität gebunden ist, aber gleichfalls die Grenzen des Inhalts, der Form und der Funktion nicht überschreiten kann. Werden die Grenzen überschritten, passt das Ergebnis nicht mehr in die Definition oder die Definition muss erweitert werden.

In der Kunst werden häufig Regeln gebrochen, Grenzen werden überschritten oder ausgelotet. Auf jeden Fall macht es keinen Sinn, genau zu erwartende Gestaltungsmuster in künstlerisch gestalteten Produkten zu bestimmen. Das verhält sich beim Musikvideo ebenso. Es ist eher zu erwarten, dass sich dieses ästhetische Produkt immer wieder anders darstellt und an den Betrachter auch je neue Herausforderungen bei der Rezeption stellt.

In der Literatur wird aber immer wieder typisiert. Es wird zum Beispiel vorausgesetzt, dass im Musikvideo im Gegensatz zur Filmmusik das Bild der Musik folge (vgl. Schmidbauer/Löhr 1996, S. 12ff.; Altrogge 2001, S. 204ff.). Das mag für viele Musikvideos richtig sein, trifft aber eben auch auf viele nicht zu, etwa auf „Thriller" von Michael Jackson oder „All I Need" von Air. Angeblich, so mutmaßen sie weiter, würden Musikvideos unterschiedlicher Musikrichtungen auch unterschiedlichen ästhetischen Strategien folgen. So unterscheidet Altrogge zwischen „Softpop", „Dancepop", „Hip Hop" und „Rock" (Altrogge 2001, S. 44ff.). Im Softpop-Musikvideo gehe es sehr homogen und gesittet zu, genau wie die Musik es vorgebe. Gemeint sind Künstler wie Fleetwood Mac oder Enya und wahrscheinlich auch Phil Collins. Es wird beispielhaft festgestellt, dass diese Musikvideos häufig in geschlossenen Räumen stattfinden, dass sie eine Idylle herstellen, eine intime Situation zwischen Star und Betrachter schaffen und einfach konservativ sind. Beim Dancepop sei das Musikvideo deutlich rhythmischer, da die Musik auch mehr Rhythmus besitze. Auch die Interpreten tanzten hier häufiger, die Schnitte seien schneller und unübersichtlicher. Als Beispiel werden nur Michael und Janet Jackson genannt, gemeint scheinen aber eher Eurodance-Musikvideos zu sein, denn Jacksons „Thriller" ist nicht schnell geschnitten. Hip Hop und Rap benutzen nach Altrogge urbane Umgebungen, um ihren Lebensraum darzustellen, als Beispiel wird „Rebel MC" genannt. Spezifischer noch als Altrogge äußern sich Kerscher und Richard zu Hip-Hop-Videos. Gangstertum, Präsentation von Luxus, Gefängnis werden hier als typisch ausgemacht.

Offenbar sind alle Autoren stark von ihrer unmittelbaren Wahrnehmung und den aktuellen Musikvideos ihrer Zeit geprägt (vgl. Kerscher/Richard 2003, S. 215). Bei Altrogge fällt sofort auf, dass Hip-Hop-Videos nur wenige Zeilen gewidmet sind, während Rock-Musikvideos auf über drei Seiten beschrieben werden. Die Gangster- und Präsentation-Musikvideos des Hip Hop haben ihre Blütezeit um das Jahr 2002. Mittlerweile sieht die Vorliebe der Regisseure für Hip Hop allerdings anders aus. Kanye Wests „All Fall Down" von 2004 hat nichts von einem herkömmlichen Hip-Hop-Video und zu Beginn des Hip Hop war das Musikvideo von Grandmaster Flash and the Furious Five zu „The Message" von Luxus weit entfernt; auch das Gangstertum wird hier nicht heroisiert, sondern als ungerechte, fälschliche Zuschreibung der Polizei gegenüber den Rappern, die auf der Straße stehen, dargestellt. Altrogges Bestimmung der Rock-Musikvideos ist auffällig genderspezifisch, sind Frauen hier nämlich nur „Handlungsauslöser" und kommen auch sonst nur als Objekte vor. Sonst gehe es um Authentizität und zum Beispiel durch Brüche in der Kameraführung um eine kräftige Bildsprache. Exemplarisch werden Skid Row und Living Color angeführt. Gerade das Skid-Row-Video „18 And Life" (1989) ist ausgesprochen kommerziell und ist aus heutiger Sicht viel eher als Softpop-Musikvideo aufzufassen, das besonders Musikvideos von Guns 'N'Roses ins Gedächtnis ruft.

Aus den vorangestellten Ausführungen folgt, dass Musikvideos eben nicht allgemein typisch für bestimmte Musikstile sein können, sondern höchstens in ihrer Zeit gewisse Tendenzen, Moden oder Trends zeigen, die im Zusammenhang mit der jeweiligen Gruppe stehen können. Auf keinen Fall sind solche Zuschreibungen aber konstituierend für eine Definition von Musikvideos.

Das Musik-Bild-Gefüge lässt sich darüber hinaus ebenfalls nicht konkret gestalterisch formal bestimmen, weil es den Innovationen und Trends der Zeit und vor allem der subjektiven gestalterischen Idee des Künstlers oder Regisseurs unterworfen ist (vgl. Kapitel Der Regisseur als Künstler). Dabei kann die besondere Idee des Regisseurs sowohl die Form (beispielsweise mit schnellen Schnittsequenzen oder Kameratricks) als auch den Inhalt, wie bei der Horrorgeschichte im Musikvideo „Thriller" oder die Funktion, wie zum Beispiel bei „All I Need" von Air betreffen. Beim letzteren besteht die ungewöhnliche Idee darin, die Musik ganz leise als Hintergrundmusik für den kurzen Dokumentarfilm über ein junges US-amerikanisches Pärchen zu spielen. Das Musikvideo fungiert in diesem Beispiel daher als Dokumentarfilm (vgl. Kapitel Assoziative Musikkurzfilme und elektronische Musik).

Die Idee des Regisseurs und die Umsetzung ist entscheidend für die Qualität des Musikvideos und auch für die Einschätzung, ob es Kunst ist oder nicht. Deshalb ist im Musik-Bild-Gefüge alles möglich, ohne dabei willkürlich zu sein, denn erstens ist die subjektive künstlerische Entscheidung nie willkürlich und zweitens kann das Musikvideo die Grenzen des Inhalts, der Form und der Funktion nicht verlassen. Wenn es trotzdem zu Verletzungen und Überschreitungen kommt, bestätigt und unterstreicht eine solche Ausnahme gerade diejenige Grunddefinition, die im Folgenden vorgestellt werden wird. Ebenso kann die Form in der Bestimmung hier nicht über die physische Dimension hinausgehen, der Inhalt nicht die einzelnen Möglichkeiten verraten und die Funktion nicht über die Grundfunktion hinausgehen.

1.2.1 Form

In den allermeisten Fällen ist das Musikvideo ein kurzer Ton-Film, selten ein Videofilm, der zeitlich durch die Dauer des dazugehörigen Musikstücks begrenzt ist. Dieser Ton-Kurzfilm kann in verschiedenen Medien, im Fernsehen, Internet, Kino, auf DVD, durch Streaming abgespielt werden, wenn er für diese entsprechend umkopiert ist. Ein entscheidender Aspekt ist die unveränderliche Synchronität von Bild und Ton: Ein Film ohne fest zugeordneten Ton kann kein Musikvideo sein. Daraus folgernd muss ein Musikvideo grundsätzlich der Filmkunst zugeordnet werden, weil das Musikvideo nur in einem Film/Videomedium wie zum Beispiel Kino, Internet oder Fernsehen wiedergegeben werden kann.

Die erste Vervielfältigungsgeneration des Musikvideos richtet sich nach der Aufnahmetechnik Film oder Video. Das Bild ist also grundsätzlich entweder analog oder elektrisch erzeugt und muss für die vorgesehene Wiedergabe zunächst umformatiert werden.

Fernsehen ist Video. Gleiches gilt für Filme im Internet. Das Wiedergabe-Video-Format unterscheidet sich je nach Region des Fernsehens (PAL, SECAM, NTSC) oder geeigneter Datenform für das Internet (*.wmv, *.flv, *.mov, *.mp4 u. s. f.). Gemeinsam unterscheiden sich die Videoformate von der klassischen Bilderzeugung durch Projektion mit Hilfe des transparenten, mit Fotoemulsion beschichteten Films zunächst in der geringeren Auflösung, in der kälteren Farbdarstellung, der geringeren Tiefenschärfe und in dem schlechteren, da übersteigerten Kontrastverhalten. Mittlerweile ist aber auch die digitale Technik so weit entwickelt, dass der Unterschied zu Filmmaterial nur noch versierten Spezialisten auffällt. Eine Sekunde bewegtes Bild besteht aus einer relativen Anzahl von Bildern, die beim Fernseh-Video in zwei Halbbilder aufgelöst werden, die sich oben und unten nacheinander in das Bild schieben. Daher kommt das bekannte Flimmern bei alten Röhrenfernsehern. Aktuelle Videoformate schaffen auch Vollbilder, die von bestimmten Medien wiedergegeben werden können. Unser Fernsehbild ist immer noch in der Regel ein PAL-Bild mit 50 Halbbildern, bei dem das Flimmern deutlich zu erkennen ist, wenn man am Gerät vorbei schaut. Bei den neueren Plasma- und LED-Bildschirmen entfällt diese Eigenart.

Film (wie im Kino) wird immer mit 24 Vollbildern pro Sekunde projiziert. Wenn man davon ausgeht, Musikvideos nicht (mehr) im Kino zu sehen, erlebt man deshalb immer ein Videobild, also ein elektronisches Bild. Trotzdem ist auch im Fernseher (oder im Internet) ein deutlicher Unterschied zwischen einem neuen oder einem alten Kinofilm wie „Spartacus“[9] und einer herkömmlichen Dokusoap augenfällig, weil das Ausgangsmaterial unterschiedlich ist.

9 | „Spartacus“, USA 1960, Regie: Stanley Kubrick.

Die meisten Musikvideos, wenn sie nicht mit dem Videolook als Stilmittel arbeiten[10], sind aber auf Filmmaterial (16 mm oder 35 mm) produziert und deshalb von *Videoästhetik*, die nicht mit der *Clipästhetik* zu verwechseln ist, weit entfernt. Ähnlich verhält es sich bei Werbespots, die immer high glossy[11] sind. Die meisten Musikvideos der Geschichte sind auf analogem Film produziert. Erst in den letzten Jahren ist die Videotechnik so weit fortgeschritten, dass nunmehr Musikvideos zumeist Videos im technischen Sinn sind.

Die Videotechnik, die Anfang der 80er Jahre dem Musikvideo ihren Namen geliehen hat, ist in diesem Zusammenhang eine Fernsehaufzeichnungstechnik, die sich in den 50er Jahren entwickelte, um Zeit und Geld bei dem Kopiervorgang Film auf Film oder bei der Entwicklung des Films zu sparen und um Fernsehmaterial aufzuzeichnen. Der Videorecorder für jedermann kommt Mitte der 70er Jahre auf den Markt und entwickelt sich bis Anfang der 80er Jahre zu einer lukrativen Industrie. Kinofilme werden auf Video veröffentlicht, um in Videotheken verliehen oder direkt an den Konsumenten verkauft zu werden. Was dann in den 70er, 80er und 90er Jahren das Videoband war, ist heute die DVD oder eine andere digitale Variante wie zum Beispiel Video On Demand (VOD), die im Internet gestreamt oder als Download angeboten wird.

Übliche Musikvideos sind keine Videos im ästhetischen Sinn und wollten auch nie welche sein. Als in den 90er Jahren das Digital Video (DV) aufkam, nutzten wir bei VIVA (vgl. Kapitel 4.3.2.1.8) schnell die neue und vor allem kleine Technik, um billig und individuell zu produzieren. Wir versuchten immer mit allerlei Tricks gerade die Videoästhetik zu eliminieren und durch Farbigkeit, Bildfrequenz und Kontrast einen individuellen Filmlook zu generieren.

Insofern irren andere Autoren, wenn sie behaupten, dass „die Technik des Musikvideos als reproduzierbare und manipulierbare Bildtechnik, bei der das Bild elektrisch produziert wird und analog oder digital von einem Speichermedium wiedergegeben werden kann, sich als Videoformat bestimmt." (A. a. O., S. 8).

Also sind Musikvideos in technischer Hinsicht zunächst Kurzfilme, die mit verschiedenen Aufnahmeverfahren hergestellt werden können, wobei ein besonderer Wert auf den Look gelegt wird. Sie werden mit einem Musikstück synchronisiert und bilden so ein festes Film-Ton-Gefüge, das nicht verändert werden will und reproduzierbar ist.

Die Vorgeschichte zu der Synästhesie, der Kombination von Bild und Ton, wie sie uns in Musikvideos auch in technischer Form vorliegt, reicht bis zu den Anfängen der Menschheitsgeschichte zurück. Die Vermutung liegt sehr nahe, dass, sobald der Mensch dazu in der Lage war, Bilder zu erzeugen und zu sprechen (respekti-

10 | Fatboy Slim liefert mit „Praise You", 1999, Regie: Spike Jonze dafür ein Beispiel.

11 | Hochglanzpoliert.

ve zu singen), diese beiden Möglichkeiten der ästhetischen Äußerung zusammen genutzt wurden. William Moritz erläutert hierzu ausführlich in seinem Beitrag „Der Traum von der Farbmusik" (Moritz 1987, S. 17ff.), dass bereits die Menschen im Paläolithikum audiovisuelle Inszenierungen in ihre Kultur integrierten. Ein Beweis dafür ist zwar schwerlich zu erbringen, doch ist es höchstwahrscheinlich, dass Menschen, die Sprache (Gesang, Musik) und Bilder (Licht und Form) nutzten, diese ebenfalls ästhetisch kombinieren konnten.

Die Kombination von Bild und Ton in ihrer strukturellen Verwandtschaft wird schon von Aristoteles mathematisch interpretiert (vgl. Aristoteles 1994, S. 57) und von Da Vinci in höfischen Aufführungen inszeniert (vgl. Trotti nach Nicholl 2004, S. 330f.). Heutzutage finden sich diese ästhetischen Gestaltungsmöglichkeiten in Form des Vjing. Videojockeys erzeugen live aus vorgebauten oder zufällig generierten Bildern synchron zu einem Live-DJ-Set in einem Club oder bei sonstigen Gelegenheiten ein synästhetisches Erlebnis. Diese lange Vorgeschichte zeigt jedoch höchstens das Motiv, dass Menschen offensichtlich Genuss an der Verbindung zwischen Ton und Musik finden.

Die eigentliche Form des Musikvideos ist, wie oben beschrieben, die feste Verbindung von Film und Ton, die erst mit der Erfindung des Tonfilms möglich wird.

Eine andere formale Bestimmung des Musikvideos ist der Fremdzweck des Musikvideos (vgl. Schmidt u.a. 2009, S. 8), der eine Nicht-Eigenwertigkeit bezeichnet. Der Ton, also die Musik, sei die Grundlage für den Clip, um die Musik zu promoten oder zu visualisieren (vgl. a. a. O., S. 13). Altrogge bestätigt diese These empirisch durch eine Untersuchung der Schnittfrequenz der Bilder in Bezug auf die Taktfrequenz der Musik und stellt in einer Mehrzahl der Fälle aller untersuchten Musikvideos eine Übereinstimmung fest (vgl. Altrogge 2001, S. 204ff.).

Diese Beziehung ist aber offensichtlich banal, weil Musik und bewegte Bilder (Film o. ä.) als formgebende Grundlage die Zeit aufweisen. Das heißt: Beide Gattungen gestalten einen zeitlichen Rhythmus, der sie automatisch verwandt macht. Deshalb musste eine Untersuchung in dieser Hinsicht immer zu einer Übereinstimmung führen.

Abgesehen davon gibt es Musikvideos, die bewusst nicht häufig oder gar nicht auf die Musik (zu-)geschnitten sind. Zusätzlich ist es auch nicht unüblich, dass Regisseure, Producer oder die Musiker selbst schon vor der Musik die Bilder als Idee im Kopf oder bereits in einem anderen Zusammenhang produziert haben und nur noch das passende Musikstück fehlt. Ein anderes Beispiel für die falsche Hierarchisierung der Bilder im Zusammenhang mit Musik ist das VJ-Phänomen, das bereits oben erwähnt wurde. Hier entsteht ein neues Ganzes aus gleichberechtigten Teilen: Musik und Bild.

In diesem Zusammenhang kulturell besonders wertvoll war auch ein Sendeformat des Senders VIVA ZWEI, das sich „2STEP" nannte. Bei dieser Sendung fusionierten ein DJ-Set und ein VJ-Set zu einem langen Audio-Video-Erlebnis, zu dem übrigens selbst Martin Gore[12] ein DJ-Set beisteuerte. Es war für jeden eine Auszeichnung, an diesem Projekt teilzuhaben. Die Verwandtschaft zum klassischen Experimental-Musik-Film wie bei Oskar Fischinger, Walter Ruttmann, Marie-Ellen Bute ist offensichtlich. Ein bekanntes Beispiel dafür, dass die Musik nicht entscheidend für den Schnitt sein muss, sondern die Musik dem Bild angepasst wird, ist Michael Jacksons Musikvideo „Thriller“, das 1983 erschien und bei dem John Landis Regie führte. Das Musikstück, das dem Video zugrunde liegt, wurde eigens für das Video neu geschnitten und ist auf keinem Tonträger erhältlich. Speziell in diesem Fall ist die Musik so extrem auf die Narration im Film abgestimmt, dass man eigentlich von einem Kurzfilm oder Filmmusical sprechen muss.

Ein weiterer formaler Aspekt muss hier erwähnt werden, weil er von Keazor und Wübbena herausgestellt und danach auch von Neumann-Braun/Schmidt zitiert wurde: die Manipulierbarkeit der Bilder (vgl. Neumann-Braun 1999, S. 12). Keazor und Wübbena gehen davon aus, dass diese Manipulierbarkeit der Bilder zu einem Musikvideo unbedingt dazu gehöre, weil sich eine „Manipulation des Gezeigten (durch technische Eingriffe wie Zeitlupe oder die Montage anderweitigen Materials)“ (Keazor/Wübbena 2005, S. 56) auszeichnen würde.

Nun ist es aber klar, dass Bilder grundsätzlich manipulierbar oder manipuliert sind oder den Betrachter manipulieren und das sowohl, um den Betrachter mit einer Illusion zu verwöhnen, oder, um den Betrachter zu täuschen. Das Musikvideo nutzt – wie alle Filmkunst – die Illusion als typische Möglichkeit des Films. Selbst Dokumentarfilme nutzen den filmischen Wahrheitsanspruch, obwohl es sich grundsätzlich um eine Illusion handelt.

Aus dem Genannten folgt, dass die Manipulierbarkeit zwar ein wichtiger Aspekt bei Bildern allgemein ist, aber die Manipulierbarkeit ist für Musikvideos nicht spezifisch.

1.2.2 Inhalt

Was zeigen uns die Musikvideos? In der Literatur gibt es verschiedene, sinnvolle Differenzierungen.

Zunächst zeigen uns Musikvideos Bilder und lassen uns gleichzeitig Musik hören. Die Musik ist in den allermeisten Fällen populäre Musik, solche, die in ihrer Zeit viele Zuhörer hat und verschiedenste Genres und Gattungen der Musik, die massenhaft produziert und verbreitet werden, repräsentieren. Swing, Jazz, Schlager, Rock ’n’ Roll oder Beatmusik hatten alle ein Markt- und Unterhaltungspoten-

12 | Depeche Mode hielt früher nichts von DJs (vgl. Depeche Mode 101, 1989, Dokumentarfilm).

tial, das automatisch eine weitere Verwertung forcierte (vgl. Wicke/Ziegenrücker 2007, S. 525–544).

Musikvideos nutzen eigentlich ein altes, an die Musik gekoppeltes Phänomen aus: den Auftritt des Interpreten oder Musikers, der auch die visuelle Wahrnehmung anspricht.

Der inhaltlich direkte Vorläufer der Musikvideos ist das amerikanische Vaudeville, ein kleines Unterhaltungstheater, in dem sowohl bekannte Musiknummern als auch Sketche und Dramen oder Akrobaten, Zauberer und Tierdompteure in Kurzform aufgeführt wurden. Diese Art Zirkus war seit den 1870er Jahren außerordentlich populär. Der Vorläufer des Musikvideos als musikalische Bühnenaufführung eines Schlagers war also in ein vollständiges Unterhaltungsprogramm eingebettet, bei dem die Gäste auch mitmachten oder mitsangen. Ende des 19. Jahrhunderts schlich sich der Film als neues Unterhaltungsmedium in diese Vaudevilletheater und Jahrmärkte in Amerika und Europa ein und übernahm auch die verschiedenen Genres (vgl. Ramsaye 1954, S. 262–268). Die kurzen Filme entsprachen dem Timing der anderen, schon länger bekannten Aufführungen, wie die des Vaudeville aber auch des Theaters. Bezeichnend ist, dass zum Beispiel RKO Pictures, eines der „großen fünf" Hollywoodstudios, aus ehemaligen Vaudeville-Betreibern (KAO) und einer Filmverleih- und Produktionsfirma der Stummfilmzeit (FBO) hervorging.

Bis heute ist in der Literatur bei der Bestimmung des Musikvideos immer wieder von einer inhaltlichen Klassifizierung die Rede, die den Inhalt beschreibe (vgl. Schmidt u.a. 2009, S. 18).

Typologisch zeigen sich uns Musikvideos als Performance, beispielsweise in Form eines aufgezeichneten Konzerts (Livegig) oder als Konzeptvideo, das narrativ, assoziativ oder beides sein kann. Etwas irreführend ist der Begriff „Konzeptvideo", weil sicherlich jedes Musikvideo einem Konzept, also einem Plan, folgt, selbst wenn es kein Konzept intendiert. Auch vermeintliche Livevideos oder Konzertmitschnitte orientieren sich immer an einem Konzept. Besonders deutlich wird dieser Aspekt zum Beispiel bei Kraftwerk. Die „Minimum Maximum"-DVD[13] zeigt eindrucksvoll, wie extrem konzeptionell und in sich stimmig Livegigs von Kraftwerk sind.

Die Typisierung von Neumann-Braun/Schmidt/Autenrieth (vgl. ebd.) in performative, narrative und assoziative Musikvideos erscheint trennschärfer. Selbstverständlich sind diese Typen nie rein, sondern immer eine Kombination mit der Tendenz zum einen oder anderen.

Zur Verdeutlichung soll später je ein Sonderbeispiel angeführt werden, das nahezu rein ist (vgl. Kapitel 1.2.5).

13 | Kraftwerk, Minimum Maximum, Kling Klang Produkt 2005.

1.2.3 Funktion

Auch wenn der Ausgangspunkt die Musik ist, gibt es bei dem Zusammenspiel des Musikvideos selten eine Hierarchie. Vielmehr zeigt sich dem Betrachter ein gleichberechtigtes optisches und akustisches Angebot, das er selbst interpretieren und dadurch bewerten kann. Schließlich gibt es Musikvideos, die verschiedene Betrachter unterschiedlich ansprechen. Der eine findet die Bilder überzeugend, während ihn die Musik nicht unbedingt interessiert. Der andere mag eigentlich nur die Musik, findet aber zum Beispiel die Inszenierung des Musikers unpassend.

Die Grundfunktion ist die ästhetische Unterhaltung. Ohne eine ästhetisch wirkende Form können auch alle anders intendierten Funktionen nicht getragen werden.

Die so oft beschriebene Werbefunktion (vgl. Bühler 2002, S. 157; Schmidt u. a. 2009, S. 13; Gehr 1993, S. 14; Goodwin 1992, S. 30, Wicke/Ziegenrücker 2007, S. 477) kommt nur hinzu. Die Werbe-(neben)-funktion ist von den Rechteinhabern und/oder den Künstlern gewünscht, um das Musik-Produkt (damit ist auch der Künstler selbst gemeint) zu bewerben. Aber auch Bühler erkennt schon:

> [...] [D]er Clip stellt eine Steigerungsform der Werbung dar und ist mittels seiner synästhetischen Qualitäten selbst als Unterhaltungsware anzusehen. Im Unterschied zum gängigen Werbespot sind Musikvideos also nicht nur Werbemittel zum Verkaufszweck, sondern waren von Beginn an selbstständige ästhetische Objekte mit unterhaltendem Eigenwert. (Bühler 2002, S. 157).

Bei Bühler steht die Werbefunktion an erster Stelle. Das Musikvideo bestimmt sich aber genau anders herum. Ein Musikvideo ist zu aller erst ein Produkt der Unterhaltungsindustrie des Films, es ist ein eigenständiges künstlerisches Produkt. Dieser Umstand wird im Folgenden historisch erkennbar werden, weil es zuerst die Musikvideos im Kino gab, an die dann wegen ihres Erfolgs die Rechteinhaber der Musik nach der Aufführung die entsprechenden Notenblätter, die sheet music[14], aber auch schon die Tonträger (vgl. Kapitel 2.3) und später die Soundtracks im Kino zum Verkauf anboten.

Abgesehen davon ist ein Musikvideo niemals ein Werbefilm. Denn bei einem Werbefilm wird ein Produkt beworben, das außerhalb des Werbefilms liegt. Zum Beispiel wird ein Auto mit Bildern beworben. Das Produkt Auto muss aber erst gekauft werden, weil es nur als Abbildung oder Vorstellung vorhanden ist. Bei den Musikvideos ist die Musik in gleicher Qualität im Film bereits enthalten. Das Produkt ist also bereits gänzlich präsent. Man kann es sogar kopieren und auf ein anderes Medium übertragen. Ein Musikvideo ist also selbstreferentiell.

14 | Sheet music sind Notenblätter von Verlagen für populäre Musik.

Die Intention des Produzenten muss auf Unterhaltung, Ästhetik und Qualität ausgerichtet sein, egal ob es sich um Werbung oder nur um ein Unterhaltungsprodukt handelt. Wenn es dem Zuschauer nicht gefällt oder anders fesselt, ist es ohne Funktion.

1.2.4 Definition

Aus den Überlegungen resultiert folgende Definition:

Ein Musikvideo ist ein Musikkurzfilm der Unterhaltungsindustrie, in dem ein populäres Musikstück filmisch narrativ, performativ oder assoziativ thematisiert und gleichzeitig hörbar wird.

Aufgrund der fehlerhaften Videozuschreibung wird im Folgenden der Begriff „Musikvideo“ durch den treffenderen „Musikkurzfilm“ ersetzt werden.

1.2.5 Drei Musikkurzfilmanalysen

Erstens: 1977 dreht Nick Fergusen das „Heroes“-Video mit David Bowie. Man sieht Bowie im Gegenlicht stehend singen. Die ungewisse Raumsituation wird durch leichten Nebel unterstützt. Relativ wenige rhythmische Bewegungen lassen Bowie entrückt wirken. Manchmal blickt er den Betrachter an, manchmal sieht er durch ihn hindurch, häufig an ihm vorbei. Es handelt sich um eine inszenierte Performance, die zwar nicht live, aber dennoch frei von narrativen und assoziativen Elementen ist.

Die erste Einstellung zeigt nur die Silhouette eines Mannes, der vor einem Scheinwerfer steht, welcher auf den Betrachter gerichtet ist. Die Musik beginnt und die Kamera zoomt auf den Mann, der dann als Bowie erkannt werden kann, weil er nun auch von vorne Licht bekommt. In diesem Moment beginnt der Gesang und die Kamera zoomt weiter an Bowie heran, um ihn schließlich im Portrait zu zeigen. Bowie blickt in die Kamera, die danach den Standpunkt nach rechts wechselt, sodass der Interpret ins Profil rückt, wobei er aber nicht mit Blicken dem Betrachter folgt. Er singt und wird im Profil barock beleuchtet, während der Hintergrund unergründlich schwarz bleibt. Erst nach einiger Zeit dreht Bowie seinen Kopf nach links und sieht wieder intensiv in die Kamera. Ein Drittel des Liedes ist bereits vergangen, Bowie verliert den Betrachter wieder aus den Augen und die Kamera zoomt wieder, während der instrumentale Teil des Songs zu hören ist. Wieder in der Totalen zurück, leicht von links und untersichtig sieht man Bowie ganz verhaltene rhythmische Bewegungen an, obwohl er immer noch wie festgenagelt auf der Bühne steht und wieder singt. Hier sitzt der erste Schnitt, der auf das neue Bild von rechts auf das Halbprofil von Bowie mit einer deutlichen Blende gesetzt ist, um nach einigen Sekunden wieder zurück in die Totale zu blenden. Die Bewegungen werden nun deutlich performativer, während der Gesang lauter wird. Wieder folgt ein Zoom, der aber kurz vor dem Portraitstand in eine noch seitlichere Kameraeinstellung auf das rechte Halbprofil von Bowie blendet. Er fährt sich durch die Haare, sodass man den Eindruck bekommt, er sieht sich vielleicht in einem Spiegel oder live auf einem Vorschaumonitor. Erneut wird auf die gegenseitige Halbprofilansicht geblendet. Nach der nächsten Blende zoomt die Kamera wieder aus und Bowie streift sie mit einem kurzen Blick. In der Totalen angekommen, folgt wieder eine Blende ins Profil, das nun von Bowie selbst ins Halbprofil gesetzt wird. Aus diesem wird in die Totale zurück gezoomt, um mit dem Anfangsbild, der Silhouette, zu enden, während die Musik ausgeblendet wird. Die ganze Zeit strahlt der Scheinwerfer in der Totalen je nach Bowies Körperhaltung stark in die Kamera.

Der ganze Musikkurzfilm besteht aus drei Einstellungen, von vorne, aus der meistens gezoomt wird, sowie von rechts und links. Dieser Musikkurzfilm ist ausnahmsweise tatsächlich ein Video, was aber zu der Zeit nichts Ungewöhnliches war (vgl. Kapitel 4.2.3). Das ist vor allem an dem Ausbrennen der Röhren-Kamera während der Blendungen durch den Scheinwerfer zu erkennen. Außerdem ist auf der Tafel vor dem Clip „Tape“ (Videoband) und nicht „Reel“ (Filmrolle) zu lesen. Dass es sich um ein Video handelt, ist sowohl ästhetisch durch das typische Ausbrennen wichtig als auch inhaltlich, weil Bowie teilweise in einen Vorschaumonitor zu schauen scheint, den es damals nur bei Video geben konnte. Das ist dann auf jeden Fall ein Verweis auf das Performative, auf das Sich-zur-Schau-Stellen. Die Performation wird ebenfalls durch den Videocharakter des Bildes unterstützt, weil damals alle Fernsehauftritte diese Röhren-Kamera-Ästhetik aufwiesen. Das Video zu „Rock With You“ von Michael Jackson von 1979 ist ganz ähnlich, aber mit etwas mehr Discofeeling und Glitzer von Bruce Gowers, der auch „Bohemian Rapsody“ von Queen drehte, umgesetzt.

Interessant bei diesem Bowie-Musikkurzfilm ist die stark betonte Performation, bei der die Videoästhetik einen Aspekt darstellt. Bowies schauspielerische, fast pathetische Ausdrucksgeste während des gesamten Videos ist ein weiterer Beleg dafür. Er tut eigentlich so, als würde er die Situation der Liebenden an der Mauer als seine eigene Geschichte reflektieren und deshalb in Erinnerungen schwelgen. Tatsächlich spiegelt das aber auch den Text des Songs, weil er darin immer von „wir“ (we) und „ich“ (I) sowie „du“ (you) singt. Der leidende Ausdruck in seinem Gesicht wirkt wie die überzogene Schauspielerei der Pantomime, was wiederum das Performative als sehr bewusst eingesetzt darstellt. Unterstützt wird das durch die Tatsache, dass Bowie diesen Titel in der Zeit in verschiedenen Shows („Top of the Pops“, „Marc Bolan Show“, „Bing Crosby Show“) ähnlich präsentiert und deshalb nicht zufällig sein kann. Bei Bing Crosby tritt er im November 1977 auf. Er wird durch die Gleichzeitigkeit von drei ähnlichen Einstellungen aus dem Musikkurzfilm erreicht, während er in der Totalen eine Pantomime aufführt (Scheibengehen, Selbstumarmung). Also war der Eindruck der Pantomime gewollt eingesetzt.

Ein dritter Punkt, der für das ganz bewusst Performative spricht, ist die barocke Beleuchtung des Gesichts und die damit einhergehende Darstellung der Bühne als Plattform, die zeitlos, dunkel und überräumlich wirkt. Der Hintergrund ist nicht greifbar und wird durch den Nebel noch diffuser.

So lässt sich schließlich sagen, dass dieser Musikkurzfilm ganz gezielt mit der Videoästhetik und dem offensichtlichen Schauspielern arbeitet, um einen ausschließlich performativen Musikkurzfilm zu zeigen. So ist dieses Beispiel als rein performativ zu bezeichnen.

Zweitens: Der Musikkurzfilm „The Child" von Alex Gopher 1999 von H5 produziert, erzählt eine rasante Autofahrt einer schwangeren Frau und ihres Mannes in einem Taxi durch New York zu einem Krankenhaus, um dort ihr Kind zur Welt zu bringen.

Das Besondere ist, dass man zwar alle Geräusche wie Dialog und Stadtgeräusche hört, deren Quellen man aber nicht sieht: Statt der Schauspieler, Gebäude und Fahrzeuge stehen sie als geschriebene Wörter im Bild. Zusätzlich ist diese Typografie so gestaltet, dass ihre Form die Dinge und Personen beschreibt. So sind etwa die Brooklyn Bridge oder das Guggenheim Museum in New York zu erkennen. Der Zuschauer nimmt an einer Fahrt durch New York teil, das nur aus Typografie besteht. Die Hauptfiguren, die Frau und der Mann, sind typografisch etwas genauer beschrieben: „Brown Hair, Pretty Face, Woman, Red Dress, Sneakers" und „Black Hair, Pleasant Face, Big Glasses, Husband, Littleman, Dark Suit, Italian Shoes".

Der Musikkurzfilm beginnt mit dem Namenszug des Musikers „Alex Gopher" und einer Kamerafahrt durch den Namen, durch Wolken hinein via Hubschrauber nach New York. Während die Musik von Anfang an dabei ist, werden atmosphärische Geräusche wie Hubschrauber- oder Stadtlärm eingeblendet. Nach dem Umschnitt auf die Wohnsituation der Protagonisten, kann man dem Dialog folgen, indem sie ihm erklärt, dass das Baby nun komme. Sie nehmen den Aufzug, um auf der Straße ein Taxi zu bekommen. Ein Taxi hält, die beiden steigen ein und eine rasante Autofahrt durch die Schluchten New Yorks beginnt. Verschiedene Hindernisse kreuzen ihren Weg und die halsbrecherische Fahrt des Taxifahrers verursacht Chaos auf der Straße. Durch Chinatown werden sie von zwei Polizisten auf Motorrädern eskortiert. Die Fahrt endet vor dem General Hospital. Gegen Ende nimmt die Kamera wieder die Flugperspektive ein, scheint aus der Skyline zu fliegen und gelangt rückwärts durch die Typografie, die jetzt nicht mehr den Namen des Künstlers, sondern den Titel des Musikstücks „The Child" zeigt und so analog zum Beginn endet. Der Dialog und das Babygeschrei lässt den Zuschauer wissen, dass wohl alles gut gegangen ist.

Die Musik tritt als begleitende Filmmusik ungewöhnlich weit in den Hintergrund. Der Song ist ein elektronischer Track, der typisch für Gopher sehr funky und nicht zu schnell ist. Die Vocals sind ein Sample aus Billie Holidays Jazzsong aus dem Jahr 1955 „God Bless the Child", aus dem nur einige Verse entnommen sind, ohne dass das Wort „child" vorkommt. Der Musikkurzfilm ist nicht auf die Musik rhythmisch zugeschnitten, sondern funktioniert ausschließlich als Filmmusik.

Das Besondere ist, wie oben bereits erwähnt, die Tatsache, dass alle Bildelemente aus Typographie bestehen, die im Ganzen die Szene bestimmen. Die Typographie ist nur zweidimensional, wird aber zu körperhaften Gebilden zusammengesetzt, die der Bedeutung des Wortes entsprechen. Der Kurzfilm ist mit einem 3D-Animationsprogramm produziert, das sowohl den Raum als auch die Kameraeinstellungen inklusive -fahrten programmierbar macht. Der Ton bestimmt sich aus den Dialogen, der Geräuschatmosphäre und der Musik.

Es gibt keine bekannten vergleichbaren Musikkurzfilme, obwohl die typographische Lösung an den Musikkurzfilm „Sign O' the Times" von Prince von 1987 erinnert, bei dem allerdings die Schrift nur den Text des Liedes wiedergibt und kein Platzhalter für die Bildelemente eines narrativen Filmes ist.

Es handelt sich bei dem Musikkurzfilm „The Child" um einen reinen narrativen Musikkurzfilm, weil eine Geschichte erzählt wird, bei der weder der Interpret als Akteur auftritt noch sonst eine musikalisch-performative Handlung zu erkennen ist. Die Musik dient lediglich als Filmmusik und unterstützt durchaus die Dynamik und Spannung der Geschichte durch den intensiven Funk-Bass, die filmischen Orgelelemente mit Flächencharakter und auch die eindrucksvolle Stimme von Billie Holiday Bis auf diese Unterstützung und den Titel gibt es auf den ersten Blick keine Beziehungen zwischen der Musik und dem Musikkurzfilm. Allerdings lassen sich Parallelen zwischen der Musik und der Machart des Films herstellen. Der gesampelte Gesang bezieht sich auf eine Geschichte mit Billie Holidays Mutter und auf ein Sprichwort des US-amerikanischen Südens. Der gesungene Text steht also referentiell für eine Geschichte, so wie der Text als Typographie im Musikkurzfilm ebenfalls als Referent für die Elemente der Geschichte steht.

Zusätzlich ist der von Gopher gesampelte Text selbst schon ein Sample und zwar aus der Bibel „Them thats got shall get, Them thats not shall lose" (Mt 25, 29) und der Rest ist von der Mutter der Sängerin gesampelt. Auf dieses Text-Sampling wird durch die Typographie verwiesen. Der textliche Schwerpunkt in Musik und Bild unterstützt außerdem die Schwerpunktsetzung der Regisseure (H5) auf einen reinen narrativen Musikkurzfilm.

Drittens: Sensorama bietet dem Zuschauer mit dem Video von Oliver Husain und Michael Klöfkorn zu „Star Escalator" (1998) eine ungewöhnliche Idee: Der minimalistischen, elektronischen Musik entsprechen Bewegungen des Hauptmotivs im Bild. Es bewegen sich Garagentore synchron zu den verschiedenen Elementen der Musik.

Der Musikkurzfilm beginnt zusammen mit der Musik. Ohne Blende wird der Betrachter mit einer typischen Garagenfront in einem deutschen Wohngebiet konfrontiert. Die Tore bewegen sich zunächst alle unterschiedlich, so dass es scheint, als bereiteten sie sich vor. Gleichzeitig mit dem Einsetzen der Bassdrum, Snare und Highhat bewegt sich ein Tor. Die Zuordnungen sind aber nicht fest, denn bei dem Einsetzen einer Tonfläche zum Beispiel bewegen sich die Tore wie eine Welle im Stadion. Im Folgenden werden andere Garagentore gezeigt, die sich durchgängig durch ihr Öffnen und Schließen in verschiedenen Geschwindigkeiten auf die Musik assoziativ durch die Rhythmik beziehen. Dabei gibt es Naheinstellungen von Garagen, Häuserfronten von Einfamilienhäusern mit Garagen oder freistehenden Garagen, die an abstrakte Fotografie (Renger-Patzsch) erinnern.

Die spröde Atmosphäre passt zu den extrem rau geschnittenen Bildern. Es gibt keine Blende, sodass alle Schnitte gerade bei Lichtwechsel sichtbar bleiben. So erkennt man relativ schnell, dass es sich um einen Stop-Trickfilm handeln muss. Das Bild ist ein Pal Video Bild, das einen kalten amateurhaften Look vermittelt. Weil aber viele Schnitte entweder nicht ganz synchron zur Musik oder einfach willkürlich erscheinen, erlangt der Musikkurzfilm einen organischen, analogen und damit auch menschlichen Sympathiewert. Damit liegt der Musikkurzfilm klar neben dem Trend der damaligen Zeit, in der die Musikkurzfilme in der Regel sehr teuer und brillant produziert wurden (vgl. Kapitel 4.3.2.1.7). Dieser Musikkurzfilm will offensichtlich kein Film sein, denn das Video wird hier als Stilmittel für Schlichtheit benutzt.

Die raue Schlichtheit entspricht der Musik, die zwar durch ihre Quantisierung kühl wirken mag, aber durch die einzelnen ungewöhnlichen Sounds doch berühren. Es ist kein Popsong, der in den Charts erfolgreich sein könnte, sondern ein innovativer elektronischer Track mit hohem musikalisch-künstlerischem Anspruch. Die Assoziation hierbei stellt sich durch die Verknüpfung zwischen der Musik und den Garagentoren, die ja eigentlich nichts miteinander gemein haben, auf der Ebene der Zeit als Rhythmik dar.

Ein ähnliches Beispiel für diese Art der Assoziation ist der Musikkurzfilm „Star Guitar" der Chemical Brothers von 2002. Hier ist eine virtuelle Zugfahrt aus der Perspektive des Reisenden dargestellt. Die einzelnen Tonelemente des Tracks werden dabei vorbeiziehenden Bildelementen, zum Beispiel Masten, Gebäuden, Tunneln, synchron zugeordnet. Die Bewegungen der Elemente im Bild sind also zeitgleich mit den Tonelementen.

Da hier kein anderer Bezug zwischen Bild und Ton auszumachen ist, denn es fehlen Performation oder Narration, handelt es sich in beiden Fällen um reine assoziative Musikkurzfilme.

1.3 Medientheoretische Bezüge

Der Musikkurzfilm ist als selbstständiges Genre des Films (vgl. Kapitel 6.2.1) im engen Sinne von Baudrillard, Kittler und Winkler (vgl. Lagaay/Lauer 2004, S. 21), aber auch im allgemeinen Sprachgebrauch ein Medium für die Masse, ein

Massenmedium. Als autonomer Programminhalt des frühen Kinos, als echter Musikkurzfilm (vgl. Kapitel 2.3) bis zum heutigen Filmmusical mit musikalischem Schwerpunkt bildet das Genre einen eigenständigen Teil des Mediums Film und nutzt zunächst das Medium Kino zur Verbreitung. Aufgrund des großen Unterhaltungswerts generierte der Musikkurzfilm aber auch seine ganz eigenen Verbreitungsmedien, etwa die Soundies und Scopitones (vgl. Kapitel 3) oder auch ausdifferenzierte Medien (vgl. Faulstich 2012, S. 376), wie das Musikfernsehen (vgl. Kapitel 4) und mittlerweile YouTube (vgl. Kapitel 5.1). Der Musikkurzfilm ist sogar das einzige Filmmedium, das ein nur ihm zugehöriges Medium geschaffen hat, das sich wiederum als Umwelt, in den Bars der GIs der US-Army während des Zweiten Weltkrieges als Soundies und in den Clubs der 60er Jahre als Scopitones, installierte und die Gesellschaft kulturell berührte. Hier fällt die Sicht auf McLuhan, der eben diese Eigenart eines Mediums bestimmt, dass das Medium ein „environment" schafft, das unser Dasein neu begründet und medial neu organisiert (vgl. Schultz 2004, S. 35). Besonders deutlich wird dieses Umwelten eines Mediums im Zusammenhang der Musikkurzfilme, wenn man daran denkt, dass die Musikfernsehsender häufig im Hintergrund liefen, während der Betrachter etwas anderes tat als zu betrachten. Die Musik und die Bilder sind sozusagen als ständiger Einrichtungsgegenstand einer Wohnung, im Kaufhaus oder in einer Bar vorhanden. Sie umgeben uns subtil und sind in unsere Alltagswelt integriert, heute sind sie sogar auf dem Mobiltelefon präsent (vgl. Faulstich 2012, S. 355). Im Sinne McLuhans ist der Musikkurzfilm tatsächlich auch die „Erweiterung des menschlichen Körpers" (Schultz 2004, S. 37), nämlich des Musikers, der sich selbst und seine Musik polypräsent werden lassen kann. Auch der Begriff des „Archetyps" (a. a. O., S. 50) lässt sich treffend auf die Musikkurzfilme anwenden. Die Archetypen sind bereits im Medium angelegt, die sich selbst fortwährend reproduzieren. In jedem Musikkurzfilm ist der Archetyp eines Musikkurzfilms bereits vorhanden und wird durch die Bezugnahme von Altem und Neuen rekonstruiert. Gerade im Musikkurzfilm werden diese Bezüge deutlich. Der Auftritt des Musikers auf einer Bühne wird bei den performativen Musikkurzfilmen archetypisch und ist bereits auf den älteren Bühnenauftritt, bevor es den Film gab, bezogen. Dadurch dass die vorigen Artefakte sichtbar waren und bereits unser Bildgedächtnis erreicht und verändert haben, beziehen sich die Neuen immer auf Zuvorgesehenes. Beim Film kommt noch hinzu, dass es bereits eine Aufzeichnung von etwas Gewesenem ist und deshalb automatisch in der Zeit zurückgreift. Wenn die „Grundfunktion aller Medien" der „Nährboden für neue Fertigkeiten und Erfahrung" (McLuhan 1995, S. 195) ist, dann ist der Musikkurzfilm einer ihrer besten Vertreter, weil es hier ganz offensichtlich um die ständige Erneuerung dieses Archetyps geht, denn so wie die Musik sich nicht wiederholt, sind auch die Bilder als Innovation erkennbar. Gerade der Musikkurzfilm als populär definiertes Medium ist in seiner Kürze ein Kondensat der populären Musik und des populären Bildes der Kultur, aus der er entstammt, und leichter und schneller zu erfahren als alle anderen Medien. Die

Musik wird um das Bild erweitert, das Bild wird bezogen auf die Musik ergänzt und ist damit auch multimodal durch künstlerische neue Intentionen aufgeladen.

Für Kittler sind Medien zunächst Kulturtechniken (vgl. Krämer 2004, S. 202) und deshalb kann hier der Musikkurzfilm als Kulturtechnik des kulturellen Phänomens der musikalischen Aufführung bezeichnet werden. Ganz besonders interessant ist aber Kittlers Mediengeschichte, die eine Zäsur durch die Erfindung der analogen technischen Medien (Fotografie, Phonograph, Kinematograph) bestimmt, weil diese Medien „erstmals aufzeichnen, was beim Hören und Sehen jenseits der Zeichenordnungen geschieht" (a. a. O., S. 213) und gleichzeitig immer historisch sind, weil sie die Zeitachse manipulieren können. Kittlers Buchtitel von 1986 „Grammophon, Film, Typewriter" trägt schon beide Grundfunktionen und Voraussetzungen des Musikkurzfilms in sich. Es ist die Kombination, nach der Edison suchte und durch seinen Ingenieur Dickson (vgl. Kapitel 2.2) ansatzweise durch einen Musikkurzfilm als ersten Versuch eines Tonfilms realisierte. Die Synchronisation des Grammophons mit dem Filmprojektor wurde gleich zu Beginn des Kinos mit den Musikkurzfilmen erfolgreich durch Messter und Gaumont umgesetzt (vgl. Kapitel 2.3). So ist der Musikkurzfilm noch weit vor dem Tonfilm das erste Supermedium, weil hier zwei von Kittlers grundlegenden Medien vereint sind.

Hinsichtlich des Musikkurzfilms ist auch Faulstichs „Mediengeschichte des 20. Jahrhunderts" interessant. Da der Autor eine recht umfangreiche, wenn zum Teil auch sehr ungenaue, Beschreibung der Medien (Print-, Film- und Tonmedien) des letzten Jahrhunderts vorlegt, lassen sich die Musikkurzfilme hierzu leicht in Beziehung setzen, denn die Musikkurzfilme sind in ihrer Entwicklung dem 20. Jahrhundert von der Weltausstellung Paris 1900 (vgl. Kapitel 2.2) bis zu YouTube 2005 (vgl. Kapitel 5.1) fest verschrieben. Der Wandel zu den elektronischen Medien lässt sich nach Faulstich am deutlichsten an der Schallplatte und am Film erkennen (vgl. Faulstich 2012, S. 22), was wiederum dafür spricht, dass der Musikkurzfilm als Vereinigung von Schallplatte und Film dabei besonders hervorsticht, obwohl der Autor dieses Genre in seiner Mediengeschichte überhaupt nicht erwähnt. Der Film ist zu Beginn des 20. Jahrhunderts das zentrale Massenmedium bei Faulstich (vgl. a. a. O., S. 40) . Unsere Untersuchungen zum Kino (vgl. Kapitel 2) würden dabei als Ergänzung passen. Auch die Beobachtung, dass Tanz und Operette die dominierenden Unterhaltungsgenres waren (vgl. a. a. O., S. 51) kann als Gemeinsamkeit gewertet werden. Er sieht den Tonfilm – als Reaktion auf die sinkende Nachfrage zum Kinofilm als Etablierung – als Massenmedium (vgl. a. a. O., S. 120ff.). Eben dieser Tonfilm (vgl. Kapitel 2.4) zeigt aber gleichermaßen wieder die große Bedeutung des Musik(kurz)films und zwar insbesondere in Deutschland, in dem der Anteil der Musikfilme noch größer war als in den USA. Rundfunk, Schallplatten und Tonfilm sind ab den 30er Jahren die prägenden Massenmedien unserer Gesellschaft.

Ebenso findet sich bei Faulstich das Fernsehen ab den 60er Jahren gar als Leitmedium (vgl. a. a. O., S. 258), was deutlich durch die Untersuchung des deutschen Fernsehens (vgl. Kapitel 4 dieser Arbeit) unterstützt werden kann. Interessant ist die Erklärung, dass das Fernsehen ab der Einführung der privaten Sender ab den 80er Jahren seine kulturelle und politische Leitfunktion verliere (vgl. a. a. O., S. 270). Gemeint sind hier eigentlich die negativen Auswirkungen der Kommerzialisierung des deutschen Fernsehens in Form der Abhängigkeit von der Quote. Schließlich sind doch einige Sender hinzu gekommen, die einen deutlichen kulturelle Gewinn brachten, wenn man an 3SAT, ARTE oder auch an die Musikfernsehsender denkt. Die Musikfernsehsender finden sich als Ausdifferenzierung des Fernsehens (vgl. a. a. O., S. 355) – allerdings nur als durch Musikkurzfilme bestimmte Fernsehangebote und der „Videoclip", wie Faulstich dieses Genre bezeichnet, wird auch, wie nicht anders zu erwarten ist, als Werbeinstrument bezeichnet. Dem Medium Video wird aber ähnlich wie in dieser Abhandlung als ein die Gesellschaft prägendes Phänomen der 70er und 80er Jahre Bedeutung geschenkt (vgl. a. a. O., S. 323). Faulstichs Betrachtungen kommen aber nicht bis zu dem Phänomen des YouTube Kanals.

Zusammenfassend lässt sich sagen, dass der Musikkurzfilm ein Massenmedium ist, das besonders hinsichtlich McLuhans theoretischen Überlegungen außerordentlich typisch ist, ein Archetyp also, der sich selbst ständig erneuert und in unserer Gesellschaft auch historisch gesehen fest implementiert und stark prägend ist. Im Zusammenhang mit Kittler fällt sofort auf, dass der Musikkurzfilm als Synthese des Ton-Aufschreibesystems (Phonograph) und des Bewegungs-Aufschreibesystems (Kinematograph) wohl als historisch einzigartig gesehen werden muss, denn er war der erste Tonfilm. Schließlich lässt sich bei direkter Überprüfung von Faulstichs „Mediengeschichte des 20. Jahrhunderts" der Musikkurzfilm konkret und übereinstimmend einordnen, sodass diese Untersuchung eine Erweiterung und Spezialisierung der Mediengeschichte des 20. Jahrhunderts sein kann.

Der Musikkurzfilm lässt den Betrachter durch seine einzigartige Avantgarde und Populäreigenschaft als Kondensat der Erfahrung menschlicher Vorstellung, die ständig das Neueste und Aktuellste, Spannendste und Interessanteste, Schrägste und Ausgefallenste, im Idealfall als contemporary art hervorbringen muss (vgl. Kapitel Der Regisseur als Künstler*), bereits sehen und hören, was er sein wird.*

2 Frühgeschichte

Die Hauptintention dieser Arbeit besteht darin, aufzuzeigen, dass die Geschichte der Musikkurzfilme bisher falsch oder unvollständig beschrieben wurde. Es wird sich im Verlauf dieser Arbeit zeigen, dass der Musikkurzfilm ein eigenständiges Filmgenre seit 100 Jahren ist. Es gilt, die Musikkurzfilme nach der vorangegangenen Definition aufzuspüren, an dieser zu prüfen und so auch ihre Abgrenzung zu ähnlichen Filmgenres zu bestimmen.

Zunächst werden dazu im Folgenden verschiedene Versuche, die Geschichte der Musikkurzfilme zu beschreiben, vorgestellt:

2.1 Stand der Wissenschaft

Der erste Text, in dem die Musikkurzfilme der 80er Jahre in eine historische Reihe gestellt werden, ist der Text „Musik-Videos. Von Vaudeville zu Videoville" von Peter Weibel aus dem Jahr 1986. Er rückt die Musikkurzfilme deutlich in den Kunstkontext als „zweite Phase der Pop-Art" (Weibel 1986, S. 34). Historisch beginnt Weibel bei den deutschen Avantgardefilmen der 20er Jahre (Eggeling, Richter, Ruttmann und Fischinger) und bei den Tanz- und Musikfilmen der 30er Jahre (Berkeley). Allerdings ist Weibel nicht konsequent genug, um den Musikkurzfilm als solchen schon in den 20er Jahren zu sehen und postuliert daher, dass der Musikkurzfilm ursprünglich Werbung für Schallplatten sei. Der ganze Text wurde ein Jahr später 1987 auf mehr als 100 Seiten ausgedehnt (vgl. Weibel 1987, S. 53–162) und liefert die damit wohl ausführlichste historische Beschreibung der Geschichte des Musikkurzfilms: Avantgarde und Abstrakter Film, Comics/Cartoons, Tanz- und Musikfilme, Fernsehen, Werbefilm. Allerdings fehlen – selbst wenn es das Internet noch nicht gab und dieses deshalb zwangsläufig fehlt – ganz entscheidende Beispiele und Subgenres: Scopitones, Snaders, Talkies, Soundies und Tonbilder. Weibels Beschreibung wird von einigen Autoren übernommen. Neumann-Braun und Schmidt legen die ersten Musikkurzfilme in die Sechzigerjahre, sie seien als Promotionfilme für das Fernsehen vorproduziert worden (vgl. Neumann-Braun 1999, S. 10f.). Die Talkies, Tonbilder und die Soundies/Scopitones sind in dieser Betrachtung ebenfalls nicht enthalten. Bühler führt als erster die Soundies und Scopitones zu recht, aber leider nur mit einigen Zeilen an (vgl. Bühler 2002, S. 163–190, hier: S. 177). Etwas genauer untersuchen die Autoren Keazor und Wübbena die Soundies und Scopitones (vgl. Keazor/Wübbena 2007, S. 57–61) und kommen zu dem Schluss, dass diese Kurzfilme sich schwer von den heutigen Musikkurzfilmen unterscheiden lassen und so die ersten Musikkurzfilme als Soundies in den 40er Jahren entstanden seien.

Erstaunlicherweise sind allen Autoren die Talkies und die Tonbilder entgangen. Talkies (USA) und Tonbilder (Deutschland) sind die frühen synchronisierten Tonfilme vor dem Vitaphoneverfahren von Warner Brothers, mit dem die ersten anerkannten Tonfilme produziert wurden[1]. Von diesen in Europa und in den USA entstandenen Kurzfilmen mit Ton, die im Kinoprogramm vor dem abendfüllenden Spielfilm das Publikum unterhielten, sind die meisten musikalisch bestückt. Filmsingspiel, Tanzfilm, Gesangfilm oder Filmoperette stellen als Kurzfilme in der Zeit von 1900 bis 1927 einen der wichtigsten Unterhaltungsanteile des frühen Kinos dar (vgl. dazu Kapitel 2.3).

Die musikalischen Kurzfilme, die wir als Musikkurzfilme definieren können, scheinen also schon zu Beginn der Kinogeschichte gleichberechtigt neben anderen Filmen wie dem Drama oder der Komödie ein fester Bestandteil des Kinoprogramms gewesen zu sein.

Lassen sich die Vermutungen bestätigen, dass diese Musikkurzfilme bis heute in den verschiedenen Unterhaltungsmedien wie Kino, Jukebox, Fernsehen und jetzt auch Internet vorkommen, dann handelt es sich bei dem Musikkurzfilm um ein eigenes Filmgenre, das sich durch eine einzigartige Kontinuität auszeichnet. Mit „Filmgenre“ wird in dieser Untersuchung eine Gruppe von Filmen bezeichnet, die gleiche oder sehr ähnliche Merkmale zeigen und deshalb von der Wissenschaft, aber auch auf der Produktionsebene sowie ebenfalls von Journalisten und den Fans selber so kategorisiert werden. Beispielhaft sind die Genres Komödie, Drama, Naturfilm, Science Fiction, Abenteuerfilm oder auch der Musikfilm, der zunächst wie das übergeordnete Genre des hier thematisierten Musikkurzfilms erscheinen kann (vgl. Schweinitz 2011, S. 289–291).

Dank des Internets und zahlreicher teilnehmender Archive und Museen werden die Möglichkeiten, Beispiele zu finden, immer besser: „Filmportal.de“ wurde 2005 von dem Deutschen Filminstitut und der CineGraph. Hamburgisches Centrum für Filmforschung e.V. aufgebaut und 2011 erneuert. Die Liste ist eine umfassende Sammlung deutscher Kinoproduktionen ab 1895. Das französische Gaumont-Pathé-Archiv listet nicht nur auf, sondern stellt auch 12.000 Stunden Filmmaterial von 1908 bis 1979 online zur Verfügung. Das British-Pathé hat das vollständige englische Archiv von 1910 bis 1976 bereits digitalisiert und bietet es ebenfalls online an.

1 | „Don Juan“, 1926 und „The Jazz Singer“, 1927

Zu den öffentlichen musealen Archiven gesellen sich Onlinearchive beziehungsweise -kataloge, die ebenfalls wissenschaftlich geführt werden. Die amerikanische Internetseite „Silentera.com" beschäftigt sich mit dem Kino der Stummfilmzeit. Alle gelisteten Filme sind mit Referenzen versehen. Die für diese Arbeit wichtigen Tonfilme vor 1927 werden hier im Oktober 2013 mit einer Zahl von 592 gelistet (vgl. www.silentera.com). Aufschlussreich ist dabei, dass es sich auch um nicht-amerikanische Filme handelt. Die Seite enthält auch deutsche (Messter) oder französische Filme (Gaumont). Tatsächlich bestand ein reger Austausch auf internationaler Ebene: Von den fast 17.000 in Deutschland angebotenen Filmen waren fast die Hälfte aus französischer Produktion, zum Beispiel von Eclipse, Lumière, Méliès, Pathé.

Für die Musikkurzfilme, die wir bis jetzt aus der vorhandenen Forschung, also seit der Erfindung von MTV 1981, kennen, bietet die Internetseite „mvdbase.com" eine gute Auflistung, die an späterer Stelle in dieser Arbeit noch für eine Statistik genutzt werden wird (vgl. Kapitel 4). Bei der Analyse dieser Seite erscheint die Welt der Musikkurzfilme tatsächlich so, wie die Literatur ihre Geschichte bis jetzt beschrieben hat: Zu den frühesten gehören die Musikkurzfilme von Abba, David Bowie oder auch Queen und den Beatles. Auf der Seite „mvdbase.com" werden die Musikkurzfilme der Popmusik der 70er bis heute verzeichnet. Die populäre Musik vor den 60er Jahren wird ignoriert. An den Veröffentlichungszahlen kann man aber trotzdem einen enormen Anstieg der Produktion von Musikkurzfilmen im Jahr 2005 verzeichnen. Interessant ist diese Tatsache vor allem deswegen, weil die Musikfernsehsender zu dieser Zeit kaum noch Musikkurzfilme ausstrahlten.

Eine doppelte Rolle spielt in diesem Zusammenhang die Internetplattform YouTube, die hier stellvertretend für alle anderen Musikkurzfilmplattformen (Vimeo, MyVideo, Vevo u. v. m.) stehen kann. 2005 gegründet ist YouTube heute das wichtigste Archiv für Musikkurzfilme und sicherlich auch das größte. Zusätzlich ist YouTube das neue Promotiontool für Plattenfirmen. Das Internet hat das Fernsehen als Promotiontool der Musikindustrie ersetzt. Bezüglich der Musikkurzfilme und des jugendaffinen Fernsehens hat YouTube also den Platz des Fernsehens eingenommen (vgl. Kapitel 5).

Es zeichnet sich nach dem Gehörten also schon zu Beginn der Arbeit ab, dass es zunächst und hauptsächlich um das Auffinden von Musikkurzfilmen im Sinne von Kurz-(musik)-filmen gehen muss, die anderen entgangen sind oder die nicht als solche erkannt wurden und darum, das neue Medium Internet genauer zu betrachten.

Insofern wird sich die Methode dieser Arbeit als archäologische Entdeckungsreise, als exemplarisch-deskriptiv einstellen. Analytisch-hermeneutisch wird in spezielleren Fällen gearbeitet werden.

Sicherlich steht jetzt auch schon fest, dass es nicht möglich sein wird, alle oder auch die meisten Musikkurzfilme der Geschichte zu finden: zu viele sind verschwunden und vergessen. Wichtig ist es aber, die gesamte Historie mit Beispielen zu füllen. Diese müssen richtig begründet sein, das heißt, die Kurzmusikfilme müssen auch als Musikkurzfilme im Sinne dieser Arbeit bestimmt werden können.

Folglich müssen diese Kurzfilme...

- ... fest mit Ton synchronisiert sein,
- ... die Länge eines Musikstückes haben,
- ... die populäre Musik ihrer Zeit präsentieren und
- ... einem breiten Publikum als Unterhaltung präsentiert werden.

Das Kino respektive Filmvorführungen sind natürlicherweise das erste mögliche Medium für die gesuchten Musikkurzfilme.

Angefangen von den ersten Vorführungen der Gebrüder Skalandowsky, der Gebrüder Lumière und auch von Edison, über die Wanderkinos bis zur festen Installation der Riesenkinos von Gaumont in Paris und dem Roxy in New York, wurde dieses Unterhaltungsmedium innerhalb von nur 30 Jahren zu einer der größten Wirtschaftsfaktoren des 20. Jahrhunderts, an dem auch die Musikkurzfilme ständig und in wechselnder Form beteiligt waren.

2.2 Der erste Musikkurzfilm

Der erste Musikkurzfilm nach unserer Definition kann nicht vor der Erfindung des Tonfilms gefunden werden.

Film mit Ton zu kombinieren ist schon über die eigentliche Erfindung des Films hinaus ein Bestreben der Entwickler. Schließlich ging es Edison bei der Erfindung des Films um die Mimesis der wahrnehmbaren Welt durch Sehen und Hören.

> Mr Edison is not quite satisfied yet [...] and he hopes then to combine this improved phongraph to the vitascope to make it possible for an audience to witness a photographic reproduction of an opera or a play – to see the movement of actors and hear their voices [...] (Quigley, nach Geduld 1975, S. 28)

liest man in einem Bericht des „New York Herald“ zu einer Vorführung der Edison-Erfindung am 23.4.1896. Unabhängig davon, wer nun wirklich das Kino erfand (vgl. Elsaesser 2002, S. 49–68), Edison in den USA, die Lumièrebrüder in Frankreich oder die Gebrüder Skalandowsky in Berlin, steht es wohl außer Frage, dass Edison derjenige war, der die Apparate zur Vorführung und Aufnahme erfand.

Die Vision hatten viele und die Erfindung wird eher als Weiterentwicklung der Projektionskünste gesehen. In den Edison-Labors wurde aber schon von Anfang an mit Ton experimentiert, schließlich hatte Edison schon 1878 das Patent für seinen Phonographen, den Vorläufer des Plattenspielers, erhalten und versuchte nach der Erfindung des Kinetographen beides zu einem Kinetophon zu verbinden. Es sollten Bewegung und Ton gleichzeitig aufgenommen werden. Der Ingenieur, der damit von Edison betraut wurde, war William Dickson. Das Labor war das erste Filmstudio der Geschichte, das Black Maria in New York. Schon Geduld erwähnt 1975 einen Experimentalfilm Dicksons, der jene Violine spielend vor einem Phonographen und mit zwei tanzenden Männern zeigt (vgl. Geduld 1975, S. 21). Geduld wusste nicht, dass die dazugehörige Tonwalze mit der Aufzeichnung seit den 1960er Jahren im Edison National Historic zerbrochen lagerte. Erst 1998 wurden der Film, der in der Library of Congress lagerte, und die Tonwalze in Zusammenhang gebracht, digitalisiert und synchronisiert. Das bedeutet, dass es 1894/95 – und damit vor der ersten Aufführung der Lumièrefilme im Dezember 1895 – einen wenigstens intendierten Tonfilm gab, der erst 114 Jahre später fertiggestellt wurde.

Selbst ohne die Kenntnis davon, welches Lied Dickson auf seiner Violine spielte, zu dem die beiden Männer offenbar tanzten, erscheint uns der Film tatsächlich tauglich für einen Musikkurzfilm im Sinn dieser Arbeit zu sein. Die sehr kurze Sequenz von 17 Sekunden zeigt den Interpreten, nämlich Dickson, der eine französische Barcarolle von Robert Planquette aus dem Jahr 1877 mit der Geige spielt. Das Musikstück gehört zu der damals international bekannten Operette „Les cloches de Corneville" aus dem Jahr 1877 und kann deshalb als populär angesehen werden. Sicherlich bietet die Tatsache, dass es sich um einen Experimentalfilm handelt, keine Möglichkeit, uneingeschränkt von einem Musikkurzfilm zu sprechen, der auch als solcher intendiert war und der Unterhaltungsindustrie zugehörig sein müsste. Es war ein Experiment, das nicht richtig funktionierte, weil es technisch noch nicht möglich war, eine feste Synchronisation herzustellen. Trotzdem ist interessant, dass ausgerechnet das erste Tonfilmexperiment eine musikalische Aufführung in Form eines performativen Musikkurzfilmes offenbart. Das bedeutet zumindest, dass der Musikkurzfilm schon vor Beginn des Kinos eine Vision ihrer Erfinder war. Es gibt auch Schilderungen Dicksons, dass er im Oktober 1889 nach der Rückkehr Edisons aus Frankreich, jenem einen Tonfilm vorgeführt habe. In den neun Sekunden soll er Edison zu seiner Rückkehr im Film begrüßt haben. Allerdings handelte es sich nicht um projizierte Bilder, sondern um eine Reihe, die nur mit einem Betrachtungsgerät angesehen werden konnte (vgl. Jossé 1984, S. 31f.). Der Film im Sinne eines Bild-Zeit-Gefüges als Grundlage unserer Musikkurzfilm-Definition existierte noch nicht.

Dennoch steht fest, dass der erste Musikkurzfilm ab 1895 gesucht werden muss, da der Dickson-Experimentalfilm von 1895 nicht öffentlich war und deshalb nicht unter die Unterhaltungsindustrie fällt.

Kaum war die Welt mit dem Film konfrontiert worden, versuchte man die Erfindung zu verbessern und zu nutzen. Die Lumièrebrüder machten aus Edisons Aufnahme- und Wiedergabegerät eines, das beides konnte und Domitor genannt wurde. Die Brüder Skalandowsky entwickelten das Bioskop und die Kurbelkiste. Das erste Tonfilmpatent wird 1897 in den USA Brown zugesprochen, dies eignete sich aber nicht für Projektionsfilme. 1898 entwickelte Baron in Frankreich das erste funktionierende Tonbildverfahren für Aufnahme und Projektion, das aber nie dem Publikum zugänglich gemacht wurde, weil es zu teuer war. Baron konnte seine aufgezeichneten Tonwalzen aus Wachs nicht kopieren (vgl. Geduld 1975, S. 48f. und Jossé 1984, S. 48–53). 1899 fand die erste öffentliche Vorführung von Tonfilmen in Paris statt. Das Gerät hieß Phonorama und wurde von Alfred Berthon, François Dussaud und François Jaubert entwickelt. Laut Geduld gab es drei Filme vom Regisseur Felix Mesguich, die 1900 auf der Pariser Weltausstellung gezeigt wurden: Maritimes aus Le Havre und Marseille, Pariser Straßenszenen und ein Gesangsstück mit Orchester. Letzteres könnte für den ersten Musikkurzfilm in Frage kommen: Es ist ein musikalischer Kurzfilm mit performativem Charakter, der synchronisiert ist und für die Unterhaltung realisiert wurde. Genauere Beschreibungen zu diesem Kurzfilm sind allerdings bis jetzt nicht zu finden (vgl. Geduld 1975, S. 52). Diese drei Filme sind vermutlich schon 1899 als Test im Pariser Olympia gezeigt worden. Jossé bezeichnet dies als „erste öffentliche Vorführung von Tonbildern vor einem großen Publikum" (Jossé 1984, S. 56) in seiner Beschreibung der ersten Tonbildperiode bis 1901. Es sind danach fünf Systeme, die Tonfilm zeigen können: Barons Chronophonograph, zu dem es laut Geduld Sing- und Tanzstücke sowie Komische Opern gab, das Phonorama mit einem Singstück, das System Joly, das ebenfalls auf der Weltausstellung präsentiert wurde, aber kein Musikstück aufführte, das Phono-Cinéma-Theatre, das keine synchronisierte Vorführung bot, sondern bei welchem Film und Ton parallel von einem Vorführer abgespielt wurde, also deshalb nicht fest synchronisiert waren, und schließlich die Scènes cinéphoniques von Pathé, die wie das Phono-Cinéma-Theatre nicht automatisiert synchron funktionierten.

Daraus lässt sich schließen, dass das Phonorama mit dem unbekannten Gesangstück, das Geduld erwähnt, scheinbar der erste Musikkurzfilm der Geschichte ist, weil es ein für das Publikum hergestelltes kurzes Musikstück präsentiert, das tatsächlich synchron und in diesem Sinn unveränderlich mit einem Film verbunden wurde.

Einen Hinweis auf den Tonfilm übersehen die Autoren Geduld und Jossè allerdings: Ramsaye erwähnt, dass Hollaman und Eaves 1898 den synchronisierten Film „Opera Martha" für 280 US-Dollar anboten (vgl. Ramsaye 1954, S. 374).

Es soll in dieser Arbeit aber nicht bestimmt werden, wo und wann genau der erste Musikkurzfilm gesehen werden konnte. Da die erwähnten Filme vielleicht nie wieder aufgefunden werden, ist es sicherlich ratsam, sich auf die Feststellung zu beschränken, dass um 1900, als das Kino ganz neu war, schon Musikkurzfilme im Repertoire der Produzenten, die damals noch Erfinder waren, auftauchten.

Der Tonfilm wird dann zu Beginn der Kommerzialisierung des Kinos für viele interessant. Geduld führt 121 Sound-On-Disc-Patente und 15 Sound-On-Film-Patente international bis 1927 an.

2.3 Kino – Industrielle Tonbilder

Die industrielle Entwicklung des Kinos zu dem populären Supermedium des 20. Jahrhunderts schritt extrem schnell voran. Um die Dimensionen zu erfassen, ist es ratsam, die Zahlen zu betrachten. Birett listet von 1895 bis 1911 für Deutschland 16.986 Filme auf. Dabei handelt es sich meistens noch um Kurzfilme, zu denen auch unsere Musikkurzfilme gehören. Birett ist aber so umsichtig, die Veröffentlichungszahlen in uns heute geläufige 90-minütige Spielfilme umzurechnen. 1903 sind es elf Spielfilme (243 Kurzfilmtitel), 1911 542 (4.605 Kurzfilmtitel). Innerhalb von weniger als zehn Jahren steigt die Produktionszahl also um das Fünfzigfache (vgl. Birett 1991, S. XV).

Kinos entstehen auf der ganzen Welt und entwickeln sich vom Zirkus und den Wanderkinos zu festen, riesigen Veranstaltungsorten. In das Apollo Theater in Berlin passten 890 Zuschauer, im Hippodrome Gaumont-Palace in Paris hatten 1911 fast 5.000 Zuschauer Platz und es war damals das größte Kino der Welt, bis in New York das Roxy Theatre ab 1926 5.920 Sitzplätze zur Verfügung stellte. Das ist selbst im Vergleich zu unseren heutigen Multiplexkinos, wie zum Beispiel dem Cinemaxx in Hamburg mit seinem 971 Plätze umfassenden riesigen Saal, unvorstellbar groß. Auch entstanden in den ersten 20 Jahren schon Film-Kartelle. Zunächst gründete sich an der Ostküste unter Edison die Motion Picture Patent Company (MPPC). Ziel dieses Kartells war die Kontrolle des Filmgeschäfts durch Verdrängung der Konkurrenz. Ein Resultat des Kartells von Edison war die Begründung Hollywoods, die mit ihren Big Five (20th Century Fox, MGM, Warner Bros., Paramount und RKO Pictures) ebenfalls als Kartell agierten (vgl. Elsaesser 2002, S. 102ff.).

Auch der Tonfilm und mit ihm der Gegenstand dieser Arbeit sollten schon zu Beginn monopolistisch vertrieben werden: Während die USA zunächst keine größeren Märkte für die Tonbilder boten, traten in Europa vor allem Frankreich und Deutschland innovativ auf diesem Gebiet hervor (vgl. Jossè 1984, S. 85). Laut Birett kommen 47 Prozent der in Deutschland von 1895 bis 1911 veröffentlichten Filme aus Frankreich. Nur 13 Prozent stammen aus Deutschland (vgl. Birett 1991, S. XVI). In Frankreich ist es Léon Gaumont, der sich seit 1901 intensiv mit dem Tonfilm beschäftigt. Er präsentiert 1904 sein Chronophone in England (vgl. Low 1949, S. 265) und vermarktet es seitdem international. Ab 1905 sind seine Chronophonefilme auch regulär in England erhältlich. Bei Gifford sind 93 Filme von Gaumont gelistet, bei den meisten davon handelt es sich um Musikkurzfilme. Im Vergleich dazu findet man bei Gifford auch englische Produktionsfirmen, die Tonfilme herstellen und vermarkten. Cinematophone Singing Pictures bieten 1907 und 1908 insgesamt 40 Titel an. Auch die Warwick Cinephone Films sind mit 65 Titeln 1908 und 1909 bescheidener als Gaumont. Weitere Anbieter wie zum Beispiel die Animatophone Filme sind wegen der geringen Auflage von zwei bis zehn Exemplaren nicht erwähnenswert. In den französischen Katalogen von

Gaumont bis 1912 finden sich sogar knapp 790 Phonoscènes oder Filmparlantes, wie Gaumont sie nannte. Thomas Louis Jacques Schmitt listet die meisten auf und gibt Titel, Schauspieler, Jahr der Katalogerwähnung sowie das Genre an. Interessant für diese Untersuchung ist die Tatsache, dass es sich fast ausschließlich um Musikkurzfilme handelt. Genannt werden Chanson, Chansonette, Chant religieux, Danse, Operette, Opera (vgl. Schmitt 2013). Scène comique oder Romance bilden demgegenüber die absoluten Ausnahmen. Bei den Tonfilmen von Gaumont handelt es sich also um frühe, ausschließlich zur Unterhaltung genutzte Musikkurzfilme, die aufgrund ihrer Kommerzialität populäre Musik beinhaltet haben müssen. Ein Beispiel hierfür ist der Chronophone-Film „Anna qu'est-que tu t'attends?" von 1913. Das Stück ist von populären Komponisten und Autoren der damaligen Zeit: Fragson, Christiné, Trébitsch.

Gaumont ist beispielhaft für den französischen und den englischen Markt. Sein deutsches Pendant ist Oskar Messter. Messters Tonbildverfahren Biophon erhielt im Februar 1903 ein deutsches Patent. Im August des Jahres zeigte er im Apollo Theater in der Berliner Friedrichstraße fünf Biophonfilme, von denen vier Musikkurzfilme waren (vgl. Berliner Tagesspiegel, 1983, S. 56 und Simeon 1994, S. 138). Ein Jahr später präsentierte Messter sein Biophon auf der Weltausstellung in den USA. Er stellt nach eigenen Angaben mit 500 Tonfilmen ein Drittel der gesamten Tonfilme bis 1913 in Deutschland her. Wie Gaumont setzt auch Messter in erster Linie auf musikalische Kurzfilme und nicht auf gesprochene Tonfilme (vgl. a. a. O., S. 136). Es war vor allem ein technischer Grund, warum sich Musik und nicht gesprochene Texte anboten, denn es war weitaus einfacher, über den Rhythmus der Musik das richtige Timing für die Play-back-Bewegungen zu finden als über einen nicht-rhythmisierten Text. Im Bundesarchiv findet man eine Liste [2].

Jossé schätzt die weltweite Produktion der Tonfilme bis vor dem Ersten Weltkrieg auf 3.500 bis 4.000. Mindestens 80 Prozent davon waren Musikkurzfilme, die in das übrige Vorführprogramm eingebettet waren. Nach Birett beträgt 1910 die durchschnittliche Filmlänge 156 Meter (vgl. Birett 1991, S. XV). Die Durchschnittsdauer betrug deshalb ungefähr fünf Minuten, was auffällig passend für einen Musikkurzfilm von heute ist. Diese Kurzfilme, unter denen auch unsere Musikkurzfilme zu finden sind, wurden von den Kinobetreibern in der Reihenfolge auf das jeweilige Publikum abgestimmt. Beachten muss man vor allem, dass das Kino der ersten Jahre, also bis zum Ersten Weltkrieg, eine Art interaktives Erlebnis war. Die Szenen wurden als Ganzes, als Tableau, produziert und dem Publikum vorgeführt. Die Montage, der Schnitt, war noch weit davon entfernt, die Grundlage des Films zu sein, denn das Performative stand im Vordergrund. Die Narration des klassischen Kinos entsteht erst ab 1914. Das ist vor allem darin begründet, dass längere Filme erst seitdem möglich waren. Beispielhaft wird

2 | Deutsches Filminstitut (o. J.): www.filmportal.de.

dazu immer wieder „Birth of a Nation" von David Wark Griffth genannt, der 1915 produziert wurde, eine gigantische Länge von 190 Minuten hat und als einer der ersten Filme des klassischen Erzählkinos zu verstehen sei (vgl. Elsaesser 2002, S. 13, 87 und bes. 190–193). Bis dahin bespielte man die Vorführtheater mit dokumentarischen Filmen wie Nachrichten, etwa das „Pathé-Journal" seit 1906, oder Naturaufnahmen, mit Komödien, klassischen Auftrittskünstlern, Dramen, Trick-, Tier-, Werbe- und Musikfilmen. Diese stellen sich in dieser Zeit meist durch die Tonfilme dar, mit Operetten, Schlagern und weiterer populärer Musik (vgl. a. a. O., S. 150). Wie Messters Filme zu dieser Zeit produziert wurden, können wir einem Artikel des „Kinematographen" von 1908 entnehmen:

> **Wie singende Bilder (Tonbilder) entstehen**
> Vor kurzem hatte ich Gelegenheit, einer Aufnahme lebender und singender Bilder (Biophon-Aufnahmen von Opernszenen) in den Räumen von Messters Projektion GmbH, Berlin beizuwohnen, deren Beschreibung gewiß manchem ihrer Leser von Interesse sein wird. [...] Schon früh am Morgen ist mit den Aufnahmen begonnen; die in den eigenen Ateliers gemalten Dekorationen zu der betr. Oper oder Operette sind aufgestellt, die Beleuchtung ist ausprobiert, die Apparate sind präpariert. Geschäftig eilen Elektrotechniker und Photographen, Operateure und Beleuchter hin und her. Da im Winter das Tageslicht nicht ausreicht, [...] werfen große Quecksilber-Lampen (Cooper-Hewitt) ihr Licht auf die Bühne, dieselbe in eine märchenhafte Lichtfülle tauchend. Inzwischen ist es 10 Uhr geworden, und die Künstler treffen allmählich ein; diesmal sind es die Mitglieder des Theaters des Westens. Zehn Damen und zehn Herren vom Chor, dann ihre Solisten und Solistinnen, zuletzt die Primadonna, gefolgt von ihrer Zofe. Mächtige Körbe mit Kostümen, Requisiten etc. werden von Arbeitern hereinbefördert. Die Mitwirkenden begeben sich in ihre Garderoben, deren vier vorhanden sind. [...] Nach einer kurzen Probe wird jetzt die der Firma Messters Projektion patentierte Kupplung eingeschaltet, und die kinematographische Aufnahme der Szene beginnt. Große Aufmerksamkeit ist notwendig, denn der geringste Fehler macht die Aufnahme wertlos. [...] Nach einigen spannenden Minuten ist nun die Aufnahme vollendet (es waren Szenen aus dem „Vogelhändler"); Ton und Gebärde, Gesang und Bewegung stimmen prächtig überein; die Aufnahme ist gelungen. Die Solisten, Fräulein Obermeier und Herr Matzner, waren auch vorzüglich disponiert, der Chor frisch und lebendig. Die Herrschaften begeben sich wieder in ihre Garderoben zum Umkleiden, und nach einer halben Stunde steht eine reizende Rokoko-Szene (auch aus dem „Vogelhändler") auf der Bühne. Der ganze Vorgang wiederholt sich, auch diese Aufnahme ist in allen Teilen gelungen. Inzwischen ist es ein Uhr geworden, und hoch befriedigt verlasse ich die Räume. Die Darsteller gehen zur Kasse, um den klingenden Lohn, oder oft einen Scheck mit dreistelliger Zahl, für ihre Mitwirkung in Empfang zu nehmen, bei besonderen Spezialitäten und Bühnensternen sind es auch vierstellige Zahlen. Die Firma gibt

> im Laufe eines Jahres viele Tausende an Honorar für Darsteller aus. – Es gibt allerdings auch Firmen, die nach Platten großer Künstler die Szenen von Statisten posieren lassen und damit viel Geld sparen; Messters Aufnahmen sind aber nur Originale. Die zur Aufnahme verwandten Filme, ca. 35 mm breit, werden nun in der Dunkelkammer auf großen Trommeln nebeneinander spiralig aufgewickelt und wie jede andere photographische Platte entwickelt, fixiert, gewässert und getrocknet. [...] Betreffs der Herstellung der Schallplatten ist bei den heutigen technischen Einrichtungen der Aufzunehmende an die unmittelbare Nähe des Trichters eines Aufnahme-Apparates gebunden. [...] Erst besingen die Künstler die Schallplatten, wobei natürlich mit dem Tempo usw. auf die später zu stellende Szene Rücksicht genommen werden muss. Ist die Platte, auf deren Fabrikation ich hier nicht näher eingehen kann, fertig, so wird auf einem Spezial-Grammophon, das genau synchron, d.h. gleich schnell mit einem kinematographischen Aufnahmeapparat läuft, den Künstlern ihre eigene Stimme wieder vorgespielt. Diese bemühen sich, genau nach dem Takt des Grammophons zu singen und zu spielen, wobei der Kinematograph ihre Bewegungen, auch die ihrer Lippen, photographiert. Bei geschickten Künstlern ist eine störende Differenz zwischen Ton und Bild, dank der fein konstruierten Aufnahme- und Wiedergabe-Apparate, fast ausgeschlossen. Sind nun alle Prozeduren beendet, so wird nach einigen Tagen die Opernszene an einem der Biophontheater der Messterschen Gesellschaft in Berlin, Köln, Barmen, Wiesbaden, usw. oder durch Verkauf in Wien, Petersburg oder Konstantinopel in vollendeter Naturwahrheit dem Publikum vorgeführt, welches sich an der Darstellung erfreut, ohne dabei wohl an die Mühen und Kosten der Aufnahme solcher ‚singender Bilder' zu denken, die besonders interessant sind, aber auch wehmütig stimmen, wenn es sich dabei um verstorbene Künstler handelt, die man dann wieder lebend vor sich zu sehen und zu hören meint. (O. Verf., nach Koerwer 1994, S. 50ff.).

An diesem Artikel wird deutlich, dass die Produktionsmethode von der heutigen Möglichkeit, einen Musikkurzfilm herzustellen, kaum zu unterscheiden ist. Die Musik wird zuerst aufgezeichnet, dann bei der Produktion abgespielt, damit die Interpreten dazu im Playback mimen können. Die Ausnahme hierzu wäre eine Live-Aufzeichnung. Interessant ist, dass der Film anscheinend direkt nach der Aufnahme entwickelt und das Footage, also das unbearbeitete Material, gesichtet wurde. Innerhalb von drei Stunden wurden zwei Szenen produziert.

Aufgezeichnet werden Stars, hier Matzen und Obermaier, die zu ihrer Zeit über die Stadtgrenzen hinaus bekannt waren und auch entsprechendes Honorar erhielten. Ob auch Musikverlage davon profitierten, lässt sich schwer klären. Bekannt ist allerdings, dass Messter zum 100. Geburtstag von Wagner einen Film mit dessen Musik produzieren wollte. Nach den Forderungen der Verleger von 500.000 Mark, ließ Messter zur Wagnerbiographie die Musik von dem Komponisten und Dirigenten Giuseppe Becce komponieren.

Dass das gesamte Produktionsschema für alle Tonfilme dieser Zeit Anwendung fand, lässt sich anhand des Making-Ofs eines Tonfilms von Gaumont 1905 belegen, bei dem Alice Guy die Regie führte. Der Tonfilm war die Opernreihe „Roméo et Juliette“, die im Katalog die Nummern 300, 301 und 302 tragen (vgl. Gaumont-Pathé-Archives, Referenznummer 0500GPH 02587). In den 100 Sekunden, die uns das Studio Gaumont zeigen, sehen wir die Regisseurin, die zwischen einem Grammophon und dem Kameramann Anweisungen gibt. Die Bühne mit gemaltem Hintergrund wird durch Lampen indirekt beleuchtet, man kann sogar Dampf über den Leuchten ausmachen. Verschiedene Tänze werden aufgenommen. Der Film ist zwar selber kein Tonfilm, das Dokument zeigt uns aber eindrucksvoll, wie ein Set damals aussah und funktionierte.

Dass ein Tonfilm und damit auch der Musikkurzfilm dieser Zeit nicht nur aus einem Tableau beziehungsweise einer Szene bestehen musste, zeigt das Beispiel von Gaumont aus dem Jahr 1913: „Anna qu‘est ce que t‘attends“ ist ein Chanson von Harry Fragson, in dem es darum geht, dass Anna sich beeilen soll, da sonst alle den Zug verpassen würde, um zu einem Picknick zu gelangen. Sie stehen vor einem Haus und packen den Korb. Die Familie verlässt im Anschluss die Szene. In der nächsten sind alle beim Picknick an einem Fluss, haben ausgepackt und beginnen zu essen und zu trinken. Der Liedtext sagt uns, dass das Essen so gut ist, dass das nächste Mal der Präsident eingeladen werden müsse (vgl. Gaumont-Pathè-Archive Referenznummer 1300GPH 00760 und Schmitt 2010, S. 49).

Diese Tonbilder der ersten Generation im Kino von 1903 bis vor dem Ersten Weltkrieg sind Musikkurzfilme, die unserer Definition entsprechen. Deutlich wird hier sogar, dass Musikkurzfilme bevorzugt das Performative, etwa einen Bühnenauftritt beinhalten, bei dem sich die Interpreten zum Beispiel durch Blickkontakt direkt an den Zuschauer wenden. Dies ist ein typisches Merkmal der meisten, vor allem der performativen Musikkurzfilme bis heute. Es findet sich sonst nur bei Film- oder Videoaufzeichnungen, die sich direkt an den Zuschauer wenden, zum Beispiel in Form eines Sprechers bei den Nachrichten oder Dokumentarfilmen. Selten sieht man diese Form der Zuschauerintegration bei fiktiven Filmen. Die Adressatenorientierung der genannten Art ist zwar typisch für Musikkurzfilme, aber sie ist nicht zwingend. Trotzdem fällt dieser Aspekt im frühen Kinofilm besonders auf. Schließlich sind auch noch alle Fiktion-Filme zeigende Attraktionen, bevor der klassische Kinofilm zum Erzählkino wird (vgl. Elsaesser 2002, S. 74).

Während Gaumont bis 1917 mindestens einen Musikfilm pro Woche in seinen Theatern zeigte (vgl. Schmitt 2010, S. 51), gab Messter die Tonfilme 1909 auf. Die Konkurrenz, die schon in dem Zeitungsartikel oben erwähnt wurde, arbeitete billiger, sodass Messter aus ökonomischen Gründen nur noch Stummfilme produzierte. Obwohl er sich mit Gaumont geeinigt hatte, dass er Deutschland mit seinen Tonfilmen bedient und Gaumont Frankreich und England, beide aber zusammen auch Werbung schalten, reichte es wirtschaftlich für Messter in Deutschland nicht.

Die folgende, stummere Filmzeit bis Ende der Zwanzigerjahre arbeitete aber immer noch mit Schallplatten zur musikalischen Unterstützung längerer Filme. Die deutschen Plattenfirmen Polidor, Artiphon Rekords und Deutsche Grammophon liefern die Platten für die Filme, die mittlerweile 90 Minuten lang sind und dazu 30 bis 50 Platten benötigen (vgl. Simeon 1994, S. 141). Da es sich hierbei um nicht-synchronisierte Beziehungen zwischen Film und Musik handelt, können wir in unserem Sinn nicht von Musikkurzfilmen sprechen. Zwar kann es, wie in Messters Dirigentenfilmen, die dem Orchester einen nur filmisch anwesenden Dirigenten in Aktion zeigen, hauptsächlich um Musik gehen, was aber nicht auf unsere Definition zutrifft, weil die Synchronisation fehlt und deshalb der Musikkurzfilm veränderlich war. Die in dieser Arbeit als „Musikkurzfilme“ bezeichneten Medien sind und waren unveränderlich.

Trotzdem wird in den Jahren 1914 bis Ende der Zwanzigerjahre versucht, in den Opern- und Operettenfilmen genau diese Synchronität zu gewährleisten, die sicherlich aus den Musikkurzfilmen erwachsen ist, respektive diese Produktnische im Kino übernommen wurde, später zu den Filmmusicals führten und damit das Thema Musik im Kino lebendig erhielten, obwohl die Stummfilmzeit die Musik eher vernachlässigte.

Dass Musikfilme zu dieser Zeit keine große Rolle spielten, lässt sich anhand des „British Film Catalogue“ von Gifford belegen. In den Jahren 1911 bis 1925 wurden 5.685 Filme in England veröffentlicht. Davon sind 46 Musiktitel[3], die live an der Bühne von einem Orchester oder Sänger vertont wurden und neun Tonbilder[4], die mit einem Grammophon synchronisiert waren . Insgesamt existieren also deutlich weniger Musiktitel in 15 Jahren als Gaumont in England in drei Jahren veröffentlichte. 1926 hingegen veröffentlichen DeForest Phonofilms 14 Tonbilder und Song Films sowie zwölf Filme mit Orchesterbegleitung. Insofern gab es in England eine Vorankündigung des regulären Tonfilms im Kino von 1927.

Auch wenn es in den Jahren von 1911 bis 1929 viel weniger Musikfilme gab, lassen sich doch drei Systeme, zumindest in Deutschland, ausmachen, die die schon erwähnten Opern- und Operettenfilme bestimmen.

Erstens: Jakob Beck verfilmte sieben Opern und Operetten. „Martha“ (1914), „Lohengrin“ (1916), „Cavalleria Rusticana“ (1917), „Der Freischütz“ (1918), „Die lustigen Weiber von Windsor“ (1918), „Wer nicht in der Jugend küsst“ (1918) oder „Die Sylvesterwette“ (1919) sind einige Beispiele. Beck blendete den Dirigenten mit in das Bild ein, unter dem ein Metronom den Takt vorgibt. Ein Orchester ersetzte das Grammophon. Mit dieser Technik wurden lange, zusammenhängende Aufzeichnungen möglich. Es handelt sich genau genommen um live nachvertonte Musikfilme, bei denen die Synchronisation durch ein Metronom gewährleistet

3 | Selsior Films 11, Orpheus Song Films 4, Popular Songs Favourites 10, Debenham & Co 11 Reciprocity Films 6, J.A. Fitzpatrick 4.

4 | Hepworth 1, UK Kineplastikon 8.

werden sollte. Das ist eine besondere Variante in Bezug auf die Musikkurzfilme, denn es handelte sich ja auf der einen Seite um mehrere Musikstücke, die in einem Film in einer Geschichte zusammengefasst waren, und die Musik wurde auf der anderen Seite live, also immer ein wenig anders synchronisiert.

Das zweite System ist das Lachmann-System, das dem Orchester über Lichtsignale Takt und Tempo vorgab, wie zum Beispiel „Das Caviarmäuschen" von 1919 (vgl. Wedel 1998, S. 95).

Das Notofilm-System stellt das dritte und das freieste Mittel dar, um synchrone Bilder herzustellen. Die Noten wurden nachträglich in den Film einkopiert. Zwar wurden auch mit dem Notofilm wenige Filme bis 1924 hergestellt, aber aufgrund des Aspektes der Synchronisation sind sie eine Sonderform der Musikkurzfilme. Die Operettenschlager aus den jeweiligen Filmen konnten nach Bedarf einzeln vor dem Publikum wiederholt werden (vgl. a. a. O., S. 92). Damit wäre wieder der Einakter, ein Film mit einem Musikstück, als Voraussetzung gegeben, um hier die Musikkurzfilme deutlicher zu identifizieren. Sicherlich lässt sich dadurch feststellen, dass selbst in der großen Stummfilmzeit zwischen 1914 und 1927 Musikfilme auf dem Markt waren, die aus einzelnen Musikkurzfilmen bestanden.

Die Nachkriegszeit und die Zwanzigerjahre standen im Zeichen des Stummfilms und ihrer neuen Großproduzenten: den Filmgesellschaften. Die USA nahmen mit Hollywood die Vormachtstellung im Filmgeschäft ein. Die Big Five, MGM, Fox, Paramount, Warner Brothers und RKO, entwickelten sich in den Zwanzigern. In der Mitte dieses Jahrzehnts versuchten deutsche Produktionsgesellschaften wie die UFA, Emelka, Deulig oder Terra Film AG mit Monumentalfilmen von Fritz Lang wie „Dr. Mabuse" (1922) oder „Die Nibelungen" (1924) gegenüber den USA konkurrenzfähig zu bleiben. Der Tonfilm stand außerhalb des Interesses vor allem der Produktionsfirmen, aber auch der Filmschaffenden. Das Publikum liebte die Stummfilme, weil sie auch qualitativ hochwertiger produziert, künstlerischer und verfügbarer waren. In Europa existierten 1926 22.500 Kinos (vgl. Jason 1930, S. 5), von denen die meisten nur auf Stummfilm ausgerichtet waren. Laut Jossé konnte Mitte der Zwanzigerjahre niemand wissen, dass sich der Tonfilm innerhalb der nächsten Jahre durchsetzen sollte (vgl. Jossé 1984, S. 193).

2.4 Tonfilm

Der Tonfilm hatte schon seit 1919 sowohl in Deutschland als auch in den USA technische Fortschritte gemacht, sodass es 1924 durchaus möglich gewesen wäre, sofort mit der Produktion zu beginnen (vgl. a. a. O. 1984, S. 175). In Deutschland war es die Triergon und in USA Lee DeForest, die am Lichttonverfahren arbeiteten. Dieses zeichnet den Ton auf dem Filmstreifen mit auf und kann dementsprechend immer wieder synchron mit abgespielt werden. Somit wurden nun auch Liveaufnahmen möglich: Dialoge, Geräusche, Reportagen, Livemusik, alles das, was zuvor prinzipiell nur in mehreren Schritten möglich gewesen war. Neben dem Lichttonverfahren, das sich in der Filmgeschichte durchgesetzt hat, gab es weitere Verfahren, die immerfort mit Tonplatten arbeiteten, die Nadeltonverfahren. Sowohl bei Gaumont, der sich Ende der Zwanzigerjahre aus dem Geschäft zurückzog, als auch in den USA arbeitete man daran.

Warner Brothers expandierten 1925 und kauften dabei auch die Vitagraph-Company, die Warner einen größeren Markt und gleichzeitig bessere Technik und Aufnahmestudios einbrachten. Eine zusätzliche Investition war eine Radiostation, die Warner auch mit dem Nadeltonverfahren von Western-Electric zusammenbrachte. Die Zusammenarbeit führte zum Vitaphoneverfahren, mit dem die ersten Dialogfilme produziert wurden. Vorerst dachte Warner an eine musikalische Vollsynchronisierung ihrer Stummfilme, was 1926 mit „Don Juan" realisiert wurde. Im Oktober 1927 wurde „The Jazz Singer" mit Al Jolson uraufgeführt. Hier ist nicht nur das New Yorker Philharmonic Orchestra aufgezeichnet, sondern auch einzelne Gesangsstücke von Al Jolson und vereinzelte Dialoge. Die Gesangsstücke sind für sich genommen Musikkurzfilme, die auch wieder mit damals populären Stücken wie „Toot, Toot, Tootsie", das 1923 nicht von Al Jolson, sondern von Billy Jones und Ernest Hare im Februar des Jahres auf Platz 9 der USA-Charts waren (vgl. Billboard 1923), oder „My Mammy", das 1928 auf Platz 2 der Charts landete (vgl. Billboard von 1928), bestückt wurden. Al Jolson war seit 1912 ständig in den Charts und somit als Musikstar beliebt und bekannt. Musikkurzfilme ließ Warner Brothers schon als Vorprogramm zu „Don Juan" im Vitaphoneverfahren produzieren. Außer einer kurzen Ansprache gab es sieben Musikkurzfilme von Stars der Metropolitan Opera mit Hits der klassischen Musikliteratur wie „Tannhäuser" von Richard Wagner oder „Rigoletto" von Giuseppe Verdi (vgl. Jossé 1984, S. 221ff.). Das Vitaphoneverfahren war ein großer Erfolg. Der Tonfilm sollte sich jetzt sehr schnell in den USA, aber auch in Europa bis 1930 durchsetzen. Dabei besteht der Unterschied zu früheren Tonfilmen darin, dass es jetzt ohne Umstände möglich wurde, Tonaufnahmen bei der Filmaufnahme zu machen. Deshalb wurde es auch für die Filmindustrie einfacher, alle Filmgenres mit der Tonaufnahme zu produzieren. Die Tonfilme ab 1927 waren also nicht mehr fast ausschließlich Musikkurzfilme. Trotzdem bestehen die Musikkurzfilme weiterhin in den Filmmusicals, die allerdings in eine komplexere Handlung eingebettet sind. Geduld charakterisiert in diesem Zusammenhang das Filmmusical als ein neues Filmgenre, das ab 1929 entsteht (vgl. Geduld 1975, S. 266).

Das Tonfilmsystem, das sich durchsetzen sollte, war aber nicht das Vitaphone-, sondern das Lichttonverfahren, von dem es mehrere, aber sehr ähnliche und kompatible Systeme gab (vgl. a. a. O., S. 225). Western Electric hatte nicht nur das Vitaphone, sondern auch das Movietone und konnte so beide Systeme, Platte und Lichtton, liefern. Das RCA Photophone kam von General Electrics und Deutschland hatte das Tri-Ergon-System, das aber erst ab 1929 mit dem Tobis-Klangfilm in Deutschland für das Kino relevant wurde. Geduld listet noch zehn weitere kleinere Systeme auf (vgl. a. a. O., S. 226ff.), die hier jedoch weniger interessant sind.

Das Lichttonverfahren ist – stark vereinfacht – die Möglichkeit, Ton in Lichtwellen umzuwandeln, fotografisch auf dem Film festzuhalten und auch später wieder in Klang zurückverwandeln zu können. Die Tonspur gelangt damit auf den Film (vgl. Jossé 1984, S. 106ff.). Ein Verfahren hatte der US-Amerikaner Lee DeForest als Phonofilm patentieren lassen. Tatsächlich waren Lee DeForest-Produktionen hauptsächlich Musikkurzfilme. In England veröffentlicht er von 1926 bis 1929 38 Musikkurzfilme, nur elf sind andere Genres wie Sketche oder Dramen (vgl. Gifford 1986, 1926–1929). Dabei handelt es sich um Ausnahmen, denn die meisten Filme dieser Zeit waren klassische 90- minütige, abendfüllende Spielfilme. Warner und First National, Paramount und Fox produzierten 1929 bereits 163 Tonfilme (vgl. Geduld 1975, S. 252), in Deutschland waren es 1929 noch 14, aber 1930 schon 127 (vgl. Bauer 1950, S. III). Bauers „Almanach" zeigt dem Leser, dass rund ein Viertel aller produzierten Tonfilme in Deutschland bis 1950 Musikfilme wie Sängerfilme, Operettenfilme, Musicals oder Revuen sind. In den USA ist die Quote dazu anders (vgl. dazu die Ausführungen in diesem Unterkapitel), obwohl man davon ausgehen kann, dass der europäische Filmmarkt eigentlich nicht von dem US-amerikanischen Markt getrennt war und ist. Davon zeugen vor allem auch die permanenten Patentstreitigkeiten, die vor allem beim neuen Tonfilm vorkamen, weil die Lichttonsysteme teilweise identisch waren. Tri-Ergon, Movietone und Phototone mussten sich auch territorial einigen. Das geschah am 22. Juli 1930 in Paris zum Pariser Tonfilmfrieden. Die deutsche Tobis-Klangfilm sollte den Großteil des europäischen Marktes mit Tonfilmapparaten beliefern, die Western Electric den englischsprachigen Raum, während die Filme selbst frei vertrieben werden sollten. Ein Austausch der Patente sollte eine reibungslose Vorführpraxis gewährleisten (vgl. Jossé 1984, S. 277ff.).

Das neue Genre Filmmusical existiert bis heute im Filmgeschäft. Der Musikfilm war mal mehr mal weniger gefragt. Musicals sind eine besondere Form des Musikkurzfilms, weil sie nicht nur mehrere einzelne Musikkurzfilme enthalten, sondern auch in eine Geschichte verwoben sind, die im Mittelpunkt des Filmes stehen soll. Wie schon erwähnt, können einzelne Musikszenen, die sich durch die Länge eines Songs bestimmen, ausgeklammert werden, um einzeln ohne den Zusammenhang des Filmes wahrgenommen zu werden. Das Filmmusical ist also eine Akkumulation von Musikkurzfilmen. Dass das durchaus zutrifft, zeigt die enorme Anzahl an isolierten Musikstücken aus Filmmusicals von 1952, wie zum Beispiel „Singin' In the Rain" mit Gene Kelly, die man sich heute auf YouTube ansehen kann.

Musicals bedienen sich wie die Musikkurzfilme in der Regel bei der populären Musik der Zeit. Der Kinofilm ist deshalb auch eine Möglichkeit für populäre Musiker, sich selbst und ihre Musik in einem anderen Medium zu präsentieren und dem Publikum zugänglich zu machen. Al Jolson war bereits ein erfolgreicher

Broadway Star, der schon ab der zweiten Dekade des zwanzigsten Jahrhunderts in den Charts vertreten war. Jolson war unter anderem auch Vorbild für Elvis Presley, der 31 Spielfilme drehte, die jeweils seine aktuellen Songs vorstellen. Nur der Film mit dem Titel „Charro!“ (1969) zeigt keine Gesangsszenen von Presley. Nicht in der Anzahl, aber nach dem gleichen Prinzip wurden die Beatles-Filme produziert, die für die Popmusik eine Tradition begründeten, der The Who und auch Pink Floyd folgten. Dabei gilt es zu beachten, dass es sich bei den Filmen in erster Linie um ein Unterhaltungsmedium und nicht um ein Werbemedium handelt. Sicherlich bewerben die Künstler gleichzeitig ihr musikalisches Produkt und sich selbst, wenn sie vor die Kamera treten und, weil sie schon prominent sind, natürlich auch den Film bewerben. Sie erhalten eine Gage für den Film, wie auch schon die oben erwähnten Stars der Messter- und Gaumont-Musikkurzfilme. Der Zuverdienst durch steigende Plattenverkäufe ist aber als paralleler Effekt zu verstehen, denn die Platten verkauften sich auch ohne den Film und der Film wurde auch ohne die Tonträger angesehen.

Dass aber sowohl mit den Musikkurzfilmen als auch mit den Musicals und anderen Musikfilmen die Musik selbst beworben wird, offenbarte sich der Musikindustrie respektive den Musikverlagen früh, und dieser Umstand wurde auch genutzt. Schon die Musiker, die Oskar Messter für seine Musikkurzfilme engagierte, werden bemerkt haben, dass ihre Popularität durch die Filmpräsenz stieg. Bekannte Musik lockt die Zuschauer ins Kino, macht die Musik noch populärer und bewirbt die Interpreten. Andersherum kann man neue Musik durch das Kinopublikum bekannt machen. Schon vor den ersten Kinofilmen mit Musik verkaufte die Musikindustrie – wie bereits oben erwähnt – durch die Musikverleger Notenblätter: Sheet Music. Tin Pin Alley in New York war zu Beginn des zwanzigsten Jahrhunderts der Ort für Musikverlage. Musiker und Komponisten brachten ihre Songs und Kompositionen zu den Musikverlagen und hofften auf einen Ankauf. Unter ihnen waren die zur damaligen Zeit bekanntesten Komponisten und Musiker wie Cole Porter oder George Gershwin, Ella Fitzgerald und auch Bing Crosby. 1910 war dieser Markt enorm groß. Wurde eine Komposition angenommen, so wurden die Noten als Sheet Music gedruckt und zum Verkauf in Musikgeschäften und in Warenhäusern wie Woolworth angeboten. Die Verlage entsandten Musiker, die die neuen Stücke auch vor Ort vortrugen. Auch im Kino bekam der Filmvorführer Besuch von einem Sänger oder Pianisten, den die Verlage geschickt hatten. Als Gegenleistung dafür wurden die Notenblätter direkt im Kino verkauft. Hatte man Tonfilme, brauchten die Kinobetreiber keine Musiker und wurden an den Verkäufen beteiligt (vgl. Smith 1998, S. 28). Mit dem Durchbruch des Tonfilms Ende der Zwanzigerjahre mussten die Filmproduktionen in Komponisten, Musiker und auch Musikverlage investieren, um unabhängig zu sein. Loews (MGM), Paramount und Warner kauften Verlage, kontrollierten ab 1930 den Markt und hatten auf diese Weise eine zusätzliche, neue Einnahmequelle. Mit der Übernahme der Musikverlage und dem Verkauf von Rechten an Radio, Plattenverkauf und Sheet

Music entsteht die erste amerikanische Crosspromotion im Filmgeschäft (vgl. a. a. O., S. 29f.). Ende der Fünfzigerjahre bricht der Verkauf von Sheet Music drastisch ein. Smith vermutet, dass der Grund an der Erfindung der Langspielplatte und der Single Ende der Vierzigerjahre sowie an der Einführung des Transistorradios liege (vgl. a. a. O., S. 32). In der Folge stürzte sich die Filmindustrie in die Schallplattenindustrie. Seltsamerweise war es zunächst die Plattenfirma Decca, die 1952 die Universal Studios kaufte. Ende der Fünfziger kauften Paramount DotRecords, United Artists kauften keine bestehenden Firmen, sondern gründeten eigene Tochtergesellschaften: UA Records Corp. und UA Music Corp. MGM Records, das schon Ende der Vierzigerjahre gegründet wurde, kompensierte den Verlust der Filmproduktion von 7,8 Millionen US-Dollar 1958 hauptsächlich durch die Gewinne im Musikgeschäft. Bis heute sind die Soundtracks zu Filmen eine wichtige Promotion und Einnahmequelle der Film- und Musikindustrie.

Ein klassisches Beispiel ist die James-Bond-Serie, die immer einen Chart-Hit als Titelsong veröffentlicht. Dazu verpflichten die Produzenten einen Star der aktuellen Popmusik. Ab 1964 startete die Tradition der Bond-Serie mit „Goldfinger" von Shirley Bassey[5]. Das Besondere ist nicht nur die Musik, sondern deren filmische Umsetzung. Zu den Songs gibt es immer eine besondere Titelsequenz, die künstlerisch besonders hochwertig sein soll. Der Urheber wird in dieser Sequenz immer gesondert aufgeführt. Nach dem üblichen Opener von „James Bond" gibt es eine kurze narrative Sequenz, die in die Story als Cold Open einführt. Dann beginnt der Titelsong mit einer gesonderten Sequenz, die keine narrativen Elemente hat, sondern rein assoziativ funktioniert. Grafische Objekte und Filmeffekte, Zeitlupen, Farbspiele und immer Frauenkörper schaffen einen Musikkurzfilm, der nach unserer Definition assoziativ umgesetzt ist. Die einzige Titelsequenz, in der die Interpretin beim Singen zu sehen ist und so auch performativ in den Vorspann eingebunden wurde, ist „For Your Eyes Only", gesungen von Sheena Easton im Jahr 1981. Dies ist eine Ehre, die nicht einmal Madonna 2002 oder 1987 Duran Duran zuteil wurde. Duran Duran und andere produzierten allerdings extra Musikkurzfilme, die mit Merkmalen oder Filmausschnitten des jeweiligen Bondfilms besetzt wurden. Außergewöhnlich ist, dass diese Titelsequenzen nichts mit dem

---

5 | In den Folgejahren waren das: „Thunderball" von Tom Jones, „You Only Live Twice" von Nancy Sinatra, „We Have All the Time In the World" von Louis Armstrong, „Diamonds Are Forever" von Shirley Bassey, „Live and Let Die" von Paul McCartney, „The Man With the Golden Gun" von Lulu, „Nobody Does It Better" von Carly Simon, „Moonraker" von Shirley Bassey, „For Your Eyes Only" von Sheena Easton, „All Time High" von Rita Coolidge, „View to a Kill" von Duran Duran, „License to Kill" von Gladys Knight, „Golden Eye" von Tina Turner, „Tomorrow Never Dies" von Sheryl Crow, „The World Is Not Enough" von Garbage, „Die Another Day" von Madonna, „You Know My Name" von Chris Cornell, „Another Way to Die" von Jack White/Alicia Keys sowie „Skyfall" von Adele.

restlichen Film gemeinsam haben, was grundsätzlich nichts Besonderes ist. Sie nehmen aber hinsichtlich der Form von Musikkurzfilmen eine große musikalische und visuell-ästhetische Präsenz ein. Offensichtlich sind diese Opener auch als eigenständige Filme angelegt. Nur die Funktion als Illustration für die Einblendungen der Titel als Filmvorspann wie die Namen der Produktionsfirmen oder Schauspieler stört in der Bewertung als Musikkurzfilm.

Sicherlich findet man aber auch innerhalb der Handlung in Spielfilmen häufiger Sequenzen, die nur als Musikkurzfilm wirken können und zum Beispiel eine Stimmung unterstreichen sollen. Nur geht die Musik über die normale Begleitung hinaus. Die Erfahrung mit Elvis und den Beatles brachte der Film- und Musikindustrie die Erkenntnis, dass die Popmusik ab den Sechzigerjahren der Zugang zur kaufkräftigen Jugend war, sodass sie ganz einfach jugendliche Musik einsetzten (vgl. a. a. O., S. 54). Die sogenannten Kompilation-Soundtracks beinhalteten nur Pop- oder Rocksongs, die bereits vorproduziert und nicht für den Film als Filmmusik komponiert wurden. Daraus entstanden in den Filmen Sequenzen, die nahezu reine Musikkurzfilmformen aufweisen:

Die zweite Sequenz zu „Sounds of Silence" von Simon and Garfunkel in „The Graduate" ist dafür ein gutes Beispiel. Grundsätzlich ist es ein narrativer Musikkurzfilm, in der der Protagonist in seiner fast unerträglichen Gleichgültigkeit dargestellt wird. Stimmung und Atmosphäre werden durch kraftvolle Bilder und die Musik zu einem Gesamteindruck, der dem Betrachter etwas über den Protagonisten verrät. Selbst wenn man den Film nicht sieht, sondern nur die Sequenz, ist dieser als Musikkurzfilm zu verstehen, weil er unabhängig von der Erzählung des Films funktioniert.

Diese Sequenzen, seien es nun eine freie Popsong-Sequenz oder der Opener und Vorspann zu „Easy Rider" mit „Born to Be Wild", „Moonriver" aus „Breakfast at Tiffany's" oder „Singin' In the Rain" mit Gene Kelly, sind durch ihre Musikkurzfilmform, die sich auch durch starke Bilder und eingängige Songs bestimmt, in unser kollektives Filmgedächtnis übergegangen.

Es klingt schon an, dass die Kinofilme, die für die Musikkurzfilme in Frage kommen, nicht nur die Musicals, sondern auch die Musikfilme sind, die vor allem ab den Sechzigerjahren auf den Markt kommen. Dazu gehören auch musikalische Dokumentarfilme über populäre Musiker wie die Rolling Stones oder Bob Dylan.

Wie sich der Markt der Musikfilme entwickelt hat, kann man der folgenden Statistik (Abb. 2) entnehmen. Dargestellt ist der prozentuale Anteil von Musicals, Musikfilmen und ihrer Summe bezogen auf die Filmproduktionen in den USA von 1930 bis 2010. Die Daten sind dem Archiv des imdb.com[6] entnommen.

6 | InternetMovieDataBase seit 1990, Datenbank für Kino- und Fernsehproduktionen der westlichen Welt.

Abbildung 2

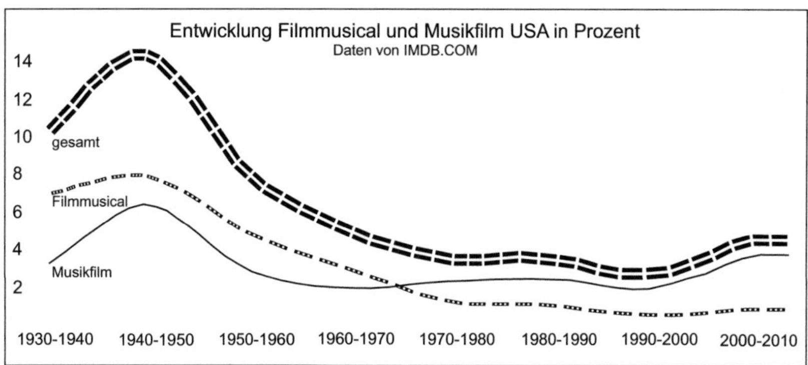

Der Prozentanteil der Musicals nimmt mit einem Hoch zwischen 1940 und 1950 bis heute kontinuierlich ab. Begründen kann man das mit der Popularität der betreffenden Musik während der Dreißiger-, Vierziger- und Fünfzigerjahre und dem Einsatz der Popmusik der Sechzigerjahre, sodass sich die Tendenz zu den Musikfilmen hin entwickelt und Ende der Sechziger einen entsprechend höheren Anteil verzeichnet. Die große Zeit der Filmmusicals in den USA wird aber eigentlich mit den Fünfzigern und Sechzigern verbunden. Tatsächlich sind die erfolgreichsten Musicals aus den Sechzigern.[7] In Deutschland erfreuen sich die Revue und Schlagerfilme von den Dreißiger- bis Ende der Siebzigerjahre großer Beliebtheit.

Quentin Tarantino nutzt dieses internationale Filmgedächtnis in seinen stark musikalisch geprägten Filmen wie kein zweiter Regisseur. Seine Soundtracks sind wohlüberlegte Kompilation-Soundtracks, die nicht nur mit bekannten Popsongs, sondern auch mit bekannter Filmmusik bestückt sind. Showdowns oder Schlüsselszenen in seinen Filmen werden als Musikkurzfilme inszeniert und sind auch zugleich Filmzitate. Der Opener zu „Jackie Brown" zitiert den Opener zu „The Graduate" und zwei Sequenzen präsentieren den Soundtrack-Titelsong des Blacksploitation Films „Across 110th Street". Der märchenhafte Showdown aus „Kill Bill 1" wird durch den Discosong „Don`t Let Me Be Misunderstood" von Santa Esmeralda aus dem Jahr 1967, im Original Nina Simone von 1964, zu einem spannungsgeladenen Clip. Abgesehen von seinem postmodernen Stilmittel des apropriativen Samplings und der Dekonstruktion, verhilft er durch die Crosspromotion alten und auch neuen Songs zur Nachfrage.

Diese Art von Crosspromotion gab es schon bei den Messterfilmen zwischen 1904 und 1911. Messters Grammophonaufnahmen konnte man im regulären Schallplattenhandel kaufen. Zunächst benutzte er bereits vorhandene Aufnahmen,

7 | „Sound of Music" (1965), „Mary Poppins" (1964), „My Fair Lady" (1964), „Let's Make Love" (1960), „Westside Story" (1961), „Das Dschungelbuch" (1967)

später ließ er die Platten herstellen, die als Spezialanfertigung für sein Biophon und als reguläre Platte hergestellt wurden (vgl. zu Messter o. Verf. 1936). Messter arbeitete mit der Deutschen Grammophon zusammen. Seine Platten für die Tonfilmvorführung wurden speziell für seine Firma gepresst. Das „Fiakerlied", gesungen von dem bekannten Schauspieler und Sänger Alexander Girardi findet sich als Tonbild bei Birett, Girardi ist als Interpret angegeben (vgl. Birett 1984, S. 195). Die Tonbildplatte dazu hat die Messter-Projektionsnummer 889, die auf dem roten, eigens für das Biophon angefertigten Label der Concert Record Grammophone per Hand eingetragen ist. Das Label zeigt sogar Anlegemarken für den Vorführer, um die Synchronisation zu gewährleisten. Die Matrize der Schallplatte wurde für die im Handel erhältliche Platte mit der Katalognummer G.C-4-42003 im gleichen Jahr verwendet. Die andere Seite der Platte ist das „Ackerlied", zu dem sich keine Tonbildaufnahme finden lässt. Die zweite Platte aus dieser Zeit ist das „Hobellied" und auf der anderen Seite „Das Höchste, was es gibt". Beide Titel wurden ebenfalls von Alexander Girardi gesungen. Die Platte für den Handel trägt die Katalognummer G.C-4-42004 für das „Hobellied", zu dem es wieder eine Biophonplatte mit der Messter-Projektionsnummer 888 gibt. Allerdings fehlt hierzu ein Eintrag bei Birett. Es gibt dort kein Tonbild von Messter von 1908 mit dem Titel „Hobellied". Weil aber die Biophonplatte existiert – der Verfasser dieser Arbeit hat sie und auch die anderen hier erwähnten Platten selbst gesehen – muss man feststellen, dass der Film dazu verschollen sein muss. Messter war später auch in der Lage, Film und Ton gleichzeitig aufzunehmen, während er zuerst, wie oben erwähnt, auf vorhandene Aufzeichnungen, die nicht von ihm waren, zurückgriff (vgl. ebd.). Wahrscheinlich ist, dass Messter sich bekannte Musikstücke aus dem noch sehr neuen Schallplattenmarkt heraussuchte und auch nach Geschmack auswählte, aber erst später, vielleicht zu besonderen Konditionen, mit der Plattenfirma zusammenarbeitete. Auch wenn die Plattenindustrie wahrscheinlich nicht den Auftrag gab, ist dieser Zusammenhang doch bemerkenswert, weil 80 Jahre später das Musikkurzfilmgeschäft dieselbe Grundlage der Crosspromotion haben wird. Mike Leckebusch, der Produzent des „Beat-Clubs" und später des „Musikladens" wird auch die Hits aussuchen und dazu Musikkurzfilme in seinem eigenen Studio drehen, um diese dem Publikum als Unterhaltungsware über den Fernsehsender zugänglich zu machen.

Genau wie bei den Musikkurzfilmen ab den 80er Jahren spielte der Werbeaspekt offensichtlich bereits früher eine große Rolle. Ein wichtiger Punkt ist aber der Schluss, dass der Musikkurzfilm nicht eine Erfindung der Musikindustrie war und es sich deshalb auch nicht in erster Linie um einen Werbefilm für die Musik handelte, der auch noch von der Musikbranche in Auftrag gegeben wurde.

Besonders deutlich wird dieser Aspekt bei der Betrachtung einer Sonderform der Musikkurzfilme im Kino (und später auch im Fernsehen): der popmusik-affine Werbefilm, wie er seit Ende der 70er Jahre vor allem von der Firma Levi's eingesetzt wurde, um die jugendliche und jung gebliebene Käuferschaft zu begeistern.

Die Levi's-Werbefilme waren sogar Trendsetter. Die Filme wurden aufwendig produziert und mit einem Musikstück versehen, das schon bekannt war, aber wieder vergessen wurde. In den Werbefilmen der 80er Jahre waren das vor allem Stücke, die in den 60er Jahren populär waren[8]. Der erste Spot dieser Art war „Laundrette" im Jahr 1985, der in einem Waschsalon im 50er-Jahre-Stil spielt. Ein Junge erregt dadurch Aufmerksamkeit, dass er sich ganz cool bis auf die Boxershorts auszieht, um seine Wäsche (Jeans und Shirt) zu waschen und sich dann wie selbstverständlich zwischen die übrigen Waschsalonbesucher zu setzen. Dazu spielt der Song „I Heard It Through the Grapevine" von Marvin Gaye aus dem Jahr 1966. Der Spot lief vornehmlich im Kino und erlangte so viel Aufmerksamkeit und Erfolg, dass nicht nur die Jeansverkäufe rapide anstiegen, sondern auch der Darsteller Nick Kamen danach selbst zum Popstar wurde, nachdem Madonna für und mit ihm das Lied „Each Time You Break My Heart" (1986) geschrieben hatte. Für unsere Untersuchung am wichtigsten ist jedoch die Tatsache, dass das Lied von Marvin Gaye wegen des Erfolges dieses Spots 1986 wieder veröffentlicht wurde und zumindest in Europa in die aktuellen Charts zurückkehrte (30. Juni 1986 Platz 51 der deutschen Charts; vgl. GFK). Der Bezug zum Werbespot wurde bei der Reissue Vinyl von 1986 mit dem Levi's Logo auf dem Cover und dem Text „The original of the song featured in the Levi's 501 commercial" hergestellt. Bis 1991 produzierte Levi's einige Werbespots gleicher Funktion[9]. Im Jahr wurde eine Compilation-LP veröffentlicht (EastWest-9548-30852-2 u. a.), auf der alle Retrosongs der Werbungen vorhanden waren. Nach einigen Jahren ohne größere Chartplatzierungen der Levi's-Musik, ging man 1997 dazu über, unbekannte zeitgenössische Musik zu entdecken, die dann tatsächlich ebenso zum Bestseller wurde. Smoke City hieß die Band, die mit ihrem Titel „Underwater Love" die Musik zu dem damaligen Spot lieferte, in welchem ein junger Mann bei Sturm über Bord geht und dann von Meerjungfrauen gerettet wird. Zwei Jahre später gipfelte die Levi's-Musik-Idee in einem elektronischen Musikstück, das für den Spot produziert wurde. Der Musikact Mr. Oizo war sowohl der Musikproduzent als auch der Regisseur für den dazugehörigen Levi's Spot (Quentin Dupieux), in dem eine von der Muppets Company entwickelte gelbe Puppe namens Flat Eric vorkommt, die gleich in mehreren Werbefilmen als Protagonist auftaucht. Das Musikstück war so

8 | „I Heard It Through The Grapevine" von Marvin Gaye, 1966, „Wonderful World" von Sam Cooke, 1960, „When a Man Loves a Woman" von Percy Sledge, 1966, „Stand By Me" von Ben E. King, 1961.

9 | 1986 „Wonderful World", Sam Cooke, am 30. Juni 1986 Platz 2; 1987 „When a Man Loves a Woman", Percy Sledge, Veröffentlichung auf Levi's Sampler 1991; 1987 „Stand By Me", Ben E. King, am 23. März 1987 Platz 2; 1988 „C'm' on Everybody", Eddie Cochran, Veröffentlichung auf Levi's Sampler 1991; 1990 „The Joker", Steve Miller Band, am 17. Dezember 1990 Platz 7; 1991 „Should I Stay Or Should I Go", The Clash, am 29. April 1991 Platz 5, u. a.

erfolgreich, dass dazu ein eigener Musikkurzfilm produziert wurde, in dem wieder Flat Eric mitwirkte. „Flat Beat" war drei Wochen lang Platz 1 der deutschen Charts (genauer: von 19. April 1999 bis zum 10. Mai 1999).

An dem letzten Beispiel wird zunächst deutlich, dass diese Werbespots eben keine Musikkurzfilme sind, obwohl sie ähnlich funktionieren. Die Werbeindustrie nutzt die Popularität von Musikkurzfilmen und ihrer Musik als besonders interessantes, populäres Unterhaltungsmedium, das sogar das Potential besitzt, die Protagonisten respektive die präsentierte Musik wichtiger als das eigentliche Werbeprodukt, hier die Jeans, zu machen. Allerdings bleibt die Werbefunktion für etwas anderes (Levi's) als die Musik oder den Interpreten vorrangig und klar intendiert.

Ein weiterer Unterschied ist die Dauer der Spots. Die besprochenen Levi's-Werbefilme sind mit einem Durchschnitt von 60 Sekunden deutlich kürzer als die Originallänge der Musikstücke mit durchschnittlich drei Minuten, die sie transportieren. So belegen diese speziellen Musikkurzfilme, die als Werbung gedacht sind, dass andersherum die Musikkurzfilme in erster Instanz keine Werbefilme sind.

Vielmehr ist der Musikkurzfilm in erster Linie ein selbstständiges Produkt der Unterhaltungsindustrie, das im frühen Kino begann und bis heute darin zu finden ist.

2.5 Zusammenfassung zur Frühgeschichte

Zusammenfassend steht fest, dass…

- … die Musik von Anbeginn des Kinos respektive des Film vor allem im Zusammenhang mit Ton eine entscheidende Rolle spielte. Die Kurzfilme in ihrer technischen Dimension, die Tradition des Kinos aus dem Vaudeville und der Unterhaltungswert der populären Musik provozierten den Musikkurzfilm geradezu.
- … die erste Tonfilmphase von 1903 bis vor dem Ersten Weltkrieg von den synchronisierten Musikkurzfilmen bestimmt wurde. Gaumont und Messter waren die Hauptproduzenten und belieferten hauptsächlich den europäischen Kinomarkt. Insgesamt handelte es sich um circa 3.500 Musikkurzfilme weltweit, die in den meisten Fällen jeweils ein populäres Musikstück beinhalteten, das performativ, meist auf einer Bühne, inszeniert wurde. Die Filme waren Teil des normalen Kurzfilmkinoprogramms, das zu der Zeit noch eine Art Eventkino war und zum Mitmachen einlud.
- … der Übergang zum narrativen, längeren Kinofilm die Musikkurzfilme unbedeutender werden ließ. Vereinzelt gibt es längere Musikfilme, die Oper, Operette und musikalische Lustspiele lieferten und so das Filmmusical vorwegnahmen.
- … gleich zu Beginn des klassischen Tonfilms zum Ende der 30er Jahre das

Genre Filmmusical sehr erfolgreich war. In seiner Komplexität ist das Filmmusical kein Musikkurzfilm, aber es besteht aus mehreren Musikkurzfilmen, die, für sich allein gestellt, bis heute die Form der Musikkurzfilme erfüllen. Gut ein Viertel der Filmproduktionen bis 1950 sind, zumindest in Deutschland, Musikfilme, die jeweils die populäre Musik ihrer Zeit präsentieren.
- … Musikkurzfilme, genau wie die aus ihnen entstandenen Filmmusicals, nur in zweiter Hinsicht Werbefilme für die Musikindustrie sind. Der Musikkurzfilm ist genau wie das Filmmusical ein Produkt der Unterhaltungsindustrie. Die Musik der Filme war für das Kino und die Filmproduktionen sogar einer der größten Wirtschaftsfaktoren.
- … der Musikkurzfilm bis heute in Spielfilmen auch als Stilmittel zu finden ist.

Zur Übersicht lässt sich die folgende Tabelle (Tab. 1) entwickeln, die alle im Kinofilm möglichen Musikkurzfilme repräsentieren soll.

Die einzelnen Musikkurzfilmarten werden bezüglich ihrer Musikkurzfilm-Tauglichkeit bestimmt und zeitlich mit Beispielen eingeordnet.

Die einzelnen Aspekte beziehen sich auf die Definition vom Beginn dieser Untersuchung:

- Die Dauer des Films ist in den meisten Fällen mit der Dauer des Musikstückes identisch,
- es handelt sich um populäre Musik der jeweiligen Zeit und
- der Film ist als Unterhaltungsprodukt für die Masse bestimmt.

Die Synchronizität von Musik und Bild kann in diesem Fall als vorausgesetzt gelten, da es sich ausschließlich um Tonfilme handelt. Die weiteren Aspekte, wie die Art, die Information zu Interpreten und zur Vermarktung sind ebenfalls wichtige Merkmale eines Musikkurzfilms.

Interessanterweise zeigen die Tonbilder die deutlichste Ähnlichkeit mit heutigen Musikkurzfilmen. Abgesehen von der Tatsache, dass diese Filme nicht für das Fernsehen gemacht wurden, sind alle Merkmale identisch. Am wenigsten Ähnlichkeit besteht zwischen den Experimentalfilmen und heutigen Musikkurzfilmen.

Tabelle 1

BEZEICHNUNG	***TONBILDER***	***EXPERIMENTAL ABSTRAKTER FILM***	***KURZ/VOR/ WERBEFILM***	***FILMMUSICAL***	***MUSIKFILM***	***FILMMUSIK SPECIAL SEQUENCE***	***OPENER***
DAUER	5 min	variabel	5-10min	5 min/90min	5min/90min	5min/90min	5min/90min
ART	performativ (Bühne)	assoziativ	narrativ/performativ	narrativ	narrativ/performativ/assoziativ	performativ / narrativ /assoziativ	narrativ/assoziativ
INTERPRET	als Protagonist	nicht vorhanden	als Protagonist	als Protagonist	variabel	variabel	nicht vorhanden
MUSIK	populär	eingeschränkt	populär	populär	populär	populär	populär
VERMARKTUNG	Schellackplatten (dt Grammophon)	nein	Crosspromotion	Crosspromotion	Crosspromotion	Crosspromotion	Crosspromotion
PRODUKTIONSZWECK	Unterhaltung	Unterhaltung/Kunst	Unterhaltung/ Werbung für ein außerhalb der Musik stehendes Produkt	Unterhaltung	Unterhaltung	Unterhaltung	Unterhaltung
ZEIT	1903-ca 1914 (und später)	1920-heute	1930-heute	1930-heute	1950er-heute	1960er-heute	1960-heute
BEISPIELE	Messter / A Girardi-Rauschlied 1906 Gaumont Anna qu'est-que tu t'attends	Allegretto 1936	Jammin The Blues 1944 Levi´s Werbungen Joker 1989 Boombastic 1995 Underwater Love 1997	Singin In The Rain 1952 Moulin Rouge! 2001	Love Me Tender 1956 A Hard Day's Night 1964 Rude Boy 1980 Richy Guitar 1985 Dirty Dancing 1987	Reifeprüfung 1967 Kill Bill 1 2003	James Bond Opener Saturday Night Fever 1977 Casino 1995

3 Musikkurzfilme nach 1930

Nachdem die Musikkurzfilme im Kino entstanden waren und wieder verschwanden, wurden sie parallel zum Filmmusical für ein besonderes Medium unabhängig vom Kino hergestellt. Damit bekamen als einziges Filmgenre die Musikkurzfilme ein eigenes Medium – wenn auch nur für kurze Zeit. Das bereits vorhandene Material wurde vom beginnenden Fernsehen vereinnahmt. Diese Kurzfilme für Jukeboxen wurden in den 60er Jahren erneut zum Medium für aktuelle populäre Musik.

Abgesehen davon gab es aber auch Musikkurzfilme, die beispielsweise als Vorprogramm im Kino liefen oder als Ausnahmeerscheinung in der Kunst als Experimentalfilme ein besonderes Publikum suchten.

3.1 Soundies – Die Musikkurzfilme in der Jukebox

Wie im vorangegangenen Kapitel 2 festgestellt wurde, entstand das Filmgenre Filmmusical zeitgleich mit der Einführung des Tonfilms in den USA und in Europa. Zwar waren die Musikkurzfilme schon seit dem Ersten Weltkrieg unter den Deckmantel der längeren Musikfilme[1] geschlüpft, die vereinzelt und selten waren, aber trotzdem die ersten Filmmusicals in Deutschland darstellten. Der Bedarf des Publikums nach Musik im Film wird aber ab den Dreißigerjahren in den USA und Europa dann durch die zahlreichen Filmmusicals gedeckt.

Trotz dieses Angebots hat es einen zusätzlichen Markt gerade für die Musikkurzfilme gegeben. Ende der Dreißigerjahre, als der Swing Jazz mit seinen Bigbands zur populärsten Musikrichtung in die US-Charts aufstieg, wurden auch die ersten Jukeboxen[2] entwickelt und in Lokalen aufgestellt (vgl. Almind 2016). Eine besondere Form der Musikboxen kam 1940 auf: eine Musikbox mit Musikkurzfilmen. Neben einigen anderen Apparaten[3] setzte sich das Panoram der Firma Mills

1 | Dirigentenfilme, Beck, Lachmann- und Notofilmsystem.

2 | The Rudolph Wurlitzer Company, the J.P. Seeburg Corporation, the Rock-Ola Manufacturing Corporation, the Automatic Musical Instrument Company.

3 | Phonovison, Talk-a-Vison, Vis-o-graph, Phonofilms, Featurettes, Song-o-Graf, Movietrola.

Novelty Company of Chicago durch (vgl. MacGillivray/Okuda 2007, S. 380f.). Der Grund war vor allem, dass das Panoram das erste war und bereits den Markt eroberte hatte, während die anderen Mitbewerber, von Phonovision abgesehen, noch keine Maschinen hergestellt hatten. Das Panoram war mit einer Bilddiagonale von ungefähr 71 Zentimetern und einer Höhe von 200 Zentimetern ziemlich groß. Der 16-mm-Filmprojektor von RCA projizierte das Bild über Spiegel an die Mattscheibe, die Musik wurde durch vier Lautsprecher übertragen. Es gab acht dreiminütige Musikkurzfilme, die hintereinander abgespielt wurden. Dabei war es nicht möglich, einen speziellen Film auszuwählen. Das Panoram war mit 1.000 US-Dollar doppelt so teuer wie eine normale Musikbox mit Schallplatten. Dafür verdiente man mit dem Panoram fünf- bis zehnmal mehr. 1941 wurden 5.000 Geräte, sogenannte Soundies, verkauft (vgl. a. a. O., S. 379). Die Filme wurden eigens dafür produziert und ebenfalls als Soundies bezeichnet. Die Soundies Distribution Company vertrieb die Filme, die ein- bis zweimal pro Woche gewechselt wurden. In der folgenden Zeit entstand dadurch ein immenser Bedarf an Musikkurzfilmen, der von verschiedenen Produktionsfirmen gedeckt wurde. Minoco (Mills Novelty Company) produzierte in New York, Cameo Productions und RCM (Rossevelt-Coslow-Mills) in Los Angeles, letztere aber auch in Chicago. Diese drei Firmen lieferten fast alle Soundies zwischen 1940 und 1946. Alle waren Unterfirmen von der Mills Novelty Company. Hier zeigt sich deutlich, dass diese Musikkurzfilme ebenfalls nicht von der Musikindustrie hergestellt oder in Auftrag gegeben wurden, sondern ein selbstständiges Produkt der Unterhaltungsindustrie waren und – wie sich im Verlauf dieser Arbeit zeigen wird – bis heute sind. Die Produktionsgesellschaften engagierten für die Soundies erfahrene Produzenten und Regisseure. Einer von ihnen war Roy Mack. Er arbeitete in den Dreißigerjahren für die Vitaphone Corporation, die 1927 schon „The Jazz Singer" unter Warner Brothers mitproduziert hatte. Die Vitaphone Corporation produzierte bis 1956 über 800 Kurzfilme, von denen ungefähr die Hälfte Musikkurzfilme sind (vgl. imdb.com). Vor allem in den Dreißigerjahren, die eigentlich den Filmmusicals gehörten, finden sich zahlreiche Musikkurzfilme von Vitaphone (Warner Brothers), bei denen Mack bei 192 Produktionen von 1929 bis 1940 Regie führte. Ähnlich wie schon Alice Guy, Haus-Regisseurin von Gaumont in der ersten Tonfilmphase, war Mack ein Spezialist für populäre Musikkurzfilme. Ein Beispiel für seine Arbeit, die auch bezeichnend für die Form der Soundies in der Folgezeit war, ist „Artie Shaw and his Orchestra" von 1939. Shaw war mit dem Titel „Begin the Beguine" ein Jahr zuvor 18 Wochen die Nummer 1 in den Billboard Charts USA und insgesamt einer der erfolgreichsten Jazzmusiker der Dreißiger- und Vierzigerjahre. Der Film zeigt ihn mit seinem Orchester, in dem sie fünf seiner bekannten Titel performen.

„Begin the Beguine" zeigt die klassischen Möglichkeiten, einen Auftritt zu filmen: Die Totale zu Beginn macht dem Zuschauer die Situation des bühnenartigen Auftritts der Big Band und des Bandleaders klar. Shaw spricht kurz einführende Worte und die Musik beginnt. Es folgt zunächst ein Zoom auf ihn, dann verschiedene Schnitte von Totalen und Close Ups, Kamerazooms und -fahrten – alles je nach musikalischer Gegebenheit. Beispielsweise sieht man den Saxophonisten bei seinem Solo. Zum Finale zieht die Kamera zur Totalen auf und zeigt noch einmal die gesamte Situation.

Ähnlich ist das Soundie „Minnie the Moocher" mit Cab Calloway angelegt, das 1942 von Minoco in den alten New Yorker Edison Studios produziert wurde. Es ist ein performativer Musikkurzfilm mit Schnitten, Gegenschnitten, Kamerafahrten, Zooms und Totalen sowie Close Ups, genau wie bei den Mack-Varianten drei Jahre zuvor.

Neben den rein performativen Musikkurzfilmen werden aber auch, genau wie 35 Jahre vorher bei Gaumont, narrative Musikkurzfilme produziert. „Take Me Back Baby" von Count Basie aus dem Jahr 1941 ist ein semi-narrativer Musikkurzfilm. Zunächst wirkt er wie ein gewöhnlicher performativer Film: Count Basie und sein Orchester spielen den Song. Jimmy Rushing, der Saxophonist und Sänger des Titels, schläft während der Performance ein und träumt den Inhalt des Liedes. Er geht zu seiner Freundin und versucht sie zu überzeugen, ihn zurück zunehmen. Selbstverständlich wird ihm verziehen, bevor er von einem Kollegen zu seinem Saxophonsolo geweckt werden muss. Der Song endet in der klassischen Totalen.

Ein neuer Aspekt spielt bei den Soundies, die hauptsächlich in den GI-Bars aufgestellt werden, zunehmend eine Rolle: das Pin-up Girl als erotisch anziehender Zusatz im Musikkurzfilm. Louis Jordan and His Tympany Five machten einige Soundies, bei denen genau dieser Aspekt augenfällig wird. „Down, Down, Down" von 1942 ist nicht nur musikalisch, sondern auch von der Performance der Musiker her wilder als gewöhnlich. Während der Performance wird auf Frauen, die sich Strümpfe anziehen, in Dessous posieren oder sich parfümieren, umgeschnitten. Bei „Buzz Me" von 1945 räkelt sich eine Schönheit auf einem Canapé. In dem Soundie „Caldonia" aus demselben Jahr werden vier hübsche Damen mit in das Wohnzimmer gesetzt, in dem die Band spielt. Sie haben einzig die Aufgabe, durch ihre Körperbewegungen den Swing zu zeigen.

Bei Louis Jordan kommt eine weitere, typische Musikkurzfilm- oder auch Filmmusicalerweiterung ebenfalls vor: Dabei sind Tänzer, die ihre eigenen Einstellungen bekommen. In „Down, Down, Down" tanzen zwei Pärchen einen wunderbaren Swing und bei „Jumpin' at the Jubilée" aus dem Jahr 1944 tanzen die Swing Maniacs in einer Art, die dem Breakdance 40 Jahre später sehr nahe kommt.

Die Soundies wurden fast genauso produziert wie die Messter- und Gaumontfilme von 1906 bis 1911: Zuerst wurde die Musik aufgenommen. Okuda erwähnt, dass dafür in New York die RCA Studios genutzt wurden. Am gleichen Tag, manchmal auch eine Woche später, wurde nach dem Playbackverfahren gedreht. Die Produktionskosten der Soundies variieren von 750 bis 5.700 US-Dollar (vgl. a. a. O., S. 386). Ihre Qualitäten variieren ebenso. Die Künstler bekamen ihre Gagen. Auch das war wie bei den Stars bei Messter oder Gaumont. Dass die auftretenden Künstler der Soundies mindestens aufkommende Stars sein mussten, ist allein schon deshalb zwingend, weil sonst niemand zehn Cents für das Ansehen und -hören bezahlt hätte. Zu den Stars der Soundies gehörten Duke Ellington, Nat King Cole, Jimmy Dorsey, Louis Armstrong, Glenn Miller, Fats Waller und The King's Men. Die Soundies boten den Künstlern ferner Publicity, Werbung für sie selbst und Werbung für die Musik. So fällt auch hier wieder auf, dass die Musikkurzfilme in der Form der Soundies eine nur sekundäre Werbefunktion besitzen und daher in erster Linie als ästhetisches Produkt intendiert waren.

Laut Okuda wurden von 1940 bis 1946 1.800 Soundies produziert (vgl. MacGillivray/Okuda 2007, S. 1). Nach dem Krieg wurde die Produktion von Soundies aus verschiedenen Gründen aufgegeben. Ein Grund war sicherlich das Fernsehen, das Ende der Vierzigerjahre in den USA begann und die Menschen zu Hause bleiben ließ.

Die Soundies sind aber für diese Untersuchung das entscheidende Subgenre der Musikkurzfilme der Vierzigerjahre, weil sie tatsächlich in einem nur ihnen zur Verfügung stehenden Medium, dem Panoram, präsentiert wurden. Diese kurze, aber massive Phase der Musikkurzfilme als Soundies während des Zweiten Weltkriegs ist ein Beleg dafür, dass es sich bei ihnen um ein selbstständiges Filmgenre – sogar mit eigenem Medium – handelt. Tatsächlich legten diese Soundies bis heute einen weiten Weg zurück. Sie wurden als „Homemovies" (a. a. O., S. 401) verkauft oder an das Fernsehen ausgeliehen und auf DVDs an den begeisterten Musikfan unserer Zeit verkauft.

Aber trotzdem stellten die Musikkurzfilme, wie bereits anhand der Vorgeschichte von Roy Mack als Regisseur von Musikkurzfilmen für die Vitaphone Corporation sichtbar wurde, zumindest in den Dreißigerjahren einen Produktionsinhalt dar. Es steht außer Frage, dass diese Filme als Vorfilme im Kino gelaufen sein müssen, schließlich gab es noch kein Fernsehen und die Soundies belieferten einen eigenen Markt.

3.2 Musikkurzfilme im Kinovorprogramm

Blickt man in die Liste der Kurzfilme der Vitaphone Corporation, wird schnell klar, dass es sich bei der Firma um eine speziell auf Musikkurzfilme ausgerichtete Produktionsgesellschaft handelte, die zu Warner Brothers gehörte und bis in die Fünfzigerjahre hinein produzierte. Warner Brothers produzierten aber auch noch mehr Musikkurzfilme, zum Beispiel „Jammin' the Blues", von dem im Folgenden noch die Rede sein wird (vgl. Kapitel 3.3). Die anderen großen Filmgesellschaften hatten deutlich weniger Musikkurzfilme in dieser Zeit produziert. Die Analyse der Datenbank imdb.com zeigt, dass Paramount bis Mitte der Fünfzigerjahre nicht mehr als 200 Musikkurzfilme herstellte. Metro-Goldwyn-Meyer (MGM) produzierte während dieses Zeitraums weniger als 150 Musikkurzfilme. RKO und FOX

Pictures haben fast gar keine Musikkurzfilme hergestellt. Allerdings konnte Universal mit der Vitaphone konkurrieren. Kontinuierlich wurden hier auch seit Anfang der Dreißigerjahre Musikkurzfilme hergestellt. Interessanterweise wurden die meisten der 300 Filme zeitlich nach dem Zweiten Weltkrieg und damit nach den Soundies und vor dem Fernsehboom der Fünfzigerjahre in den USA veröffentlicht. Zwar stellt Universal die Kurzfilmproduktion bis Ende der Fünfzigerjahre fast ein, dafür stieg aber der Anteil der Musikkurzfilme in den Fünfzigern auf fast 100 Prozent an. 1950 waren 15 der insgesamt 16 Kurzfilme Musikkurzfilme. Insgesamt sind es von 1930 bis 1955 ungefähr 300, die aus dem Hause Universal kommen.

Die Summe aller Musikkurzfilme, die zwischen 1930 und 1955 produziert und im Kino gezeigt wurden, lässt sich demnach auf mehr als 1.000 schätzen, wenn man nur die großen Filmgesellschaften berücksichtigt. Das heißt, dass das Publikum neben den Soundies auch im Kino mit Musikkurzfilmen versorgt wurde, die in das Vorprogramm gehörten. Schaut man sich diese Musikkurzfilme genauer an, stellt man fest, dass eigentlich nie nur ein Musikstück, sondern mehrere filmisch umgesetzt wurden. Der oben erwähnte Artie-Shaw-Film war zehn Minuten lang, weil fünf Stücke gespielt wurden. Alle Musikkurzfilme, die in dieser Zeit für das Kino gemacht wurden, waren keine Einakter, sie waren aber auch keine Musicals, denn dafür waren sie zu kurz und erzählten auch keine Geschichte. Vielmehr sind es mehrere Musikkurzfilme hintereinander, ähnlich einem Medley. Auch bei diesen findet man – wie bei den Musicals heute – bei YouTube die einzelnen, wenn man so will, die exzerpierten Stücke unter den jeweiligen Titeln. „Begin the Beguine“ von Artie Shaw findet man bei YouTube einzeln und ebenso die anderen Stücke wie „Nightmare“ oder „Nonstop Flight“, „Let's Stop the Clock“ (vgl. zu den Artie-Shaw-Filmen: O. Verf. 2016c: youtube.watch). Sie sind formal und funktional von den Playback-Soundies und von unseren heutigen Musikkurzfilmen nicht zu unterscheiden und beeinflussen bis heute die Ästhetik der Musikkurzfilme.

3.3 „Jammin' the Blues“

Als herausragendes Beispiel dieser Zeit gilt „Jammin' the Blues“ aus dem Jahr 1944. Der zehnminütige Jazz-Musikkurzfilm wurde 1995 in die National Registry of Film (Library of Congress) als bedeutender Film aufgenommen. Warner Brothers, im Vorspann steht auch Vitaphone Corp., produzierte mit dem bekannten Fotografen Gjon Mili. Dessen Bildästhetik sollte die populären Jazzmusiker um Lester Young in einer Jazzsession abbilden, authentisch dokumentieren und inszenieren. Milis Bildmittel sind vor allem Kontrastreichtum und klar komponierte Bilder, die die Figuren in grafische Silhouetten verwandeln. Ungewöhnlich viele Schnitte rhythmisieren den Bildfluss und unterstreichen die Musik. Die Settings wechseln wie in heutigen Musikkurzfilmen schnell. Im ersten Bild sitzt Young allein, mit den nächsten Schnitten kommen die übrigen Musiker hinzu. Langsame Kamerafahrten und Zooms spiegeln die leichte und langsame Jazzkomposition „Midnight Symphony", an die „Sunny Side of the Street", gesungen von Marie Bryant, nahtlos anschließt. In Close Ups wird die handwerkliche Virtuosität der Musiker eindrucksvoll dokumentiert. Der Hintergrund wechselt von Schwarz zu Weiß und gibt dadurch der luftigen Stimme von Bryant mehr Raum und Leichtigkeit. Die letzten vier Minuten gehören dem Stück „Jammin' the Blues", das den Betrachter mit mehr Geschwindigkeit und bildlich mit einem Tanzpaar und filmischen Echoeffekten überrascht. Die Echoeffekte bei Saxophon, Trompete und Gitarre werden in den späten Siebzigerjahren als Videoeffekte in Musikkurzfilmen wieder auftauchen[4]. Lester Young raucht fast durchgehend und der gut ausgeleuchtete Qualm erscheint wie Weihrauch, der die heilige Jazzavantgarde in eine mystische Mis-en-scène setzt. Dieser Film, der 1945 für den Oscar nominiert wurde, wird in einem der bekanntesten Musikkurzfilme der Achtzigerjahre zitiert: „Every Breath You Take" von The Police nutzt Schwarz-Weiß-Bilder, um dieselbe Atmosphäre zu erzeugen. Sting am Bass vor schwarzem Hintergrund, Close Ups, Zigarettenrauch – jedes Bild ist an Milis Jazzfilm angelehnt. Es sind Bilder, die quasi prototypisch die ernsthaften, avantgardistischen Musiker authentisch abbilden und dabei trotzdem surreal künstlerisch wirken. „Every Breath You Take" gewann 1984 einen MTV Award für die beste Kamera in einem Musikkurzfilm. Die Bildmittel, die Gjon Mili einsetzte, waren aber ihrerseits vom expressionistischen Film der Zwanzigerjahre beeinflusst. Der Kameramann Robert Burks wurde einige Jahre später Alfred Hitchcocks wichtigster Kameramann und gewann für den Film „Über den Dächern von Nizza" 1956 den Oscar für die beste Kamera.

„Jammin' the Blues" ist ein Sonderfall an künstlerischer Qualität. Genau diese Ausnahmen kommen gerade bei den ansonsten kommerziellen Musikkurzfilmen häufig vor. Sie beeinflussten nicht nur andere Musikkurzfilme, sondern auch das Kino und insgesamt den Filmbrauch, also die Sehgewohnheiten der Gesellschaft. Der internationale Markt trug die Bildauffassungen in die ganze Welt.

Die vorangehende Untersuchung zeigt, dass die Soundies bis heute die bekannteste Musikfilmware dieser Zeit sind. Diese 1.800 Musikkurzfilme stehen aber in dieser Zeit nicht alleine. Für das Kinovorprogramm der Dreißiger-, Vierziger- und Fünfzigerjahre wurden nachweislich von den großen Filmgesellschaften Hollywoods mindestens 1.000 Musikkurzfilme hergestellt, die jeweils mindestens drei Musikstücke enthalten, die wiederum einzeln exzerpiert werden können. Daraus ergibt sich eine Summe von 3.000 Musikkurzfilmen, die nicht Soundies sind.

4 | Hier seien folgende Beispiele genannt: Queen, „Bohemian Rhapsody", Earth, Wind and Fire, „September".

Hinzu kommt eine dritte Variante, die aus der Tradition der Soundies kommt und für das in den Fünfzigerjahren wichtig werdende Fernsehen in den USA hergestellt wurde:

3.4 Snaders Telescriptions

Louis D. Snader begann 1950 mit seinen Telescriptions, die er als Archiv für das aufkommende Fernsehen sah (vgl. MacGillivray/Okuda 2007, S. 398). Snader hatte Erfahrungen aus den Produktionen der Soundies. Als Beleg dafür gilt, dass er für seinen allerersten Telescription 1945 mit dem Regisseur Josef Berne arbeitete und jener ein fester Regisseur der RCM Soundies Produktionsfirma war. Tatsächlich sehen sie auch genauso aus und werden heute noch im Zusammenhang mit den Soundies gezeigt.

Das Besondere an den Telescriptions ist, dass sie live aufgezeichnet wurden (im Vorspann erscheint Western Electric Recording), was einiges an Kosten und Zeit sparte. Okuda zufolge stellte Snader 900 Telescriptions her, die jeweils um die drei Minuten lang waren. Bei der imdb.com sind lediglich 22 gelistet. Mir vorliegende Screenshots der Vorspänne zeigen Nummerierungen, die auf mindestens 120 Filme schließen lassen (12001, „Daddy", Bobby Troup Trio 1951). Der Vorspann zeigt anhand der Nummer, dass es immer eine Künstlernummer gab, an die dann die einzelnen Musikstücke angefügt wurden. Cab Calloway hatte die Nummer 2101, 2102, 2103, 2104 und 2105 und The Weavers 6001, 6002, 6003, 6004 und 6005. Vermutlich hat Snader mit seinem Stamm-Regisseur Duke Goldstone immer fünf Stücke aufgezeichnet. Snader verkaufte sein Archiv an Ben Frye, der ebenfalls seit 1952 Telescriptions herstellte. Frye veröffentlichte später SNADERs Filme neu und machte aus den einzelnen Filmen mehrere längere Filme für das Kino[5]. Zusätzlich produzierte er aus dem Material und anderem Footage die TV-Serie „Showtime at the Apollo" (13 Episoden, jeweils 30 Minuten, 1955). Okuda erwähnt, dass die Telescriptions im Fernsehen begeistert aufgenommen wurden (vgl. MacGillivray/Okuda 2007, S. 398).

3.5 Scopitones

Die Soundies gaben Mitte der Vierzigerjahre die Fackel an die Musikkurzfilme der großen Filmgesellschaften, vor allem Universal, ab. Zu Beginn der Fünfzigerjahre begreift Snader die Bedeutung der Musikkurzfilme für das Fernsehen und produziert für das neue Medium. Der Trend geht zu den Musikshows im Fernsehen, für die die Formate der Musikkurzfilme bestens passten. Die großen Filmgesellschaf-

5 | Vgl. dazu etwa: „Rhythm and Blues Revue" 1955 u. a.

ten stellten Ende der Fünfzigerjahre ihre Kurzfilme und damit auch die Musikkurzfilme für das Kinoprogramm ein.

Anfang der Sechzigerjahre wurden die Soundies erstaunlicherweise wiederbelebt und in neuer Technik verpackt. In Italien stellte die SIF (Societa Internationale Fonovisione) die Cinebox im April 1959 in Rom vor (vgl. Scagnetti 2010, S. 22). Die französische Firma Cameca präsentierte im Mai 1960 das Scopitone in Paris (vgl. a. a. O., S. 44).

Die Geschichte dieser Jukeboxen der Sechzigerjahre ist weitaus besser dokumentiert als die der Soundies. Eine umfangreiche Arbeit vor allem der französischen Scopitones liefert Scagnetti 2010. Im Internet findet man einige Seiten, die sich nur um die Scopitone beziehungsweise die Cinebox drehen, Filme und Fakten auflisten oder die Filme selbst vorstellen: scopitonearchive.com, scopitones.blogs.com, michelebovi.it und juke-box.dk. 4starvideo.com vertreibt 33 DVDs mit den Scopitone- und Cineboxfilmen.

Die Maschinen sind prinzipiell dem Panoram aus den Vierzigerjahren ähnlich (vgl. Kapitel 3.1). Als Verbesserung gilt *erstens* der Farbfilm, der auf eine Mattscheibe projiziert wurde und der Betrachter so einen Vorgeschmack auf das Farbfernsehen bekommt, das Ende der Sechzigerjahre Standard wurde. *Zweitens* kann man bei der Cinebox und bei dem Scopitone einen Titel einzeln anwählen. Cinebox hatte allerdings das Problem, dass der Ton immer etwas zu spät kam (vgl. dazu Orlowski 2001 ff.; scopitonearchive.com). Cinebox war für den italienischen Markt produziert und expandierte zuerst nach England, 1963 in die USA. Ab 1965 wurde die Cinebox auch in den USA hergestellt. In diesem Jahr gibt es dort 470 Geräte, die mit jeweils 40 Filmen bestückt waren und 3.700 US-Dollar kosteten (vgl. Billboard vom 10.7.1965, S. 48). Die Filmauswahl war mit 750 Filmen für die Cinebox laut Scagnetti recht groß. Namentlich aufgeführt finden sich bei juke-box.dk 285 Titel für die Cinebox und Colorama. Colorama wurde 1966 von der Cine-Juke-Box abgelöst, die nicht nur 40 Filme, sondern wie eine normale Jukebox auch 201 Musiktitel abspielen konnte. Die italienische Firma SIF schloss 1969, nachdem der gesamte Markt in den USA zu viel Geld gekostet hatte. Die Maschinen wurden mit anderen Filmen bestückt und landeten größtenteils in Sexshops (vgl. Scagnetti 2010, S. 33ff.).

Das Scopitone konnte sich insgesamt besser als die Konkurrenz durchsetzen. 1963 gab es in Frankreich 500, in Deutschland 150, in England 100, der Schweiz 100, in Norwegen 35, Belgien 30, Schweden 16, Österreich 15 und in Dänemark zehn Scopitone-Maschinen. Scopitones wurden sogar außerhalb Europas vermarktet: Es gab sie in Südafrika, Algerien, an der Elfenbeinküste, im Senegal und in Tunesien. Japan und die UdSSR wurden ebenfalls beliefert (vgl. ebd.). 1963 kommt das Scopitone auch in die USA, allerdings etwas später als die Cinebox. In Miami wurde die Scopitone Inc. gegründet, die ein Jahr später eine Tochterfirma der Tel-a-sign Inc. wurde, die ab 1965 in Chicago die Scopitones mit französischem Know-How herstellte. Der Präsident der Firma sagte gegenüber der „New

York Times" 1964, dass zum damaligen Zeitpunkt 1.000 Scopitones in den USA platziert worden seien und bis 1966 15.000 Maschinen mehr hergestellt werden sollten (vgl. Freeman in New York Times vom 8.11.1964). Wichtig für die USA-Expansion des Scopitone war vor allem die Akzeptanz der Musikkurzfilme, die man anwählen konnte. Für den amerikanischen Markt kamen die Franzosen zuerst mit nationalen und mit englischen Produktionen. Für den europäischen Markt gab es ja schon genug Filme mit bekannten Stars der Sechzigerjahre. Unter den 455 französischen Filmen sind zum Beispiel Johnny Halliday, Gloria Lasso, Jaqueline Boyer, Petula Clark (die in den Sechzigerjahren einen französischen Plattenvertrag hatte), Dalida, Jacques Brel, Françoise Hardy, France Gall, Mireille Mathieu oder Brigitte Bardot. Die 35 Filme für den deutschen Markt repräsentieren die deutschen Stars dieses Jahrzehnts, etwa Heidi Brühl, Vivi Bach, Udo Jürgens, Peter Kraus, Vicky Leandros oder Michael Holm. Die 15 englischen Titel zeigen zum Beispiel Dionne Warwick und The Exciters. Der italienische Konkurrent Cinebox, wenn es denn überhaupt Konkurrenz war, schließlich teilten sich SIF und Cameca den europäischen Markt auf, listete 750 Filme (vgl. Scagnetti 2010, S. 102 und Almind 2016: juke-box.dk). 14 Regisseure realisierten die Produktionen, die von 1960 bis 1971 in Europa gemacht wurden[6]. Scagnetti bildet in seiner Arbeit dazu drei Perioden, die sich durch verschiedene Regisseure bestimmen: Alexandre Tarta (1960–1962); Claude Lelouch (1963–1965); Alain Brunet und Andrée Davis-Boyer (1965–1969). Dabei richtet sich die Einteilung Scagnettis nach formal-ästhetischen Aspekten. Lelouch revolutionierte die Filme durch schnelle Schnitte und Außendrehs. Sein künstlerischer Anspruch wurde mit der Goldenen Palme (1966) und einem Oscar (1967) für einen Spielfilm belohnt, der offensichtlich der Ästhetik der Musikkurzfilme entlehnt war (vgl. Scagnetti 2010, S. 107). Waren die ersten 100 Filme noch Studioarbeiten, die sich offensichtlich an Bühnenauftritten im Fernsehen orientierten, meistens in einem Take aufgenommen wurden und als rein performativ bewertet werden können, ging die zweite Generation aus dem Studio hinaus, nicht um in erster Linie Geschichten zu erzählen, die aus dem Liedtext entspringen, sondern um neue performative Bilder zu generieren.

Das Neue war, dass Musikkurzfilme nicht entweder performativ im Sinne von Bühnenauftritten (vgl. dazu die Ausführungen zu den frühen Tonfilmen und Soundies) oder narrativ, um den Inhalt des Liedes zu transportieren (vgl. dazu die frühen Tonfilme, „Anna qu'este que t'attends" und die Darstellung zu den Musicals), sein mussten. Lelouch, Brunet und Davis-Boyer setzten die Interpreten einfach vor einen Hintergrund, den sie für passend hielten. Für diese neuen performativen Musikkurzfilme war die Illusion, dass es sich um einen mitgeschnittenen Auftritt handelt, nicht mehr wichtig. Im Grunde erinnern sie an Sequenzen aus Filmmusicals, die aber in diesem Fall nie in einen narrativen Gesamtzusammenhang gehörten.

---

6 | Der letzte französische Film ist CA453 Jacques Dutronc mit einem Titel von 1971.

Einer der ersten Scopitonefilme war von Gloria Lasso mit dem Titel „Venus“ (CA1), der noch von Tarta realisiert wurde. Der Film besteht aus einer Einstellung ohne Schnitt. Die Interpretin sitzt auf einem Eisbärenfell auf einer Eisscholle vor einem gemalten Hintergrund, der das Eismeer darstellt. Die Kamera fährt nach den ersten 20 Sekunden langsam auf die Sängerin zu, sodass eine Halbtotale entsteht. Die Kamera dreht sich dann um 45 Grad, wodurch eine neue Perspektive hervorgerufen wird. In den letzten 20 Sekunden dreht die Kamera um weitere 45 Grad, danach fährt sie von der Sängerin weg. Lasso schaut dabei die gesamte Zeit in die Kamera und damit den Betrachter an.

Demgegenüber ist der Film „Une fille comme tant d‘autres“ mit Françoise Hardy (CA153), der von Lelouch 1963 gedreht wurde, eine Befreiung aus dem Studio zugunsten stärkerer Bilder. Lelouch lässt die Sängerin bei trübem Wetter über die Dächer von Paris spazieren, Close Ups der Interpretin wechseln sich mit Straßenszenen und Leuchtschriften ab, bis Hardy ins Dunkel verschwindet. Der Musikkurzfilm könnte auch zu einem melancholischen, französischen Filmmusical gehören – das es aber nicht gibt. Die Bilder passen zu dem eher nachdenklichen Chanson von Hardy. Dabei wird es unwichtig, ob der Zuschauer die Illusion hat, dass live gesungen wird. Die Erzählung wird wichtiger, ohne dass die Musik zur Hintergrund- oder Filmmusik würde. Zu diesem Zeitpunkt waren die Zuschauer (nicht nur die französischen) durch die Filmmusicals der Fünfzigerjahre der Illusion beraubt worden, dass live gesungen und dieses dann aufgezeichnet wurde. Die Illusion aber, dass der Interpret für den Zuschauer singt, wurde zentral. Deshalb konnte in den Sechzigerjahren der Schritt zu den Minimusicals (vgl. Kapitel 4.3.2.1.7) im Musikkurzfilm gemacht werden, bei denen es sogar zu unlogischen und unchronologischen Szenenfolgen kam. Entscheidend ist, dass hier offensichtlich kein Bühnenauftritt dargestellt wird, aber trotzdem eine Performation stattfindet, die an Filmmusical-Sequenzen erinnert und sich direkt an den Betrachter wendet. Das war bislang die absolute Ausnahme. Zu Beginn der Sechzigerjahre wurde der Außendreh gerade beim Musikkurzfilm zum Standard. Das war zum großen Teil auch neuer Technik zu verdanken, die es erlaubte, die Produktionen außerhalb des Studios durchzuführen (vgl. a. a. O., S. 115). Das ermöglichte viele gedrehte Bilder, die später im Schnitt zu einem rhythmisierten Film mit Bildimpressionen verschmolzen, die zwar zum Lied passten, aber nicht unbedingt den Inhalt abbildeten. Davis-Boyer drehte in verschiedenen Villen an der Côte d‘Azur oder in Hotels, um eine leichte Atmosphäre in ihren Musikkurzfilme zu schaffen (vgl. a. a. O., S. 117).

Mit der letzten Generation wurde die Narration stärker. Der Inhalt des Songs wird konkret als Bild umgesetzt. 1966 drehte Brunet mit Frank Alamo „Sur un dernier signe de la main“, einen Film auf dem Militärgelände, auf dem letzterer damals seinen Wehrdienst leistete. Im Lied geht es um einen Abschied für 16 Monate. Alamo spielt nach, was er singt: Er geht morgens weg, geht zur Kaserne, erledigt seine Pflicht, aber seine Eltern warten auf ihn. Ein anderes Beispiel ist

Davis-Boyers Film zu Mireille Mathieus Lied „Qu‘elle est belle“ aus dem Jahr 1966. Hier geht es um die Schönheit einer Frau, die in einer Kapelle heiratet. Mathieu singt den Titel in einer kleinen Kapelle. Somit bezieht sich der Film auf den Text, konkret auf die Heirat in der Kapelle.

Scagnetti erwähnt weiterhin einen Aspekt, den wir auch schon bei den Soundies der Vierzigerjahre beobachtet haben: Weibliche Reize in Form von Anspielungen oder Abbildungen kommen ebenso bei den Scopitones häufig vor. Vor allem ab 1965 gab es viel Haut zu sehen. Lelouch zeigt schon bei seinem Debutfilm „Venus“ die twistende Dame aus einer extremen Aufsicht, sodass der Betrachter direkt in ihr Dekolleté schauen kann. Mit dem Gegenschuss von unten lässt Lelouch den Betrachter unter ihren Rock blicken. Spätestens bei den US-amerikanischen Filmen wird das Prinzip Sex unübersehbar.

Genau wie in Europa entstand in den USA durch das Angebot der Maschinen eine Nachfrage für Filme. Die Produktion der Geräte wurde schon nach Chicago verlegt, jetzt fehlten nur noch Filme von US-amerikanischen Stars, denn man prophezeite den Scopitones ein baldiges Ende, wenn sie ausschließlich europäische Filme nutzen würden. Geplant waren vier Filme pro Monat mit hochrangigen Namen wie Della Reese, Jane Morgan, Debbie Reynolds, Kay Starr, Frankie Avalon und anderen. Die Produktionsfirma saß in Hollywood (vgl. New York Times vom 10.7.1965, S. 48). Für die USA wurden bis 1966 75 Filme von 50 verschiedenen Künstlern produziert (vgl. Scagnetti 2010, S. 70 und Almind 2016, juke-box.dk). Unter den 75 Filmen ist kaum einer ohne sexuelle Anspielungen, wackelnde Brüste oder lange Beine und Bikinis. Im Gegensatz zu den französischen Filmen wurde nun wieder sowohl im Studio als auch weiterhin unter freiem Himmel produziert. Eine besonders interessante Variante, den Liedtext in den Film zu integrieren, ist Sonny Kings Musikkurzfilm zu „I Cried for You“ aus dem Jahr 1966 (S1033). Der Text wurde in großen Lettern auf Körper und Unterwäsche der strippenden Go-Go-Girls aufgeklebt. Bei dem entsprechenden Vers enthüllt sich der Text.

Ab 1966 begannen die Probleme der Scopitone Inc. in den USA, die in einer Verbindung zur Mafia gründeten. 1969 ging die US-Firma in Konkurs. In Europa wurde Anfang der Siebzigerjahre die Filmproduktion eingestellt. Der letzte in Alminds Liste ist – wie bereits erwähnt wurde – Jacques Dutronc mit „Restons français, soyons galois non“ 1971 (CA453). Scagnetti beschreibt noch eine weitere Dekade der Scopitones im Nahen Osten, in Marokko, Tunesien und Algerien (vgl. Scagnetti 2010, S. 132ff.).

Neben den Scopitones, die mit Sicherheit die maßgeblichen und bekanntesten Musikkurzfilm-Juke-Boxen waren, und der Cinebox gab es weitere Geräte ähnlicher Qualität: Cinematic, Taxiscope und Scopecrans. Da es in dieser Arbeit aber darum geht, Beispiele für Musikkurzfilme in der Geschichte zu finden, die unserer Definition entsprechen, können wir uns vorrangig auf die Scopitones beschränken.

Welche Rolle spielte aber die Musikindustrie bei den Scopitones und vergleichbaren Geräten? Bis zu diesem Zeitpunkt war die Musikindustrie in der Geschichte, von den Verwertungsvergütungen abgesehen, wenig beteiligt. Auch bei den Scopitones kam der Produktionsauftrag von Geräteherstellern wie Cameca, SIF oder SMC. Die Künstler wurden gesondert bezahlt (vgl. Billboard vom 10.7.1965, S. 1) und bekamen zusätzliche Vergütung von Verwertungsgesellschaften wie der GEMA in Deutschland oder der SACEM in Frankreich. Die Verwertungsgebühren wurden von den Geräteherstellern abgeführt (vgl. Scagnetti 2010, S. 48). Dass die Präsenz in einem Scopitone die Popularität des Künstlers steigern konnte, stand bereits auf der ersten Seite des „Billboard Magazine“ am 10.7.1965:

> Indirectly, both the artist and record companies have much to gain if the scopitone programming concept takes hold. All prints are in technicolor, and the artist performs before an attractive background. Production numbers further enhance the film. Hence, the exposure is bound to help the artist sell records.

Dennoch stammten die Aufträge nicht von der Musikindustrie.

Zusammenfassend wird zu den Scopitones Folgendes festgehalten:

- Zwischen 1960 und 1970 gab es wie in den Vierzigerjahren performative und narrative Musikkurzfilme, die in einer Juke-Box zu sehen waren und bis heute zum großen Teil verfügbar sind. Es handelt sich um ungefähr 750 Titel für die italienische Cinebox, 650 Titel für das Scopitone (plus 300 für die arabische Welt) und weitere für die übrigen Juke-Boxen. Insgesamt muss es also fast 2.000 Musikkurzfilme dieser Art geben.
- Die Musikindustrie war nicht der Auftraggeber. Vielmehr handelte es sich weiterhin um eigenständige Entertainmentprodukte, die bis heute vermarktet werden.
- Die Interpreten waren weiterhin bereits populäre Künstler mit bekannten Stücken:

> Most of the artists signed by Harman [d. i. eine Produktionsfirma in Hollywood, Anm. M. L.] are performers with established track records and most of the repertoire is standard. Programming is based on the theory that the machines will be placed in adult locations and that grown-ups want to hear familiar artists singing familiar songs.
>
> If Scopitone becomes established in teenage locations, the programming will have to be supplemented with films made by some newer pop artists. (Billboard vom 10.7.1965, S. 46).

3.6 Experimentalfilme als Musikkurzfilme

Um das Kapitel zu den Musikkurzfilmen, die nach der Stummfilmzeit und – was Musikkurzfilme angeht – vor dem Fernsehen entstanden, abzuschließen, werden im Folgenden Experimentalfilme untersucht, die in der Forschung zu Musikkurzfilmen meistens als die ersten Musikkurzfilme oder deren maßgeblichen Vorläufer beschrieben werden (vgl. Weibel 1986, S. 36; ders. 1987, S. 71ff.; Neumann-Braun 1999, S. 10; Bühler 2002, S. 163ff.).

Auffällig ist, dass Keazor und Wübbena sich in der Einschätzung der Experimentalfilme als erste Musikkurzfilme von den meisten anderen Autoren unterscheiden: Für sie beginnt der Musikkurzfilm tatsächlich mit den Scopitonefilmen. Sie argumentieren ähnlich wie diese Arbeit (vgl. Keazor/Wübbena 2007, S. 61). Allerdings differenzieren diese Autoren nicht zwischen den Avantgardefilmen der Zwanziger- und Dreißigerjahre. Diese sind in erster Linie experimental-künstlerischer Natur und können deshalb weder zu der Popkultur der Unterhaltungsindustrie gerechnet werden noch zu den bisher identifizierten Musikkurzfilmen, weil allein schon die Quantität vergleichsweise viel zu klein ist.

Diese in den Zwanziger- und Dreißigerjahren vor allem in Deutschland entstandenen Experimentalfilme sind zweifelsfrei Ausnahmen innerhalb der Musikkurzfilme. Dabei handelt es sich um solche, die weder performativ noch narrativ sind. Für den Betrachter gibt es zumeist abstrakte, animierte Bilder, die zusammen mit der begleitenden Musik eine formale Einheit bilden und sich gegenseitig ergänzen. Insofern würden sie unter die dritte Kategorie, die assoziativen Musikkurzfilme, fallen. Ein Beispiel dafür ist Ruttmanns Film „Lichtspiel Opus 1" (1921), zu dem Butting die Musik komponierte und der eigentlich kein Tonfilm, aber dennoch als solcher gedacht ist. Historisch wichtiger ist dieses Werk sicherlich für den Animationsfilm an sich. Ebenso sind die häufig erwähnten Arbeiten von Eggeling und Richter keine Tonfilme, wohl aber Animationsfilme, die dann als Trickfilme den assoziativen Musikkurzfilm ästhetisch beeinflussten.

Passender scheint die Arbeit von Fischinger, der bei Ruttmann Assistent war, bei Fritz Lang Spezialeffekte machte (etwa „Frau im Mond", 1929) und ab 1929 seine eigenen animierten Kurzfilme herstellte (vgl. imdb.com). Sein letzter in Deutschland hergestellter Film ist „Komposition in Blau" (1935), der ein Musikkurzfilm ist, genau wie seine 14 Studien vorher, die jeweils mit klassischer oder populärer Musik vertont wurden. Die „Studie No2" trifft am ehesten auf einen Musikkurzfilm, der unseren Kriterien entspricht, zu, weil hier ein populäres Musikstück („Vaya Veronica") benutzt wird, das sogar im Abspann als erhältliche Ware, als Schallplatte, aufgeführt wird (vgl. Gehr 1993, S. 15).

Die „Studie No2" ist die erste synchronisierte Musikkurzfilmvariante von Fischinger, die (wie 20 Jahre vorher bei Gaumont und Messter) noch mit einem Plattenspieler vorgeführt wurde. Abgesehen davon, dass die Serie abstrakte Filme enthält, gibt es nichts Ungewöhnliches, das sie zu den ersten Musikkurzfilmen gemacht hätte. Diese Filme brachten Fischinger allerdings nach Hollywood. In den USA knüpfte er an seine Animationsfilme an, zunächst mit „Allegretto“ (1936), zu dem Raininger die Musik komponierte.

Mit Ruttman, Eggeling und Richter beginnt eine Tradition der musikalischen Animationsfilme oder auch der künstlerischen Animations- und Experimentalfilme, die Einfluss auch auf die Musikkurzfilme hatten und immer noch haben. 1925 gab es dazu eine Matinee im UFA-Theater in Berlin unter dem Titel „Der absolute Film“, die verschiedene Filme zeigte, die der Bildenden Kunst zugeordnet werden konnten (vgl. Mank 1993, S. 73ff.).

Entscheidend für die Geschichte des Musikkurzfilms ist es festzustellen, dass die zuvor vorgestellten Beispiele von Musikkurz- und Experimentalfilmen der Zwanziger-, Dreißiger- und Vierzigerjahre, die in der Forschung als Vorläufer der Musikkurzfilme identifiziert wurden, nicht auf die hier entwickelte Definition von Musikkurzfilmen zutreffen (vgl. Kapitel 3.6), weil sie vor allem keine populäre Musik benutzten. Außerdem handelt es sich nicht wirklich um Vorläufer, weil es sich um animierte Filme handelt, die zwar als Animationsfilme Einfluss auf bestimmte Musikkurzfilme hatten und haben, aber bis heute eher künstlerisch gemeinte Ausnahmen darstellen. Die Fischingerstudien können dabei als beste Beispiele betrachtet werden.

4 Musikkurzfilme im Fernsehen

Das Fernsehen steht in der Tradition des Kinos als Unterhaltungsmedium. Filme, Programme und Nachrichten kommen zum Empfänger nach Hause, jedenfalls ist es seit den Sechzigerjahren so, denn eigentlich ist das Fernsehen als Live-Medium bestimmt. Man kann damit tatsächlich in die Ferne sehen, da das Signal der Sendestation fast zeitgleich beim Konsumenten ankommt. Auch wenn das Programm selten aus Livesendungen besteht, denn das Fernsehprogramm teilt sich schon ab 1940 in Livesendungen auf (Studio oder Außen), in Studio- und Außen-Vorproduktionen und Kinofilmen, bleibt es grundsätzlich ein Live-Medium wie das Radio, das in steter Konkurrenz zum Fernsehen stand, weil auch das Fernsehsignal immer live gesendet wird.

4.1 Das neue Medium auf dem Weg zur Masse

Die Fernsehtechnik und ein tägliches Fernsehprogramm gab es bereits vor dem Zweiten Weltkrieg (CBS; BBC; Fernsehsender Paul Nipkow). In den USA setzte sich das neue Medium am schnellsten durch. Bereits 1951 besaß ein Viertel aller US-amerikanischen Haushalte einen Fernseher (10.320.000 nach Steinberg 1985, S. 86). In Deutschland wurde der NWDR (Nordwestdeutscher Rundfunk) erst 1952 eröffnet. Schon 1964 hatten mehr als 92,3 Prozent der US-Amerikaner Fernsehen, in Deutschland waren es damals 55 Prozent (in Westdeutschland 4.000.000). Doch auch in Deutschland wird das Fernsehen spätestens ab 1970 zum Massenmedium. Nach der ARD/ZDF-Langzeitstudie zur Massenkommunikation hatten 1970 85 Prozent der Haushalte einen Fernseher und 1980 passt sich Deutschland dem amerikanischen Niveau an (vgl. van Eimeren/Ridder 2011, S. 2). Mittlerweile kann man sicherlich von einem globalisierten Fernsehmarkt sprechen, in dem international nahezu identische Programme laufen: Nachrichten, Gameshows, Talkshows oder Castingshows werden international vermarktet. Ein Beispiel auf dem deutschen Markt ist die Sendung „Schlag den Raab". Diese Samstagabendshow wurde in 14 Länder verkauft (vgl. zum sog. Quotenmeter: Krei 2007).

Die bekannte Casting Show „Pop Idol" („Deutschland sucht den Superstar") gibt es mittlerweile in 42 überregionalen Sprachräumen, also fast auf dem gesamten Planeten (vgl. zu der Liste o. Verf. o. J.k: wiki_Ableger).

4.2 USA

In den USA wurden die Soundies (vgl. Kapitel 3.1) im Fernsehen platziert oder später von Snader extra für das Fernsehen hergestellt. Das amerikanische Fernsehen bestand zu Beginn aus vier Sendern (ABC, CBS, DMN und NBC), die täglich von 19 Uhr (ab Mitte der Fünfzigerjahre von 7 Uhr) bis vor Mitternacht sendeten. Anfang der Fünfzigerjahre waren vor allem Liveshows wie „Club Seven", „The Stork Club", der „Hollywood Screen Test", die „Perry Como Show", „Arthur Godfrey's Talent Scouts", das „Texaco Star Theater" oder Sportsendungen, Gameshows, Serien und Nachrichten im Programm (vgl. United States network television schedule und Steinberg 1985, S. 6ff.). Spielfilme finden sich eher selten.

Bei den zahlreichen Shows, die in erster Linie für die ganze Familie zu Hause konzipiert waren, spielte auch die populäre Musik eine große Rolle. Liveauftritte der Stars mit ihren Hits sind Teil des Unterhaltungsprogramms. Mit beliebten Künstlern erreichte das Fernsehen beziehungsweise die jeweilige Sendung eine hohe Einschaltquote und der Künstler im Gegenzug mehr Popularität. Die bildliche Umsetzung der Auftritte orientierte sich an den bestehenden Inszenierungsideen des Kinos und der Soundies. Es waren hauptsächlich Bühnenauftritte mit verschiedenen Kameraperspektiven. Zu diesen Fernsehauftritten gehören auch solche, die Fernseh- und Popmusikgeschichte zugleich schrieben und deshalb in das kollektive Bildgedächtnis eingingen. Heute findet man diese Ausschnitte der Sendungen, die eine Performance der Künstler zeigen, auf Sammler-DVDs, im Internet oder auch als Wiederholungen im Fernsehen.

4.2.1 Elvis Presley und die Familienshows

Der erste Künstler, dessen Fernsehpräsenz und Auftritte eine wegweisende, neue, bestechende Wirkung hatten, war Elvis Presley. Presley wurde 1956 als Attraktion durch einige Fernsehshows gereicht. Seine Telepräsenz und ungewöhnliche Art der Performance machten ihn durch das Fernsehen zu einem Superstar in den USA. Er war bereits ein Jahr zuvor wiederholt durch Auftritte vor jungem Publikum aufgefallen und seine Platten wurden von Discjockeys hoch gelobt, bis er Ende 1955 von der kleinen Plattenfirma Sun zu einem Major, zu RCA Victor wechselte (vgl. Billboard vom 4.7.1955, S. 42; 16.7.1955, S. 44; 29.10.1955, S. 15; 12.11.1955, S. 36; 3.12.1955, S. 15).

Zunächst trat er von Januar bis März sechsmal bei der „Stage Show" (CBS) auf. Er performte jedes Mal zwei Stücke hintereinander, die alle auf Film vom

Livebild aufgenommen und heute einzeln im Internet oder auf DVD veröffentlicht wurden (vgl. Elvis. The Great Performances. Volume 1: Center Stage, Icestorm Entertainment GmbH, 2002).

Alle Musikkurzfilme sind ähnlich: Elvis betritt die Bühne und performt mit seiner Combo zwei Stücke vor schwarzem Hintergrund. Es gibt nur zwei Kameraeinstellungen beziehungsweise Kameras, zwischen denen hin- und hergeschnitten wird. Elvis wird dabei als Frontmann in Close Ups und auch gestaffelt vor seiner Band gezeigt. Diese Inszenierungen unterscheiden sich kaum von den Telescriptions von Snader oder von den Soundies. Die Art der performativen Musikkurzfilme setzt sich also im Fernsehen fort. Es handelte sich aber strenggenommen (wie schon bei Snaders Telescriptions) um Liveaufnahmen und deshalb eigentlich um Konzertmitschnitte.

Diese Art der Darstellung lässt sich auch in den folgenden Shows beobachten. Im April und im Juni kommt es zu den folgenreichen Auftritten bei Milton Berle (NBC). Im April fand der Auftritt auf einem US-Kriegsschiff, danach im Juni wieder on stage in der Show statt. Im Gegensatz zum ersten Auftritt trat Elvis diesmal aber ohne Gitarre auf, Berle hatte ihm dazu geraten, damit das Publikum mehr von ihm sehen könne (vgl. Burke/Griffin 2006, S. 52). Die Freiheit ohne Gitarre führte für damalige Verhältnisse zu einem Skandal und brachte Elvis den Beinamen „Pelvis" (Becken) ein. Das konservative Amerika hielt ihn für äußerst gefährlich. Trotzdem trat er 1956 einen Monat später noch bei Steve Allen in abgeschwächter Form auf. Da die Einschaltquoten mit Elvis höher stiegen als in der damals führenden Show von Ed Sullivan, lud auch dieser Konservative Elvis ein (vgl. Austen 2005, S. 16). Auch bei Sullivan sollte Elvis gemäßigter wirken, um das familiäre Sonntagabendpublikum nicht zu schockieren. In den drei Shows bei Sullivan machte Elvis sich über den Skandal und darüber, was das konservative Amerika über ihn dachte, lustig. Bei „Hound Dog" verweigerte er dem Publikum im Oktober mit einem süffisanten Lächeln offensichtlich die Tanzeinlage.

Die Publikumswirkung von Elvis war außerhalb jeder Konkurrenz. Zieht man direkte Vergleiche zu zeitgenössischen Stars derselben Musik (etwa Jerry Lee Lewis, Chuck Berry, Little Richard), die ebenfalls Fernsehauftritte hatten, gewinnt Elvis auf ganzer Linie. Sicherlich ist diese Präsenz und Akzeptanz beim Publikum auch auf seine Musik zurückzuführen, allerdings hätte er ohne seine Showstar-Persönlichkeit niemals fünf Nummer-eins-Hits in einem Jahr haben können. Der letzte in dieser Fünferreihe war 1956 der Song „Love Me Tender", den Elvis bei Sullivan erstmals präsentierte, ohne dass es dazu eine Platte gab. Nach der Sendung wurde diese vorab millionenfach bestellt (vgl. Victor 2008, S. 439). An den Fernsehinszenierungen respektive denjenigen Musikkurzfilmen, die daraus entstanden, ist nichts Außergewöhnliches festzustellen. Sie sind im Fernsehen zum großen Teil performativ, wie in den Spielfilmen und in Filmusicals auch.

Das Besondere an den Elvis-Auftritten ist der Künstler selbst. Trotzdem oder vielleicht gerade deshalb wird später gerade diese Art von Fernsehauftritten der

Fünfziger- und Sechzigerjahre in Musikkurzfilmen der Neunziger zitiert, beispielsweise in Nirvanas Song „In Bloom“ aus dem Jahr 1992. Nach den ersten Fernsehauftritten drehte Elvis seinen ersten Hollywoodfilm „Love Me Tender“. Seine Verträge erlaubten es ihm, für verschiedene Filmgesellschaften zu arbeiten, sodass die Zahl von 31 Filmtiteln, in denen er nicht sich selbst spielt, aber trotzdem immer[1] singt, kaum verwundert. Damit steht Elvis in der Tradition von Al Jolson, der ebenfalls als schon bekannter Musikinterpret zum Filmstar wurde.

Das Beispiel Elvis zeigt, dass populäre Musik im Fernsehen von Anfang an einen der wichtigsten Programminhalte darstellte. Sicherlich wird das Programm der Familienshows, die Elvis zunächst Platz boten, zu Hause im Wohnzimmer zu mancherlei Streitigkeiten unter den Generationen geführt haben, schließlich mussten alle zusammen das Programm schauen.

Es gab aber auch schon Shows, die auf ein jüngeres Publikum zugeschnitten waren oder ausschließlich Musik zeigten. Im Jahr 1968 gab es eine Fernsehsendung mit Elvis für NBC, die fast 20 Jahre später von MTV kopiert, als eigene Entwicklung dargestellt und bis heute kommerziell voll ausgereizt wird: Das Comeback-Special war eine recht komplexe Sendung, die aus vier Liveauftritten vor unterschiedlichem Publikum mit gigantischen Revue-Showelementen zusammengeschnitten wurde. Bei zwei Auftritten sang Elvis stehend und live zu vorproduzierter Musik, während die anderen zwei Auftritte mit Band live und unplugged waren. Die vier Auftritte waren in der Mitte des kleinen Studios mit dem Publikum in das Set integriert. Elvis war dabei sehr nah und direkt mit dem Publikum im Kontakt. Die Idee dazu hatte der junge Produzent von NBC Steve Binder, der Elvis mit seiner Band bei den Proben in der Garderobe jammen sah und genau das besonders interessant fand. Die Session im Sitzen vom 27. Juni 1968 ist die Vorlage für das MTV-Format „MTV unplugged“. MTV produzierte diese Sendung ab 1989, in der die Bands ohne elektrische Instrumente, also rein akustisch spielen sollten.

Ob nun voll akustisch oder nicht (Kurt Cobain soll 1993 bei „Nirvanas unplugged“ Verstärker genutzt haben) ist die Inszenierung der Auftritte bei MTV ein Zitat des Comeback-Specials von Elvis: Die Künstler spielen inmitten von Zuschauern in einem relativ kleinen Raum. Bei Elvis ist die Raumsituation noch enger als bei „MTV unplugged“. Es wurden Akustikversionen von bekannten Hits gespielt, bei denen es mehrere Kameras gab, die in der Totalen die Gesamtsituation der Bühne mit Publikum zeigen und die in Gegenschnitten mit Close Ups von Gesichtern und Instrumenten verarbeitet werden. Beide Formate sollen eine intime Atmosphäre schaffen. „MTV unplugged“ wurde bis Mitte der Neunzigerjahre in genau dieser Art und Weise produziert, obwohl die einzelnen Sendungen an ver-

1 | Eine Ausnahme bildet hier der Film „Charro!“.

schiedenen Orten[2] aufgezeichnet wurden. Danach wurden die Akustikkonzerte größer und entfernten sich von der Vorlage – so bei „Grönemeyers unplugged", bei dem ein großes Streicherensemble hinzu kam (vgl. Grönemeyer, 1994, Babelsberg Studios). Aber genau wie bei Elvis, dessen Musik aus seinen Liveauftritten auf verschiedenen Tonträgern veröffentlicht wurde, bietet MTV als Verlag zusammen mit dem jeweiligen Verlag des Künstlers alle MTV-unplugged-Konzerte als Tonträger an.

4.2.2 Musikshows für Teenager

Die wichtigste Show, bezogen auf den in der Musikkurzfilm-Diskussion häufig zitierten Sender MTV als vermeintlich erstes Musikfernsehen für die junge Generation, war „American Bandstand" (ABC, 1956–1987). Dieses Format bot Teenagern ihre populären Hits. Bandstand begann 1952 im lokalen Fernsehen und nutzte zunächst auch Snaders Telescriptions. Ab 1956 sendete ABC die Sendung national, zunächst montags bis freitags, ab 1963 samstags jeweils am frühen Nachmittag. Die Stars, die an der Show teilnahmen, performten im Playback, das heißt nach aufgezeichneter Musik wie bei Messter und Gaumont oder bei den Soundies. Die szenische Umsetzung ist aber nahezu identisch mit den Inszenierungen der Shows für die ganze Familie wie der von Ed Sullivan.

Als Beispiel sollen an dieser Stelle die Auftritte der Band The Doors mit dem Titel „Light My Fire" dienen. Im Juli 1967 performten The Doors im Playback bei „American Bandstand" in Schwarz-Weiß. Es gibt mehrere Kameraeinstellungen, zwischen denen deutlich schneller hin- und hergeschnitten wurde als noch in den Fünfzigerjahren. Die meisten Bilder sind Portraits und Close Ups vom Sänger Morrison, aber auch die Hände des Organisten Manzarek sind in der Close-up-Einstellung zu sehen. Ansonsten findet man eine typische Bandanordnung, die in der Totalen gezeigt wird, bei der der Frontmann Jim Morrison im Vordergrund stand. Im September 1967 kam es zu einem anderen Auftritt bei Sullivan, der es aufgrund seiner reaktionär-konservativen Haltung ablehnte, dass Morrison das Adjektiv „high" benutzte. Abgesehen davon, dass Morrison den Titel wie gewohnt sang, das Stück live gespielt wurde und die Ausstrahlung in Farbe war, sind die Einstellungen und der Schnitt fast identisch und auch typisch für diese Art Ausstrahlung einer Band im Fernsehen bis heute. Der direkte Vergleich zeigt, dass es für den Musikkurzfilm nicht entscheidend ist, ob live oder playback performt wird.

---

2 | In den Hollywood Studios in LA, dem National Video Center oder Ed Sullivan Theatre, den Chelsea Studios, Warner Kaufman Astoria Studios und Sony Music Studios in NY u. v. m

Andere Formate, die die Jugend als Zielpublikum hatten, waren zum Beispiel „The Buddy Deane Show“ (1957–1964, WJZ-TV), die „Clay Cole Show“ (1959–1968, WNTA-TV) oder „Soul Train“ (1971–2006, Syndicate TV).

„Soul Train“ hat bis heute große Relevanz für Musikkurzfilme, Musikperformances und populäre Tänze. Diese Sendung war in erster Linie an der afroamerikanischen Musik, dem Rhythm 'n' Blues, und seinen Protagonisten orientiert und genau wie bei „American Bandstand“ performten die allermeisten Interpreten im Playback. Der Moderator Don Cornelius sah die Show selbst auch als Medium für die positive Identifikation mit der afroamerikanischen Kultur schlechthin. Er leitete die Sendung 22 Jahre lang, in der nicht-afroamerikanische Interpreten die große Ausnahme waren.

Die Tänzer der Show hatten ihre eigenen Programmanteile: Sie tanzten zu aktueller Musik, den Hits, in einer Linie hintereinander weg (Linedancer). Die individuellen Tanzstile, die schon in den Soundies eine wichtige Rolle spielten, wurden hier in der Popwelt etabliert und als wichtige Ausdrucksform fortlaufend weiterentwickelt. Sie haben ihren Ursprung im Jazz.

Da diese Line-Dance-Performances der Sendung heute sowohl im Internet als auch auf Soul-Train-DVDs isoliert verfügbar sind, stellt sich die Frage, ob es sich dabei ebenfalls um Musikkurzfilme handelt. Wenn ja, ist es sicherlich eine neue Form des Musikkurzfilmes, die sich bei „Soul Train“ entwickelte. Denn ungewöhnlich ist der Umstand, dass die Interpreten weder performen noch zu sehen sind. Der Tanz als musikbezogene Ausdrucksform steht im Vordergrund der Inszenierung oder Improvisation. Die Musik wird fast zur hintergründigen Filmmusik degradiert, der Moderator kündigt aber die einzelnen Titel an, zu denen getanzt wird, das heißt, dass die Musik trotzdem sehr wichtig war. Mit dem Erfolg der elektronischen Musik in den späten Neunzigerjahren werden ebensolche Musikkurzfilme, die statt der Interpreten nur Tänzer zeigen, gezielt produziert. Die Anonymisierung der Interpreten, die dann zu „Acts“ oder „Projekten“ wurden, ließ den Ausschluss der eigentlichen Musikmacher zu. Noch in den Vorjahren konnte man sich keine Musikkurzfilme ohne Interpreten vorstellen. Es wurde geradezu postuliert, dass der Künstler mindestens 15 Sekunden lang performativ, also zum Beispiel singend, zu sehen sein musste (vgl. Kemper 1995, S. 20). Bei den Linedancers von „Soul Train“ brauchte der Zuschauer den Interpreten offenbar nicht mehr.

Somit handelt es sich um Musikkurzfilme einer besonderen Art, die Ende der Siebzigerjahre bei der Sendung „Soul Train“ – wie bereits erwähnt möglicherweise im Rückgriff auf die frühen Jazzfilme[3] – erstmalig intendiert als solche auftra-

3 | Erinnert sei hier an Gjon Milis Tanzszenen bei „Jammin' the Blues“.

ten und 20 Jahre später zu einer eigenen Kategorie der Musikkurzfilme[4] avancieren werden.

„Soul Train" und „American Bandstand" sind die direkten Vorläufer eines Musikfernsehens, wie es MTV werden sollte. „American Bandstand" ist der Prototyp eines Spartenprogramms für populäre Teenager-Musik und wurde zehn Jahre später in Europa mit dem deutschen „Beat Club" und dem britischen „Top of the Pops" ähnlich umgesetzt. Die Liste der aufgetretenen Stars bei „Soul Train" und „American Bandstand" spiegelt die Geschichte der letzten 50 Jahre Popmusik wider.

4.2.3 MTV

Wie oben erwähnt, steht MTV in der Tradition des US-amerikanischen Musikfernsehens für Teenager. Die Steigerung zum gewöhnlichen Spartenprogramm bestand darin, dass es nun einen Musikfernsehsender geben sollte, bei dem nur noch vorproduzierte Musikkurzfilme gezeigt werden würden, die nicht vom Sender oder von der Sendung selbst, sondern von den Plattenfirmen finanziert wurden. Genau diese Tatsache verleitet die meisten Verfasser von Arbeiten zum Thema Musikkurzfilm zu der Annahme, dass erst ab diesem Zeitpunkt Musikkurzfilme im eigentlichen Sinn vorkommen. Beispielhaft schreiben die Autoren Schmidt u. a.:

> Allerdings verschaffte erst die historisch einmalige Verschränkung einer spezifischen Darstellungsform (Verschmelzung von [Pop-] Musik und [Video-] Bild) mit einer spezifischen Distributionsform (Musikfernsehen) dem Musikkurzfilm einen festen Platz innerhalb der Populärkultur. So fallen die eigentliche Geburtsstunde der (kommerziellen) Musikkurzfilme und die des Musikfernsehens zusammen. (Schmidt u. a. 2009, S. 12).

Diese These ist vor dem Hintergrund unserer Analyse nicht zu verstehen. Die Verschränkung von Darstellungs- und Distributionsform existiert, wie bereits gezeigt, seit Beginn des Kinos durchgehend in den verschiedenen Medien, dem Fernsehen eingeschlossen, bis zur Gründung von MTV und auch darüber hinaus, wofür heute die YouTube Kanäle (vgl. Kapitel 5) stehen.

Die Argumentation der Autoren zielt darauf ab, dass die Musikindustrie die Musikkurzfilme produzieren muss, weil sie als einzige daran kommerzielles Interesse hätte. Das ist, wie nachgewiesen, vor dem historischen, aber auch vor dem aktuellen Hintergrund schlichtweg falsch: Die Finanzierung von Musikkurzfilmen

4 | Als Beispiele für die 90er seien an dieser Stelle folgende Musikkurzfilme genannt: Étienne de Crecy, „Le patron est devenu fou!" (Disques Solides, 1997, Regie: Julien Johan); Fatboy Slim, „Praise You" (Skint, 1998, Regie: Spike Jonze) oder Futureshock, „Late At Night" (Parlophone, 2003, Regie: NeO).

durch die Musikindustrie bildet heute fast schon wieder die Ausnahme, weil die heutigen Audio- und Video-Produktionsmöglichkeiten seit der digitalen Revolution demokratisiert und auch viel kostengünstiger, aber nicht qualitativ minderwertiger geworden sind (vgl. dazu die Kapitel 4.3.2.1.7 und 5.2). Die Distributionsform Fernsehen ist für den Musikkurzfilm längst abgelöst und wurde vielfach durch das Internet und dessen Videoportale wie beispielsweise YouTube überholt.

Trotzdem war das Konzept von MTV zu Beginn der Achtzigerjahre beim Publikum und auch, wenigstens zu Beginn, bei den Pop-Musikern so erfolgreich, dass der Sender innerhalb weniger Jahre zum internationalen Marktführer und Trendsetter wurde, der dann zu einer den Musikmarkt mitbestimmenden Marke und Macht wurde. Ob das heute noch so ist, bleibt allerdings fraglich und muss an späterer Stelle thematisiert werden.

Die Frage in diesem Kapitel besteht darin zu klären, ob der Musikkurzfilm durch MTV beeinflusst und so verändert wurde, dass man von einer neuen Art sprechen könnte, um damit die Behauptung zu hinterfragen, ob MTV tatsächlich den Beginn der Musikkurzfilme markiert. Wenn sich die Musikkurzfilme besonders veränderten, könnte man diese doch als „neu" bezeichnen und insofern die These, dass die Musikkurzfilme mit MTV begännen, mit Einschränkung bestätigen.

Der Sender war grundsätzlich mit der Idee verbunden, einen Platz im New Yorker Kabelfernsehen zu belegen. Die Vereinigung von Warner Communications und American Express hieß WASEC und betrieb ab Ende der Siebzigerjahre die Kabelfernsehsender Nickelodeon und Movie Channel. Die Suche nach einem dritten Kanal mündete in MTV als Fernsehsender, der seinen Fokus auf Popmusik legte. Die Gründer Jac Holzman, John Lack, Jack Schneider und Bob Pittman waren, wie der Rest der Welt, Ende der Siebzigerjahre vom Video-Format für den Hausgebrauch, das in der Mitte jenes Jahrzehnts eingeführt worden war, und damit konsequenterweise auch für die Musikkurzfilme jener Zeit, die auf Videotapes in Umlauf kamen, begeistert. Die erste Tagung zu dem neuen Medium im Musikkontext fand im November 1979 in Los Angeles als „Billboard's video-music-conference" statt (vgl. Billboard vom 17.11.1979, S. 1). Die Musikbranche war sich also schon vor der MTV-Idee darüber klar, dass das Musikkurzfilmgeschäft im Zusammenhang mit dem Homevideo ein großes Geschäft werden würde. Tatsächlich verzeichnet das Geschäft mit Videorecordern für zu Hause Ende der Siebzigerjahre einen Umsatzzuwachs von 58,8 Prozent (vgl. Billboard vom 26.7.1980, S. 54). Das „Billboard Magazine" hatte schon seit 1979 eine Hitliste für Verkaufsvideos, die zu dieser Zeit noch aus der Zweitverwertung von Kinofilmen bestand. Ende der 70er Jahre war die Welt voll mit Video, Computer und Space. Videospiele, erst per Konsole auf dem Fernseher spielbar (etwa PONG von Atari) oder in Spielhallen, setzten sich dann schnell im Zusammenhang mit den ersten Heimcomputern (Commodore VC 20) durch. Thematisiert wurden Video und Computer fast überall. Kinofilme wie „Tron" (1982), in dem der Protagonist in ein Videospiel transportiert wird und dort die Spiele als reale Figur spielen muss, oder auch „Star Wars“ (1978) als erfolgreichster Marketinggigant bis heute zeugen von dem Video- und Computer-Future-Boom Ende der 70er Anfang der 80er Jahre. Selbst in der Popmusik wurde das Thema verarbeitet: „Video Killed the Radio Star“ von den Buggles, „Living on Video“ von Trans-X, „Computerwelt“ von Kraftwerk, „Spacer“ von Sheila B and the Devotion, die Reihe ließe sich endlos fortsetzen.

Musikkurzfilme wurden auf dem Videoformat bereits seit Mitte der 70er Jahre routinemäßig hergestellt. Einer der bekanntesten Regisseure um 1980 war Keith MacMillan, ein Engländer, der seit 1968 Plattencover entwarf und auch für die Musikindustrie fotografierte. Er machte sich 1977 mit einer Videoproduktionsfirma, „keefco“, in Los Angeles selbstständig. In einem Interview bezeichnet er 1981 die Musikkurzfilme zwar als künstlerisch frei, aber gleichermaßen als Werbeinstrument, das von den Plattenfirmen in Auftrag gegeben werde (vgl. Billboard vom 1.8.1981, S. 9). Er hatte von 1977 bis 1981 circa 600 Clips hergestellt, unter anderem von Paul McCartney, Kate Bush oder Blondies „Rapture“-Video, aber auch Konzertmitschnitte des „Montreux Jazz Festivals“.

Interessant ist zum einen, dass die Plattenindustrie die Musikkurzfilme nun in Auftrag gab und diese Clips deshalb sicherlich vorrangig mit einem Werbezweck konzipiert waren, weil sie (noch einige Jahre vor dem Sendestart von MTV) im Fernsehen gesendet werden sollten, um den Musiktitel bekannt zu machen. MacMillan bezeichnet das Video sogar als ersten Schritt auf den Markt (vgl. Billboard vom 1.8.1981, S. 9.). Darüber hinaus sollten diese Clips auch für den Video-Heimmarkt angeboten werden. Ein Interview mit MacMillans Partner John Weaver macht diesen Aspekt deutlicher. Er wollte sogar 1985 hauptsächlich auf das Heimvideosegment setzen und die Promotionclips vernachlässigen (vgl. Billboard vom 22.6.1985, S. 23). Obwohl hier erstmalig die Plattenindustrie Musikkurzfilme herstellen ließ, waren diese also immer noch ein eigenständiges Produkt für ein neues Medium (hier: Homevideo), wie schon zuvor die Soundies und Scopitones.

Zum anderen ist die Feststellung, dass MTV in seiner Grundidee erst kurz nach oder während des allgemeinen Videobooms entstand, entscheidend. Man versteht die Gründung von MTV überhaupt erst im Zusammenhang mit dem schon begonnenen Videoboom und den damit lauter werdenden Pop-Musikkurzfilmen, die es schon gab. Es kann den Tatsachen entsprechen, dass MTV am 1. August 1981 mit nur 120 Videos begann (vgl. Casey, nach Anson 2000, S. 8). Das könnte den Eindruck erwecken, dass es nicht so viele brauchbare Musikkurzfilme gab. Tatsächlich war MTVs Mangel an Musikkurzfilmen auf die immer nervösen Plattenfirmen zurückzuführen, die MTV zu Beginn kein Video unentgeltlich überlassen wollten. Dazu äußert sich Jack Schneider folgendermaßen:

> The record companies hated it. They said, ‚We made this mistake in radio – you ain't gonna catch us making it again. You are going to have to pay for the rights to

> this video.' Walter Yetnikoff, the head of CBS Records, was adamant: ,We weren't getting anything.' (Schneider, nach Anson 2000, S. 4).

Außerdem wurden MTV in den ersten Monaten wahrscheinlich nur wenige Musikkurzfilme angeboten, weil schließlich noch keiner den neuen Sender kannte, der vorerst nur in einigen Kabelhaushalten New Yorks zu empfangen war. Um ihre Reichweite zu vergrößern, entwickelte der Sender 1982 eine Werbekampagne, die MTV in den USA schnell bekannt machte und das Problem der Programmausstattung beim Kabelfernsehen anging: Die Kabelfernsehenbetreiber bestimmten, welcher von den 50 Sendern auf die 25 Kabelkanäle gelegt wurde. Das heißt, es war ziemlich sicher, dass kein Kabelbetreiber MTV einstellte, allenfalls in Ausnahmen. Die Kampagne „I want my MTV" bestand aus kurzen Spots, in denen Popstars mit dem MTV-Logo interagierten und „ihr MTV" singend und sprechend forderten: „Call your cable-company and say 'I want my MTV'". David Bowie, Pat Benatar, John Mellencamp, Madonna, Sting und The Police, Pete Townsend, Adam Ant oder auch Mick Jagger, der tatsächlich der erste war, der sich aufnehmen ließ, gehörten zu diesen Werbeträgern.

Die Resonanz auf die Spots, die in allen Regionen gesendet wurden, in denen MTV nicht im Kabelprogramm zu finden war, war so groß, dass MTV schon bald national senden konnte (vgl. Garland, nach Anson 2000, S. 14ff.).

Diese clevere Werbung zeigt noch einen weiteren wichtigen Aspekt: Die Künstler akzeptierten MTV, sie sahen den Sender als Chance für sich und ihre Musik, sodass sie gerne mit dem neuen Sender kooperierten.

> Radio guys would take one look at my picture with the spiky hair and say, 'Punk-rocker. Not playing him.' Then MTV airs my videos, and kids start calling up radio stations saying, 'I want to hear Billy Idol!' It really broke the thing wide open. We'd never touched the charts, and the next minute we had a Top 10 album. It was amazing. Nobody'd ever noticed me before. Now I'm walking down the street, and people are yelling 'Billy!' (Idol, nach Anson 2000, S. 10).

Die lauten, aggressiven Spots deuten bereits auf das Selbstverständnis des Senders hin, der den Look zum Inhalt machte und damit den Zeitgeist der Achtzigerjahre transportierte. Das authentische Ins-Bild-Setzen des bunten, lauten, immer jugendlichen Protests gegen das Etablierte kam in der damaligen Fernsehwelt einer Anarchie gleich, die jeden Jugendlichen weltweit direkt ins Herz traf. Entscheidend dafür war in erster Linie die Eigenwerbung des Senders, die On Air Promotion durch kurze Trailer (IDs), die das MTV-Gefühl visualisierten.

> As soon as we started working on what would become MTV: Music Television a month later I started thinking about these IDs and realized they could be the album covers of the new generation of music fans. [...] These IDs might have been

> the most fun I had during the years we were doing television branding (Seibert o. J.)[5].

Diese Zehn-Sekunden-Spots unterschieden sich so deutlich vom restlichen Fernsehprogramm, dass sie bis heute zu den innovativsten Fernsehbildern der Fernsehgeschichte gehören. Seibert und Goodman, die Verantwortlichen für das Design von MTV, beauftragten besonders innovative Produktionsfirmen[6] mit der Produktion von Sender-ID-Spots, die die Marke MTV stellvertretend durch das Logo bewerben beziehungsweise ein Image generieren sollten. Die Kurzfilme sind hauptsächlich Animationsfilme, Cartoons oder andere Trickfilme, die auf vielfältige Weise mit dem Logo spielen. Der Spot „Chainsaw" der Firma Colossal Pictures vom Februar 1982 zeigt, wie mit dem bestehenden Fernsehen abgerechnet werden soll:

Ein Pärchen singt im Schwarz-Weiß-Fernsehen, während eine Frau im bunten Pin-Up-Look mit einer brennenden Kettensäge den Bildschirm des Fernsehers absägt, auf dem das Pärchen zu sehen ist. Übrig bleibt der Fernseher, auf dem nun das Innere zu sehen ist, das das MTV-Logo zeigt. Schnell und radikal wird uns durch den Spot klargemacht: Das spießige Fernsehen ist nun vorbei und hat hier keinen Platz. Wie ein Geschwür wird der alte Bildschirm entfernt. Eine ähnliche Haltung zeigt der Spot „White House" von Tom Pomposello. Eine Szene, die den Sitz des Präsidenten zeigt, wird mit dem MTV-Logo besprüht.

MTV entwickelte sich innerhalb kurzer Zeit mit einem radikalen Image zu einer Marke, die für Revolution und Jugend stand, genau wie die auf dem Sender gespielten Musikkurzfilme, die den Trend der Zeit repräsentierten und gestalteten. Mit dem Fernseherfolg war den Künstlern klar, dass sie Musikkurzfilme brauchten und auch wollten, um konkurrenzfähig zu bleiben. Daher verlangten sie Entsprechendes bei ihren Musikverlagen.

MTV ist also für den quantitativen Boom der Musikkurzfilme Anfang der 80er Jahre mitverantwortlich, indem der Sender die zu der Zeit bedeutendste Plattform für Musikkurzfilme stellte. Trotzdem bleibt MTV ein Symptom, das auf den Zeitgeist und die technische Neuerung Video und ihre Markteinführung Mitte der Siebzigerjahre hinweist. Insofern kann man MTV als logische fernsehgeschichtliche Konsequenz begreifen, die zuerst revolutionär, dann aber schnell profitorientiert wurde, als der Sender versuchte, den Künstlern vorzuschreiben, was und wie sie sich präsentieren sollten: „Now MTV wanted to control more and more what you said. You were getting, People should do this in videos, they shouldn't do that." (Idol, nach Anson 2000, S. 20). MTV entwickelte schon in den Achtzigern eine Monopolstellung bezüglich der Popmusik. An diesem Sender kam kein Pop-

5 | Seibert war erster Creative Director bei MTV; MTV IDs 1981–1983.

6 | Buzzco Associates, NY; Broadcast Arts, Washington DC; Colossal Pictures, SF; Jerry Lieberman Productions, NY oder Tom Pomposello, NY.

musiker vorbei: Schon 1985 sang Sting wieder „I want my MTV“, allerdings in dem Dire Straits Song „Money for nothing“, der kritisch gegenüber der bereits etablierten Oberflächlichkeit der Popmusik war, die sich in Musikkurzfilmen zeigte und die Musikwelt in zwei Lager spaltete. Auf der einen Seite glaubten einige an den Untergang der Popmusik, die sich augenscheinlich ausschließlich auf Äußerlichkeiten gründete, auf der anderen Seite gab es diejenigen, die gerade das als absolute Popmusik verstanden. MTV selbst sah den Musikkurzfilm zu dem Song als Eigenwerbung und kürte es 1986 bei den seit 1984 vergebenen MTV Video Music Awards zum „Video of the Year“. Die Awards sind eine Veranstaltung, um die eigene Branche mit Preisen zu versehen und erscheinen deshalb ebenso zweifelhaft wie die Oscarverleihung oder der Echo, obwohl die Zuschauer teilweise selbst wählen durften, wer einen Preis erhalten sollte.

Es hat von Anfang an immer auch viel Kritik an MTV gegeben. Die Rassismusvorwürfe gegen den Sender wegen des anfänglichen Meidens von Rhythm-and-Blues-Musikkurzfilmen farbiger Musiker konnten nie ganz ausgeräumt worden. So wurde etwa Michael Jacksons Video zu „Billie Jean“ erst nach dem Protest der Plattenfirma gesendet (vgl. Benjamin, nach Anson 2000, S. 18 und Banks 1996, S. 39). Noch bis Ende der Achtzigerjahre herrschte in der amerikanischen Führung des Senders starke Homophobie (vgl. Blame 2011, S. 129ff.). Nicht zuletzt zeigte die immense Expansionspolitik von MTV und seinen Ablegern[7] , um was es eigentlich ging: den Ausbau des internationalen Monopols in der Welt des Musikfernsehens. Es gibt keinen Kontinenten, keine Region ohne regionalen Sender MTV, egal ob erste, zweite oder dritte Welt, demokratisch oder diktatorisch, ob es ein Land im Krieg oder Frieden ist. Konkurrenten werden vom Mutterkonzern Viacom aufgekauft, so zum Beispiel der deutsche Sender VIVA 2004 oder der holländische Sender TMF, der 2002 übernommen und 2011 abgestellt wurde.

Am zweifelhaftesten scheint die schon in den Achtzigerjahren eingenommene Monopolstellung von MTV zu sein. Die von Axel Schmidt beschriebenen Exklusivverträge mit Plattenfirmen und Kabelbetreibern brachten den Sender in eine

7 | Mittlerweile gibt es (in alphabetischer Reihenfolge): MTV U.S., MTV News U.S., MTV International, MTV Adria,MTV Arabia, MTV Base Africa, MTV Australia, MTV Arabia, MTV Belgium, MTV Brazil, MTV Canada, MTV Chi, MTV China, MTV Croatia, MTV Czech, MTV Desi, MTV Denmark, MTV Estonia, MTV Europe, MTV Broadband Europe, MTV Networks Europe, MTV Finland, MTV France, MTV Pulse France, MTV Idol France, MTV Germany, MTV Greece, MTV Hong Kong, MTV Hungary, MTV India, MTV Italy, MTV Hits Italy, MTV Brand New Italy, MTV Israel, MTV Japan, MTV K, MTV Korea, MTV Latin America, MTV Lithuania, MTV Netherlands, MTV New Zealand, MTV Pakistan, MTV Poland, MTV Portugal, MTV Romania, MTV Russia, MTV Scandinavia, MTV Serbia, MTV South East Asia, MTV Spain, MTV Sweden, MTV Taiwan, MTV Thailand, MTV Turkey (MTV Türkiye), MTV U, MTV UK & Ireland, MTV Base UK & Ireland, MTV Hits UK & Ireland, MTV Dance UK & Ireland und MTV Ukraine.

Monopolstellung gegenüber Konkurrenten (vgl. Neumann-Braun 1999, S. 112ff.) und erinnern an mafiöse Strukturen (vgl. Banks 1996, S. 195ff.).

MTV unterstützte aber auch soziale Projekte[8]. 1985 erwarb MTV die Senderechte für „Live Aid“, die am 13. Juli 1985 von Bob Geldorf initiierte Benefizveranstaltung gegen Hunger in Afrika. MTV sendete, genau wie das Dritte Programm in Deutschland, das Konzert in voller Länge: 16 Stunden.

MTV war tatsächlich bis Mitte der Neunzigerjahre ein fast reiner Musiksender, das heißt, die Sendungen bezogen sich ausschließlich auf Musik und Musikkurzfilme. Bis auf wenige Ausnahmen waren die Sendungen MTV-eigene Formate. Eine Ausnahme bildet zum Beispiel „Saturday Night Live“, die bekannte Comedyserie, die seit 1975 von NBC in New York produziert wird. Mitte der Neunziger setzte MTV nicht-musikalische Formate zu circa 25 Prozent ein. Eigene Sendungen wie „Beavis and Butthead“, „Real World“, „Stylissimo“ oder „Singled Out“ waren äußerst erfolgreich und wegweisend für das Fernsehen ab der Jahrtausendwende. MTV entwickelte sich zu einem Full-entertainment-Sender.

Heute werden kaum noch Musikkurzfilme gespielt. Schon 2000 gab es gegenüber 1995 36,5 Prozent weniger Musikkurzfilme auf MTV. Die Erklärung liefert der Sender selbst: „Clearly, the novelty of just showing music videos has worn off. It‘s required us to reinvent ourselves to a contemporary audience.“ (Billboard vom 17.2.2001, S. 68). Justin Timeberlake verlangte bei den MTV Video Music Awards 2007, dass der Sender mehr Musikkurzfilme spielen sollte. „Play more damn videos, we Don't want to see the Simpsons on reality television. Play more videos!“ (Timberlake bei MTV VMA, 2007).

Dennoch gilt: Viele Popstars verdanken ihre Karriere der Positionierung auf MTV. Madonna wurde mit ihren Videos und ihrer Musik so zum Star:

> Madonna was the first act I worked with at Warner, and I was wheeling and dealing with Sykes and Gale Sparrow, saying, 'This girl is going to be the biggest star on MTV.‘ They got her right away, but they didn't get her music right away, so they were sort of hesitant. We did a series of videos, and one of them – where she's this street girl who gets picked up by the photographer and she spray-paints his car – started the phenomenon. They realized they had something that brings their audience to them. She was the right person, the right artist, the right product, at the right time. Madonna fed them, and they fed her. They went hand in hand together. (Ayeroff, nach Anson 2000, S. 19).

Innerhalb weniger Jahre vervielfachten sich die Budgets für Musikkurzfilme. Kosteten Clips ab 1975 bis zu Beginn von MTV noch zwischen 5.000 und 7.000 US-Dollar (vgl. Billboard vom 17.11.1984, S. 4), so erreichten die Preise ab 1983 bis 200.000 US-Dollar. Michael Jacksons „Thriller“ kostete 1.000.000 US-Dollar. Für

8 | Choose or Loose, 1992; Fight for your rights, 1998; Think MTV; MTV Act.

die Uraufführung und für die Senderechte für das Making Of zahlte der Sender nochmals 250.000 US-Dollar. Der Sender Showtime (HBO) zahlte denselben Preis für das Senderecht (vgl. Edwards 2013, S. 1; vgl. ferner Anson 2000, S. 18).

Diese Kostenexplosionen spiegeln den Gewinn der Musikindustrie jener Zeit wider. Von 1975 bis 1985 hatte sich der Umsatz verdoppelt, bis 1995 hatte er sich verzehnfacht. Dementsprechend ist es naheliegend zu vermuten, dass die teuersten Musikkurzfilme in den Neunzigerjahren zu finden sind. Angeführt wird die Liste der teuersten Musikkurzfilme immer noch von Michael Jacksons Musikkurzfilm „Scream“, der 1995 7.000.000 US-Dollar kostete.

MTV expandierte proportional zur Musikindustrie. Ab dem 1.8.1987 sendete MTV Europe aus London und war ab 1989 auch im deutschen Netz zu sehen. Ab 1997 wurde bei MTV Europe mit MTV Select die deutsche Sprache eingeführt und ab 1999 gab es MTV Germany.

Die Annahme, dass MTV „zum Retter einer angeschlagenen Tonträgerindustrie avancierte“ (Neumann-Braun 1999, S. 99) ist sicher falsch: MTV war ein zusätzliches Medium für Pop-Musik, die hauptsächlich durch Äußerlichkeiten in Form von Bildern geprägt war. Entscheidend ist, dass gerade Musikkurzfilme im Fernsehen ab den Achtzigerjahren besonders beliebt waren. Dieser Trend hält nahezu durchgehend bis heute an. MTV war die erste und bis dahin größte Plattform für Musikkurzfilme im Fernsehen, das zum neuen Großnutzer von Musikkurzfilmen wurde, die einen speziellen Lifestyle repräsentierten. Im „Billboard Magazin“ gab es neben den Charts schon kurz nach der Einführung von MTV die Playlist von MTV. Hier wurden alle Videos gelistet, die gespielt wurden. Für zusätzliche Fragen konnte man die Telefonnummer des Programmdirektors Buzz Brindle nutzen, die ebenfalls abgedruckt wurde (vgl. Billboard vom 19.3.83, S. 27). Für den Musikkurzfilm als historischem Gegenstand bedeutet MTV aber lediglich einen quantitativen Zuwachs, der durch den Sender zusätzlich zum bestehenden Interesse am neuen Medium Homevideo verstärkt und gefördert wurde. MTV war das optimale Vehikel für die Musikkurzfilme der 80er und 90er Jahre. Zufolge unserer Statistik (Abb. 3) der Veröffentlichungen von Musikkurzfilmen von 1975 bis 2006 nach einer Internetdatenbank (mvdbase.com), die die meisten Musikkurzfilme gelistet hat, zeigt sich, dass der Sendestart von MTV in eine Zeit fällt, in der doppelt so viele Musikkurzfilme produziert wurden wie vorher (1981–1985). Bis Mitte der Neunzigerjahre werden pro Jahr zwischen 500 und 600 Musikkurzfilme veröffentlicht. Das deckt sich in der Tendenz nicht mit der Aussage von Banks, pro Woche hätten zwischen 35 und 40 neue Musikkurzfilme auf dem Tisch des Senders gelegen (vgl. Banks 1996, S. 176). Ihm zufolge, und das ist wahrscheinlicher, müssten es doppelt so viele neue Musikkurzfilme pro Jahr gewesen sein.

Trotz mangelnder Validität der Statistik durch die nicht gelisteten, fehlenden Musikkurzfilme bei mvdbase.com zeigt sich ein klarer Trend, der eine Steigerung von ungefähr 100 Prozent von 1978 bis 1982, von ebenfalls ungefähr 100 Prozent von 1982 bis Ende der Achtzigerjahre und von ungefähr 50 Prozent von 1989 bis

2000 ausmacht. Im Verlauf dieser Arbeit wird die Statistik noch überprüft werden können.

Abbildung 3

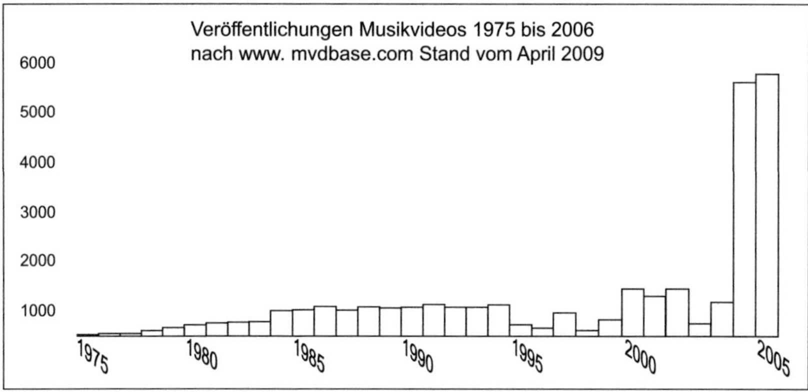

Ungewöhnlich ist die quantitative Explosion ab 2005 um das Fünfzigfache. Die Erklärung liefern erstens YouTube, das Videoportal, das 2005 online ging, und zweitens die ab Mitte der 2000er Jahre viel billiger werdenden Produktionskosten: Mit der digitalen Revolution wurde die Aufnahme- und Nachproduktionsmöglichkeit in den privaten Haushalt verlegt. Daraus folgt, dass das Videoportal YouTube als neue Plattform für Musikkurzfilme Mitte der 2000er Jahre für die Anzahl der Musikkurzfilme entscheidend war und MTV im Gegenzug unbedeutender wurde. Es bleibt die Frage zu klären, ob MTV per se in besonderem Maße Einfluss auf die Gattung der Musikkurzfilme in formal-ästhetischer Hinsicht hatte. Hat sich der Musikkurzfilm in seiner Grundform verändert? Gibt es seit MTV eine weitere, neue Musikkurzfilm-Kategorie?

Das kann man nur verneinen: Die Musikkurzfilme ab den Achtzigerjahren waren weiterhin hauptsächlich performative Musikkurzfilme der populären Musik mit Tendenz zur Narration. 1984 bezeichnete das Magazin „Fortune" die Musikkurzfilme als „Four-Minute-Musicals" oder „Mini-Musicals" (o. Verf. 1984, S. 167). Auch die Länge der Clips änderte sich nicht. Michael Jacksons „Thriller" mit über 14 Minuten war und ist bis heute eine Ausnahme. Die Produktionsart der Umsetzung im Medium Film (und eben nicht mit Videotechnik) war immer noch die Regel, obwohl die technischen Tricks immer auch das Video als elektronisches Bild einschließen konnten.

Was MTV aber schaffte, war die Tatsache, ein im Vergleich mit den Soundies oder Scopitones viel größeres Publikum und dieses gleichzeitig mit Musikkurzfilmen zu versorgen, nämlich über das Medium Fernsehen, das nicht nur eine Sendung für Musikkurzfilme, sondern einen ganzen Sender bereitstellte.

Dass MTV aber einen ökonomischen Einfluss auf die Musikkurzfilme gehabt haben muss, erklärt sich aus der Monopolstellung des Senders (vgl. Banks 1996, S. 183ff.). Wenn man von den größten Plattenfirmen Exklusivrechte bekam, das heißt, dass die Musikkurzfilme auf MTV debütierten und teilweise auf keinem anderen Sender gespielt werden durften, bedeutete das gleichzeitig, dass der Musikfernsehsender auch in der Auswahl der Musikkurzfilme die einzige Instanz war. Folglich mussten sich die Musikkurzfilme an dem Geschmack und an dem Zensus von MTV orientieren (vgl. o. Verf. o. J.h: wiki/Censorship und Banks 1996, S. 63ff.). Das bedeutet, dass ein anderer Sender zur Stelle gewesen wäre, wenn nicht MTV die Musikkurzfilme präsentiert, ausgesucht und damit auch rückwirkend beeinflusst hätte. Musikkurzfilme wurden produziert, weil es dafür ein großes Publikum gab, das durch das Fernsehen angesprochen wurde (vgl. Goodwin 1992, S. 37).

Insgesamt kann aus dem Dargelegten Folgendes geschlussfolgert werden:

Der Einfluss von MTV bezogen auf die Musikkurzfilme hinsichtlich Quantität und Qualität wird in der Forschung stark überschätzt. Viel wichtiger war der Einfluss des Senders auf die Fernsehwelt und Plattenindustrie. Die Musikkurzfilme aber zeigen einen Trend zum Narrativen in der Form von „Mini-Musicals", wie sie von den Regisseuren der Scopitones (vgl. Kapitel 3.5) erstmals umgesetzt wurden.

4.3 Musikfernsehen in Europa

Als europäische Erfindung vor dem Zweiten Weltkrieg gab es das erste Livefernsehen 1935 in Deutschland (Paul Nipkow Sender) und 1936 in England (BBC). Zumindest in Deutschland spielte bei dem täglichen zweieinhalbstündigen Programm auch Musik als Unterhaltung eine große Rolle. In Nazideutschland war die populäre (vielleicht verordnete) Musik deutschsprachig oder Marschmusik, die zum Sendeschluss gespielt wurde (vgl. Kloft 1999). Der Zweite Weltkrieg ließ dann die europäische Fernsehentwicklung hinter der US-amerikanischen zurückbleiben (vgl. Kapitel 4.2).

4.3.1 England

Zu derselben Zeit wie „American Bandstand" in den USA (1952) sendete die BBC die „Hit Parade" bis 1955. Das englische Angebot an Musiksendungen, vor allem für junge Leute im Popmusikbereich, war größer als in den USA oder zumindest dem in den USA gleichwertig. Speziell für den Rock 'n' Roll gab es einige Sendungen Ende der Fünfzigerjahre[9]. Für die Auftritte, also die hier gesuchten

9 | „Six Five Special", BBC 1956–57; „Oh Boy!", ITV, 1958–1959; „Boy meets Girls", ITV 1959–1960; „Cool for Cats", ITV 1956–1961.

Musikkurzfilme im Fernsehen, galt dasselbe wie in den USA: mehrere Kameras im Umschnitt, Totale gegen Close Up – alles in allem also nichts Ungewöhnliches. In den Sechzigerjahren setzte das britische Fernsehen aber deutliche Ausrufezeichen bezüglich der Musikkurzfilme und des Musikfernsehens für junge Leute. Mit dem einsetzenden Erfolg der Beatles und der Beatmusik traten neue Sendeformate ans Licht, die neue szenische Umsetzungen der Liveauftritte lieferten.

Bemerkenswert war in diesem Zusammenhang die Sendung „Ready Steady Go!" (ITV 1963–1966). Schon der Opener ist extrem schnell geschnitten und die neue Generation der Beatmusik wird mit jungen Menschen auf Rollern, dem Slogan „The weekend starts here!" und der damals aktuellen Chartnummer „Wipe Out!" von The Surfaris thematisiert. Diese damals revolutionäre Auffassung des Fernsehbildes für junge Leute zeigt sich auch in dem Verlauf der Sendung. Inhalt und Bildumsetzung waren gleichermaßen wild. Die Beatles, die auch einige Male auftraten, bilden beinahe die brave Ausnahme. Bands wie The Kinks, die Rolling Stones, The Animals, The Who, aber auch der Soul von Motown vertreten durch Marvin Gaye, The Supremes, Otis Redding oder The Miracles tauchten die Sendung in das Umfeld der Mods, der Jugendbewegung im England der Sechzigerjahre, die sich ausschließlich durch ihre Musik, Kleidung, bestimmte Drogen und Motorroller definierte und später in den Begriff des „Swinging London" überging.

Tatsächlich findet sich ein Auftritt von The Who bei „Ready Steady Go!" 1965 im Modfilm „Quadrophenia" (1979). In diesem Film über das Leben und den Suizid des Mods Jimmy sieht der Protagonist den Auftritt der Band im Fernsehen, während sein Vater weder seinen Sohn noch die Musik versteht.

Genau dieser Auftritt von The Who mit dem Song „Anyway, Anyhow, Anywhere" aus dem Jahr 1965 war eine Regie-Revolution im Fernsehen: Was zunächst wie ein gewöhnlicher Performanceclip erscheint, verwandelt sich passend zur lauten und schrägen Musik in eine wilde Kameraschwenk-Orgie, bei der selbst der heutige, an schnelle Schnitte gewöhnte Betrachter kaum mitkommt. Zum Ende hin beruhigt sich die Inszenierung etwas. Auch wenn diese Art der Regie nicht der Regel entspricht, zeigt sie doch entscheidende Veränderungen des Musikkurzfilms. Der performative Musikkurzfilm wandelt sich jetzt in eine starke Ausdrucksmöglichkeit des Regisseurs über die Musik, in diesem Fall eine schrille und psychedelische Musik.

Grundsätzlich sind die Umsetzungen der Starauftritte bei „Ready Steady Go!" aufwendiger und ungewöhnlicher als die Fernsehinszenierungen der US-Amerikaner und der Briten bis dahin. Drei bis vier Kameras zeichneten die Stars teils in extremer Auf- oder Untersicht auf. Die Close Ups waren so ungewöhnlich nah, dass die Gesichter oben und unten beschnitten wurden. Aus der Totalen wird frei gezoomt und geschwenkt, um ein überaus wildes und lebhaftes Bild zu generieren (vgl. Ready Steady Go! Volume 1 und 2, HBO, 1983). Dieses Wilde zeigte sich auch in den totalen Einstellungen von oben, die das tanzende Publikum präsentierten. Die Bands spielten teilweise mitten in der tanzenden Masse – so auch die

Rolling Stones, deren Frontmann Mick Jagger während des Liveauftritts zu „I Can't Get No“ am Ende des Liedes von einer Frau umarmt und auf den Boden gerissen wurde, nach schneller Befreiung aber weitersingen konnte.

Man kann behaupten, dass sich in Regie und Konzept der Sendung „Ready Steady Go!“ die Revolten der 68er visuell ankündigten.

4.3.1.1 Die Beatles im Fernsehen

In diesem Chaos im Fernsehen waren auch die Beatles mit von der Partie. Auftritte, Interviews und die Anmoderationen anderer Stars[10] wurden bald darauf für die Beatles undenkbar, weil ihr Erfolg so immens wurde. Ab 1966 stoppte die Band ihre erfolgreichen Tourneen und präsentierte sich vermehrt durch die Medien Kino und Fernsehen. Dazu gehören auch Musikkurzfilme, die für das Fernsehen produziert wurden.

> The idea was that we'd use them in America as well as the UK, because we thought, 'We can't go everywhere. We're stopping touring and we'll send these films out to promote the record. It was too much trouble to go and fight our way through all the screaming hordes of people to mime the latest single on Ready, Steady, Go!. Also, in America, they never saw the footage anyway.
> Once we actually went on an Ed Sullivan show with just a clip. I think Ed Sullivan came on and said, 'The Beatles were here, as you know, and they were wonderful boys, but they can't be here now so they've sent us this clip.' It was great, because really we conned the Sullivan show into promoting our new single by sending in the film clip. These days obviously everybody does that – it's part of the promotion for a single – so I suppose in a way we invented MTV. (Harrison 1992, S. 108).

1966 drehte der Regisseur Michael Lindsay-Hogg von „Ready Steady Go!“, der für die neuen Bilder zuständig war, mehrere Filme für zwei Songs der Beatles. Für „Rain“ und „Paperback Writer“ wurden im Mai jeweils drei Filme gedreht. Einer ist ein Bühnenauftritt in Farbe für die „Ed Sullivan Show“, der zweite ähnelt dem ersten, wurde in Schwarzweiß für das britische Fernsehen produziert. Der letzte ist ein Farbfilm, der in seiner Machart den Scopitone-Filmen (vgl. Kapitel 3.5) sehr nahe kommt. Beide Songs wurden im Chiswick House London und dem dazugehörigen Garten gedreht. Die Filme zeigen die Band sowohl verträumt in der Gegend umherschauen als auch im Playback performen. Ringo Star ist der einzige ohne Instrument.

Die Scopitone-Filme waren fast alle ähnlich aufgebaut. Der Film zu Procul Harums „Whiter Shade of Pale“, der sehr stark an die beiden Beatlesfilme erinnert, wurde ein Jahr später produziert und war tatsächlich ein Scopitone-Film (A-342).

---

10 | Zum Beispiel PJ Proby am 4.12.1964 bei „Ready Steady Go!“.

Auch die Moody Blues, die ebenfalls Stammgäste bei „Ready Steady Go!" waren, hatten mit „Nights In White Satin" (1967, A-361) einen Scopitone-Film. Dass die Beatles die Filme vorsichtshalber für die Scopitones produzierten, ist damit offensichtlich.

Insofern ist die Behauptung, dass sie mit ihrem Promotionfilmen nun die ersten Musikkurzfilme hergestellt hätten (vgl. Austerlitz 2007, S. 18 und Harrison) also tatsächlich falsch, denn andernfalls könnte nicht erklärt werden, warum die Beatles ihre Filme visuell an die Scopitones anpassten.

Die Filme an das Fernsehen zu senden, war tatsächlich neu, nur sollten die Zuschauer nicht unbedingt merken, dass die Band gar nicht da ist. Prinzipiell sind diese Promotionfilme nicht anders konzipiert als die üblichen Mitschnitte der Performances aus den Shows, live oder im Playback. Insofern bewarb der Musikkurzfilm, den Song und die Band in gleicher Weise, nämlich durch den Auftritt der Band, nur dass dieser nicht live war. Die Promotionfilme für die Shows waren zunächst die performativen Clips in den Abbey Road Studios. Allerdings ging „Paperback Writer" in der Scopitoneversion am 2.6.1966 an die BBC zu derjenigen Musikchartshow, die „Ready Steady Go!" bei Weitem überleben sollte: „Top of the Pops" (BBC, 1964–2006). Grundsätzlich aber sind diese Promotionfilme der Beatles formal nichts Neues, denn es handelt sich in erster Linie um performative Musikkurzfilme, die sich an bereits existierenden Filmen orientieren.

Im Jahr 1967 gab es aber doch eine Neuerung im musikalischen Kurzfilm. Es handelt sich dabei eigentlich um den Opener (in Form eines Cold open) zum Dokumentarfilm von Donn Allen Pennebaker über Bob Dylans England Tour aus dem Jahr 1965 „Don't Look Back" (1967). Der Opener ist ein Musikkurzfilm mit dem Song „Subterranean Homesick Blues" (1965) und dem Interpreten Bob Dylan, der zu seinem Lied Textkarten in die Kamera hält, die er zu den entsprechenden Stellen im Lied wechselt. Dylan steht in einem Hinterhof des Savoy Hotels in London und singt nicht. Er lässt die Typografie auf den Karten für sich singen oder den Betrachter, dem die Karten wie ein Teleprompter vorgehalten werden. Der Clip ist so ungewöhnlich, dass er nicht einmal in die im ersten Kapitel gesetzten Kategorien passen will: Es gibt keine Narration, keine rhythmisierte oder musikalische Assoziation und eigentlich auch keine Performation, weil Dylan ja nicht singt, sondern seinen Text dem Publikum vorhält. Wegen dieser offensichtlichen Nicht-Performation mit dem Fokus auf den Text, kann man diesen Musikkurzfilm anti-performativ nennen. Der Clip, der eigentlich als Opener eines Dokumentarfilms (und auch als Trailer) konzipiert war, funktioniert als Musikkurzfilm und ist wahrscheinlich bekannter als der dazugehörige Dokumentarfilm. Die Band Wir sind Helden zitierte 2005 mit ihrem Musikkurzfilm zum Song „Nur ein Wort" Dylans Musikkurzfilm.

Zwei Musikkurzfilme der Beatles aus demselben Jahr 1967 sind ebenso weitreichend. Sie brechen ebenfalls mit den vorhandenen Musikkurzfilmtraditionen und öffnen sich hin zum Experimentalfilm. Beide Filme wurden von dem schwedischen Regisseur Peter Goldman an einem Tag realisiert. In „Strawberry Fields" performen die Beatles nicht, sie singen nicht, sondern bewegen sich vielmehr in einem Park, dem Knole Park, um einen Baum und ein rotes Piano herum. Tages- und Nachtszenen wechseln sich ab und zeigen die Beatles einzeln oder als Gruppe, im Close oder als Totale. Insgesamt wirkt der Film auch wegen seiner Farbigkeit, den häufig wechselnden Einstellungen und vor allem durch die rückwärts laufenden Bilder psychedelisch. Da auch keine Narration stattfindet, handelt es sich in gewisser Weise auch um einen anti-performativen, aber mehr noch um einen surreal-narrativen Musikkurzfilm, der in dieser Konsequenz neu war und bis in die Neunzigerjahre hinein einzigartig bleiben sollte. Besonders surreal ist der Kurzfilm wegen seiner konsequenten Verneinung einer klassischen Narration, indem alles nicht linear und rückwärts läuft. Hier erinnert der Film an die surrealen Avantgardefilme der 20er Jahre, wie zum Beispiel „Emak Bakia" von Man Ray (1926).

„Penny Lane" hingegen hat eine klassische narrative Komponente. Die Beatles treffen sich auf der Penny Lane (der Drehort war aber nicht die Penny Lane in Liverpool) und gehen ein Stück zusammen, um unvermittelt auf Pferden einen Park, wiederum den Knole Park, zu durchreiten, an einem Tisch Platz zu nehmen und sich von Dienern die Instrumente bringen zu lassen. Auch hier findet sich keine Performation. Die Geschichte scheint etwas seltsam, aber ein Plot ist filmisch vorhanden. Ungewöhnlich an „Penny Lane" ist lediglich, dass die Beatles nicht performen. Trotzdem wurden beide Musikkurzfilme 2003 im Museum of Modern Art in New York als bedeutende Musikkurzfilme der Sechzigerjahre ausgestellt. Produziert wurden sie aber für das amerikanische Fernsehen (vgl. The Hollywood Palace, ABC, 25.2.1967).

Etwas später im gleichen Jahr produzierten die Beatles selber einen 52-minütigen Fernsehfilm (Apple Corp.), in dem es um eine verrückte Bustour geht und in dem die Band die Songs des Albums unter gleichem Namen filmisch präsentiert. Zum Album gehören auch „Penny Lane" und „Strawberry Fields Forever"; im Film fehlt letztgenannter Song. Der Film war ein typischer Musikfilm, wurde aber für das Fernsehen produziert. Die Beatles kannten das Filmgeschäft von ihren anderen Filmen (vgl. Kapitel 2.4). Neu und bis heute eher selten war der Umstand, dass die Musiker selbst die Idee dazu hatten, selbst Regie führten, die Geschichte schrieben, einer von ihnen, Ringo Star, die Kamera führte (vgl. IMBD, The Magical Mystery Tour, 1967) und das Ganze von der eigenen Produktionsfirma (Apple Corp.) realisiert wurde. Der Film wurde im Dezember 1967 bei der BBC gesendet und war ein Misserfolg (vgl. Lewisohn 2006, S. 239). Die folgenden Promotionfilme für das Fernsehen, zum Beispiel 1968 „Hey Jude", bei dem wieder Michael Lindsay-Hogg Regie führte, sind performative Musikkurzfilme, die, wenn sie nicht für das Fernsehen produziert worden wären, exakt zu den Scopitones gepasst hätten.

Anders sind in dem Zusammenhang die Cartoons der Beatles, die von 1965–1969 auf ABC ausgestrahlt wurden. Diese 39 Folgen mit jeweils 18 Minuten wurden in London produziert und in den USA, in England und Australien gezeigt. Die Beatles hatten nichts mit der Produktion zu tun. Lediglich die Musik ist von ihnen. Pro Folge gibt es mindestens zwei Hits der Gruppe, die hier als animierte Cartoons umgesetzt wurden und deshalb auch Musikkurzfilmvarianten sind. Auch MTV betrachtete 1986/87 die Cartoonreihe der Sechzigerjahre als relevant für ihr Sendekonzept und strahlte die Folgen erneut aus. Folglich wurden diese fast 80 Musikkurzfilme der Beatles weder von ihnen noch von der Plattenfirma, sondern, wie bei den Scopitones und den Soundies auch, von einem Produzenten in Auftrag gegeben, der in diesem Fall für das Fernsehen ein Produkt herstellte, das nicht als Promotion, sondern als eigenständige Ware zu verstehen ist. Aus dem Erfolg dieser Cartoons entstand die Idee zu „Yellow Submarine", dem animierten Kinofilm aus dem Jahr 1968, der von derselben Produktionsfirma (King Features Syndicate) in London hergestellt wurde. Bis auf die Musik hatten auch hier die Beatles nicht viel mit der Realisation zu tun. Sie traten nur in der Schlussszene als nicht-animierte, als reale Figuren auf. Von ihnen kam die bereits produzierte Musik und auch der Beatles-Produzent George Martin produzierte Orchesterversionen bekannter Beatles-Songs. Lennon gab an, dass viele Ideen von ihm seien (vgl. Lennon, nach Harrison 1992, S. 292). Den psychedelischen Look entwickelte der Art Director Heinz Edelmann. Der Look bezieht sich auf den Musikkurzfilm „Strawberry Fields" (s. o.), denn die Darstellung der Beatles (Frisuren und Kleidung) ist von dort entnommen. Insofern spiegelt auch dieser Musikfilm, der in einzelne Musikkurzfilme separiert werden kann, die musikalische Grundstimmung der Beatles und ihrer Musik in der entsprechenden Zeit. Deshalb kann er nur als populär gelten.

Für die Beatles gilt, dass gerade in den Sechzigerjahren bei dieser Band alle Musikkurzfilmvarianten vorhanden waren. Für das Fernsehen gab es Liveauftritte in Shows[11], Promotionfilme für Shows[12], die Beatles-Cartoons und die „Magical Mystery Tour". Darüber hinaus gibt es die Beatles-Kinofilme und den Dokumentarfilm „Let It Be" als letzte gemeinsame Produktion (1970), bei der wieder Michael Lindsay-Hogg Regie führte. Der Film begleitete die Entstehung des letzten Albums und die Zerrissenheit der Band kurz vor ihrer Trennung. Abgesehen von den konventionellen Musikkurzfilmen wie „Let It Be", die losgelöst vom Rest des Films für sich stehen können, gibt es in dem Film einen Musikkurzfilm, der einen Bezug zu anderen, späteren bekannten Musikkurzfilmen zeigt: Der Song „Get Back" wird von den Beatles auf dem Dach des Apple-Buildings, das die Zentrale

11 | „Ready Steady Go!", „Ed Sullivan Show" u. a.

12 | „Rain", „Paperback Writer", „Strawberry Fields Forever", „Penny Lane", „A Day In the Life", „Hello", „Goodbye",„Lady Madonna", „Hey Jude", „Revolution" und „Something".

der Beatles war, in einem unangekündigten Konzert gespielt. Insgesamt war das Konzert 42 Minuten lang und noch mit anderen Songs bestückt. Der Musikkurzfilm zu „Get Back“ zeigt im Gegensatz zu den filmischen Umsetzungen der anderen Songs die Situation auf der Straße. Viele Menschen, die gerade Mittagspause hatten, blieben stehen und wurden so automatisch zum Publikum. Kurzerhand war auch die Polizei vor Ort, die bei der Ausübung ihres Amtes gefilmt und in die Handlung integriert wurde. Aufgrund der verursachten Verkehrsprobleme und weil Leute auf die umliegenden Dächer geklettert waren, wollte die Polizei das Konzert beenden. Nachdem die Polizei auf das Dach vorgedrungen war, beendeten die Beatles selbst das Konzert.

U2 benutzte 1987 dasselbe Konzept für ihren Musikkurzfilm „Where the Streets Have No Name“. In Los Angeles gaben U2 ein Konzert mit diesem Stück (insgesamt waren es acht Stücke; vgl. De la Parra 2003, S. 79). Genau wie bei den Beatles hat man den Eindruck, als wäre das Konzert spontan. Auch hier sammeln sich Menschenmassen und die Polizei muss den Verkehr regeln. Anders als bei den Beatles räumt die Polizei bei U2 das Dach tatsächlich.

Die Band zitierte das Dachkonzert der Beatles noch zweimal. Im Jahr 2000 spielten U2 auf dem Dach von MTV am Times Square in New York, allerdings ohne Polizei, für die MTV-Sendung „TRL“, das andere Mal auf einem Hoteldach in Dublin. Dieser Auftritt wurde für das englische Format „Top of the Pops“ drei Wochen vor dem Auftritt in New York produziert.

Bono von U2 entgegnete in einem Interview zu dem Auftritt in Dublin im Jahr 2000 auf die Frage, ob es sich um Zufall handele, dass das ja schon die BEATLES gemacht hätten: „The Beatles […] We copied more than a few things from the Beatles.“ (Bono im Interview mit Colm Conolly, RTE, 2000).

Musikkurzfilme, die sich auf ältere Fernsehauftritte, Fernsehfilme oder Kinofilme beziehen, geben Auskunft darüber, dass Musikkurzfilme sich bei allem bedienen können, was kulturell interessant ist oder war, was im kulturellen Bildgedächtnis vorhanden ist (oder sein sollte). Außerdem gibt es keine Beschränkungen oder Regeln, was ein Musikkurzfilm sein soll. Das Beispiel der Rooftop-Musikkurzfilme der Beatles oder auch der Elvis-Bezug bei dem Format „MTV unplugged“ zeigt zudem deutlich, dass ein aufgenommenes Konzert oder schlichtweg jeder mitgeschnittene Auftritt ein Musikkurzfilm ist oder zumindest sein kann.

Die Bezüge, die zu alten bekannten Musikkurzfilmen hergestellt werden, zeigen, dass es im Bereich der Musikkurzfilme eine Tradition gibt, die offensichtlich aufgegriffen und bewusst zitiert wird. Insofern können die Musikkurzfilme im Allgemeinen als eine Kunstform mit stark appropriativen Zügen und Hang zum Pastiche bezeichnet werden.

Abschließend kann man über die Beatles sagen, dass sie in allen möglichen Medien mit ihren Musikkurzfilmen vertreten waren. Neuerungen gab es durch die Beatles bei einigen Musikkurzfilmen, erfunden haben sie das Genre aber nicht.

Ihre starke Nutzung des Mediums kann als logische Konsequenz ihrer großen Popularität gelten.

4.3.1.2 MTV Europe

In England setzten sich Musikchart-Sendungen wie „Ready Steady Go!" für junges Publikum in den Sendern durch. Dabei war „Top of the Pops" (BBC, 1964–2006) die erfolgreichste und beständigste Popmusiksendung im Fernsehen weltweit.

Die wichtigste Sendung der Achtzigerjahre war „The Tube" (Channel 4, 1982–1987). Im Gegensatz zu den meisten anderen Shows der Achtziger, performten die Künstler live, in der Regel mit drei aktuellen Stücken[13]. Drei von vier Bands spielten immer live, zu der vierten Band wurden Videos gezeigt.

Dass Bands mehrere Songs im Fernsehen spielten, war Ende der Siebzigerjahre nicht ungewöhnlich. Der Auftritt von Joy Division am 15.9.1979 bei „Something Else" (BBC2, 1978–1982) beinhaltete zwei Songs: „She's Lost Control" und „Transmission". Gerade diese Liveauftritte sind in großer Anzahl heute auf YouTube zu finden. Häufig begegnen dem Betrachter private Fernsehmitschnitte auf VHS, die dann privat für YouTube digitalisiert wurden, um dieses Footage anderen Fans und Interessierten zur Verfügung zu stellen. Die Sendung „The Tube" wurde zwar 1987 eingestellt, weil ein Schimpfwort benutzt wurde, aber 80.000 Stunden Sendematerial sind 2008 dem irischen Internetmusiksender MUZU.TV von dem Rechteinhaber ITN zur öffentlichen Nutzung freigegeben worden (vgl. o. Verf. 2008a: independent.muzu).

1987 startete auch MTV Europe in London, der europäische Ableger unter Führung des Amerikaners Mark Booth, der vorher der Verkaufschef von MTV in New York war. Trotz dieser stark amerikanisierten Grundsituation waren die Mitarbeiter in London motiviert und kreativ. „Wir betrachteten MTV sozusagen als unseren Sender und kämpften gegen viele der von den Amerikanern kultivierten Sichtweisen auf Europa an." (Blame 2011, S. 143). MTV Europe schaffte sich auf diese Art und Weise relativ schnell eine eigene Identität, die sich in den Moderatoren wie Paul King, Ray Cokes, Steve Blame, Simone, Pip Dann oder Christiane Backer und ihren Sendungen widerspiegelte.

Mit dem Sendestart von MTV in Europa 1987 wird die Fernsehidee eines reinen Musiksenders, der sich selbst als Star verstand (vgl. Pittman, nach Anson 2000, S. 3), international und global. Auch die Musikfilme, die die eigentliche Grundlage des Senders und das Selbstverständnis der jungen Popkultur ausmachten, werden durch MTV globaler. Insofern ist MTV das Symptom der extrovertierten Popwelt

13 | Zum Beispiel spielten U2 am 16.3.1984 „Gloria", „New Years Day" und „Sunday Bloody Sunday" und The Smiths „Hand In Glove", „Still Ill" und „Barbarism Begins At Home"; Depeche Mode spielten am 24.12.1982 „Tora Tora Tora", „See You" und „Leave In Silence"; PIL traten mit „This Is Not a Love Song", „Anarchy In the UK" und „Flowers of Romance" am 28.10.1983 auf.

seit den Sechzigerjahren, die sich selbst vor allem durch Äußerlichkeiten, durch den Look und die Musik bestimmt. Ab 1989 war MTV im deutschen Kabelfernsehen zu empfangen, bis 1997 ausschließlich in englischer Sprache. Es gab also zunächst ein MTV für ganz Europa. Daraus folgt, dass alle Musikkurzfilme für ganz Europa funktionieren mussten. Die Kurzfilme der Scopitones wurden immer auf die Länder bezogen vermarktet. Die Musikkurzfilme, die für und aus dem Fernsehen gemacht wurden, waren international, solange die Musik dem internationalen Markt entsprach. Dabei spielte (und das ist bis heute so) die englischsprachige Popmusik die größte Rolle.

Das Musikfernsehen in England lässt sich als differenzierter und engagierter als das amerikanische Musikfernsehen bewerten, zumindest was die Zielgruppe der jungen Popmusik betrifft. Die oben vorgestellten Sendungen sind exemplarisch, jedoch nicht vollzählig[14].

Wichtig für diese Untersuchung war es, zu zeigen, dass die Musikkurzfilme trotz vieler neuer Sendungen im englischen Fernsehen, abgesehen von einigen Beatles-Musikkurzfilmen, die üblichen Schemata von vor allem performativen, seltener von narrativen Musikkurzfilmen aufweisen.

Ähnlich wie der internationale Filmmarkt der westlichen Welt lässt sich auch das Fernsehen der westlichen Welt vergleichen: Es verschmolz im Falle MTV Europe zu einem Markt, der später aber wieder regional differenziert wurde.

4.3.2 Musikfernsehen in Deutschland

Für die Untersuchung des deutschen Fernsehens hinsichtlich der Musikkurzfilme wurde das gesamte deutsche Fernsehprogramm von 1954 bis 2012 als Grundlage benutzt. Während die Untersuchungen des US-amerikanischen und des englischen Fernsehens zwar gründlich, aber auch exemplarisch sind, wird die Analyse des deutschen Fernsehens nahezu vollständig sein, um die bisherigen Erkenntnisse zu überprüfen und weiterführen zu können.

Im Zentrum steht immer noch der Zweifel an der schon bekannten These, der Musikkurzfilm sei vom Musikfernsehen abhängig (vgl. Kapitel 4.2.3).

Daraus folgt erstens, dass es in Deutschland ab Mitte der Achtzigerjahre einen starken Anstieg an Musikfernsehsendungen (dem Musikanteil an der gesamten Sendezeit) und -sendern gegeben haben muss, die mit mehr Musikkurzfilmproduktionen dieser Zeit korrelieren. Auch sollte es zweitens vor den Achtzigerjahren weniger Musiksendungen und davon abhängig weniger Musikkurzfilme gegeben haben.

---

14 | Es fehlen zum Beispiel Sendungen wie „Revolver" (ATV, 1978), „Old Grey Whistle Test" (BBC2, 1971–1988), „Check It Out" (ITV, 1979–1982), „Oxford Road Show" (BBC2, 1981–1985) oder „Supersonic" (ITV, 1975–1977).

Eine weitere Schlussfolgerung ist, dass, wenn es mehr oder weniger kein Musikfernsehen (den Anteil der Musik an der gesamten Sendezeit) gibt, es auch weniger Musikkurzfilmproduktionen geben müsste. Ab 2005 bewertete Steve Blame: „Das Musikfernsehen ist tot“ (Blame, nach Hesseling, 2005). Das bedeutet in diesem Zusammenhang, dass der sinkende Anteil von Musik im Musikfernsehen wie MTV oder VIVA respektive der steigende Anteil von Lifestyle- oder Entertainment-Formaten für Jugendliche eine massive Reduktion der Produktionszahlen von Musikkurzfilmen als Konsequenz zeigen müsste.

4.3.2.1 Musik im deutschen Fernsehen

Um zu untersuchen, wie viele Musiksendungen im deutschen Fernsehen überhaupt auf Sendung waren, wurden die Programmzeitschriften „Hörzu“ (1953–1972 und 2002–2009) und „GONG“ (1973–2001) analysiert. Exemplarisch wurden zwei Wochen jeweils aus der ersten und der zweiten Hälfte des Jahres betrachtet, weil sich die Fernsehpläne nicht zweimal pro Jahr änderten und anhand einer Woche das gesamte Angebot sichtbar wird. Man könnte einwenden, einige Sendeformate seien nicht entdeckt worden, weil einige Sendungen nur einmal monatlich, mit noch längerer Pause oder vielleicht nur einmalig gesendet wurden. Besonders tragisch wäre das bei einmaligen Sendungen wie zum Beispiel dem „Live Aid Concert“ am 13.7.1985. Die Live-Übertragung aus London und Philadelphia war mehr als 16 Stunden lang und hatte mehr als 400 Millionen Zuschauer in insgesamt 60 Ländern. Deshalb gehört dieses Konzert zu den bekanntesten und wichtigsten Konzerten im TV aller Zeiten. Trotzdem ist die Sendezeit im Zusammenhang der Gesamtsendezeiten von Musik eher unbedeutend. Das bedeutet, dass die nicht berücksichtigten Sendungen aufgrund ihrer Seltenheit nicht ins Gewicht fallen können. Entscheidend für diese Erhebung sind also die regelmäßigen Sendungen.

4.3.2.1.1 Untersuchung

Insgesamt wurden 3.816 Seiten der oben genannten Zeitschriften untersucht. Der Anteil der Sendeminuten von Sendungen, die Musik präsentieren, wurde prozentual zu der Gesamtsendezeit bestimmt. Zum Beispiel hatte die Woche vom 18. bis 24. Februar 1962 insgesamt 5.460 Minuten Sendezeit, von der 165 Minuten Musiksendungen waren[15]. Die Musik-Quote liegt demnach in dieser Woche bei drei Prozent. Einbezogen wurden die Musikrichtungen Jazz, Klassik, Musical, Operette, Volksmusik, Schlager und Pop/Rock. Sendungen, die nicht ausschließlich der Musikunterhaltung, sondern auch anderer Unterhaltung dienten, zum Beispiel die Samstagabendshow „Wetten Dass…???“ (ZDF, 1981–2014), die mehrere Liveauftritte in jeder Sendung präsentierte, wurden nicht in die Erhebung aufgenommen, weil die Musikanteile in Relation zur Gesamtsendezeit zu gering sind. Zu bemer-

15 | „Musik aus Studio B“, „Rhythmus in Bildern mit Inge Brandenburg“, „Mit Musik kommt alles wieder“.

ken ist, dass die Auftritte der Stars ebenfalls als performative Musikkurzfilme funktionieren, ähnlich den oben erwähnten Elvis-Auftritten bei Ed Sullivan (vgl. Kapitel 4.2.1). Insofern fallen solche Musikkurzfilm-Gelegenheiten aus der Erhebung heraus, sodass folglich eigentlich mehr Musikanteil im deutschen Fernsehen war als in dieser Untersuchung abgebildet werden kann. Die Grenze der zu untersuchenden Sendungen musste so veranschlagt werden, dass nur Sendungen berücksichtigt werden, die hauptsächlich musikalisch-performativer Natur waren. Ansonsten wäre die Relevanz von Sendungen, die einmal Musik im Programm haben und einmal nicht, nicht trennscharf genug. Das träfe beispielsweise auf das „Auslandsjournal“ (ZDF) zu. Die in der Tabelle 2 gelisteten Sendungen wurden für die Statistik herangezogen.

Die Tabelle führt die Sendungen der Musikfernsehsender (MTV, VIVA, VIVA ZWEI, Music-BOX u. a.) nicht auf, obwohl diese natürlich in der Erhebung berücksichtigt wurden. Der Grund dafür ist, dass die einzelnen Sendungen häufig ihre Namen änderten („SoJa“, 1996–1998 wurde zu „Deep“, 1998–2000, Sender VIVA ZWEI; „Word Cup“, 1996–1999 wurde zu „Mixery Raw Deluxe“, 1999–2002, Sender VIVA) und dass dadurch eine Unzahl an Sendungen zustande käme, die den Rahmen dieser Untersuchung sprengten, ohne Gewinn zu bringen.

Eine Besonderheit stellt sich beispielsweise durch die von Leckebusch (Radio Bremen) produzierten Sendungen „Beat Club“, „Musikladen“, „Extratour“ und „Musikladen Eurotops“ dar. Obwohl die Konzepte sich stark ähnelten und die Sendeplätze und Moderatoren teilweise identisch waren, handelte es sich doch um verschiedene Sendungen.

Einzelsendungen wurden, insofern sie entdeckt wurden, ebenfalls nicht mit in die Tabelle, aber in die Berechnung einbezogen. Zum Beispiel wurde am 1. März 1960 zunächst ab 20.20 Uhr ein Chopin-Konzert übertragen und die Operette „Komm in die Gondel“ (1953), eine Verfilmung von Johann Strauss‘ „Nacht in Venedig“, gesendet. Gerade das ZDF zeigte in den ersten Jahren fast ausschließlich Einzelsendungen wie Operetten, Opern, Singspiele, Musicals, Jazz-Revuen, so auch am 31. August 1962 „Broadway Express 1960“.

Erst 1966 lieferte das ZDF mit „4-3-2-1 Hot & Sweet“ eine wiederkehrende Sendung im Musikbereich, während die ARD schon ab 1954 Entsprechendes im Programm hatte. Mit „Heut gehn wir ins Maxim“ (4.11.1954) und dem Format „Jazz gehört und gesehen“ (11.1.1955), zwar mit wenigen Episoden, aber dennoch mit als Serie zu bezeichnenden Sendungen, war die ARD auch international vergleichbar.

Tabelle 2

Sendung	Sender	Jahr	Musikgenre	Bemerkungen
„Heut gehn wir ins Maxim"	ARD	1954	Revue Schlager	
„Fernseh Jazz Studio"	ARD	1955	Jazz	
„Jazz gehört und gesehen"	ARD	1955	Jazz	
„Aktuelle Schaubude"	ARD NDR	1957	dt. und intern. Stars	Unterhaltungsshow Musik
„Jazz für junge Leute"	ARD	1958	Jazz	
„Perry Como Show"	ARD (NBC)	1958	intern. Schlager	
„Zum Blauen Bock"	ARD HR	1958	Operette/Schlager/ Volksmusik	
„Montovani Show"	ARD	1959	Orchester	
„Nur für uns"	ARD	1959	Schlager	
„Sing mit mir, spiel mit mir"	ARD	1961	Schlager	
„Musik aus Studio B"	ARD NDR	1961	intern. Schlager/Pop	Kooperation mit der Musikindustrie
„Notizen aus der Jazzwerkstatt"	ARD	1963	Jazz	Jazzworkshop
„Musik für Sie"	ARD	1963	Schlager	
„Melodie am Abend"	ARD	1963	Operette/Schlager/ Volksmusik	
„Rendezvous mit Jo"	ARD	1964	Schlager	
„Hits A GoGo"	ARD HR	1965	Pop/Beat/Rock	schweiz./dt. Koproduktion
„Beat Club"	ARD RB	1965	Pop/Beat/Rock	
„Talentschuppen"	ARD	1966	Rock/Pop/Schlager	Newcomer Show
„Wer will's nochmal"	ZDF	1966	Schlager	
„Studio uno"	ARD	1966	Schlager ital.	
„Talentschuppen"	ARD	1966	Pop/Rock	
„Beat Beat Beat"	ARD HR	1966	Pop/Beat	
„4-3-2-1 Hot & Sweet"	ZDF	1966	intern. Popstars	
„Show Chance"	ZDF	1967	Schlager/Pop/ Volksmusik	
„Swing in"	ARD	1968	Rock	Konzerte
„Bettys Beat-Box-Haus"	ARD	1968	Schlager	

Sendung	Sender	Jahr	Musikgenre	Bemerkungen
„Songs, Chansons, Lieder“	ARD	1968	Schlager	
„Starparade“	ZDF	1968	dt. und intern. Hitparaden/ Schlager/ Volksmusik/Klassik	James Last; Ballett
„Jazz Workshop“	HR	1969	Jazz	
„ZDF Hitparade“	ZDF	1969	deutschsprachige Hitparade/Pop/Schlager	plus Hits des Jahres Special
„Sonntagskonzert“	ZDF	1969	Klassik	
„Erkennen Sie die Melodie?“	ZDF	1969	Musical/Operette	
„Unsere kleine Show“	ZDF	1969	Schlager/Pop	
„Die Vier von der Klangstelle“	ZDF	1969	Schlager	
„Disco“	ZDF	1971	dt. und intern. Popstars	teilweise vorproduzierte Videos plus Comedy
„Anneliese Rothenberger gibt sich die Ehre“	ZDF	1971	Operette/Schlager/ Volksmusik	
„Musikladen“	ARD RB	1972	Pop/Rock	ehemalig „Beat Club“
„Hitjournal“	ARD	1973	historische Schlager	
„John Dever Show“	ARD BR	1973	intern. Schlager	engl. Produktion
„Die Musik kommt…“	ZDF	1973	Volksmusik	
„Musikjournal“	ZDF	1974	Klassik	
„Top Ten New York“	ZDF	1974	US-amerikanische Charts	
„Phonzeit“	ARD SR	1975	Pop/Rock/Jazz/Blues/ Klassik	
„Musik Extra 3“	ARD WDR	1975	Rock/Pop	Musiktalkshow
„Larry‘s Showtime“	ZDF	1975	intern. Schlager	Zusammenschnitt aus US-amerikanischen Shows
„Musik ist Trumpf“	ZDF	1975	Operette/Schlager/ Volksmusik	
„Spaß mit Musik“	ARD	1976	Musical/Operette	

Sendung	Sender	Jahr	Musikgenre	Bemerkungen
„Szene“	ARD BR	1976	Rock/Pop	Gottschalk machte die Sendung ab 1976 zu einer Musiksendung
„Plattenküche“	ARD WDR	1976	intern. Hits	Musik plus Comedy
„Liederzirkus“	ZDF	1976	Schlager/Chansons	
„Sing mit den Fischer-Chören“	ZDF	1977	Volksmusik	
„Café in Takt“	ARD NDR	1978	Schlager/Chansons	
„Ihr Musikwunsch“	ZDF	1978	Operette/Schlager/ Volksmusik	
„RockPop in Concert“	ZDF	1978	Rock/Pop	
„Musikbox“	ARD BR	1979	Rock/Pop	
„Pop Stop“	ARD BR	1980	Rock/Pop	hauptsächlich Musikkurzfilme
„Wähl Dein Lied“	ARD BR	1980	Schlager	Live; Jury entscheidet über die besten Neuerscheinungen
„Focus on jazz“	ARD HR	1980	Jazz	
„Musikszene“	ZDF	1980	Rock/Pop	
„Bananas“	ARD WDR	1981	Rock/Pop	Playback Liveauftritte
„Die Spielbude“	ARD	1982	Rock/Pop	Spielshow mit viel Musik
„Vorsicht, Musik“	ZDF	1982	dt. und intern. Popstars	
„Na sowas!“	ZDF	1982	Rock/Pop	Es gibt zusätzlich 5 Extra Ausgaben von je 90 Minuten
„Ronny‘s Pop Show“	ZDF	1982	Rock/Pop	Musikkurzfilme, Otto Waalkes; Musikkompilation auf Vinyl im Handel zu der Sendung
„Thommy‘s Pop Show“	ZDF	1982	Rock/Pop	Musikkurzfilme, ab 1984 Live-Event Dortmund
„Formel Eins“	ARD	1983	Rock/Pop	Top75 Mediacontrol

Sendung	Sender	Jahr	Musikgenre	Bemerkungen
„Job und Pop"	ARD BR	1983	Rock/Pop	
„Musikantenstadl"	ARD BR	1983	Volksmusik	
„Ohne Filter"	ARD SWF	1983	Rock/Pop	Konzerte
„Die Superhitparade der Volksmusik"	ZDF	1983	Volksmusik	
„ARD Wunschkonzert"	ARD	1984	Operette/Schlager/ Volksmusik	
„Musik Convoy"	ARD	1984	Rock/Pop	open air in verschiedenen Städten
„Live aus dem Alabama"	ARD BR	1984	Rock/Pop	plus Talkshow, live aus dm Schlachthof, live aus dem Nachtwerk
„Breakdance"	ZDF	1984	Breakdance/Electro	Tanzsendung mit Schwerpunkt Breakdance
„Extratour"	ARD RB	1985	Rock/Pop	Musik und Comedy
„Melodien für Millionen"	ZDF	1985	Operette/Schlager/ Volksmusik	
„Peter's Pop Show"	ZDF	1985	Rock/Pop	Live-Event Dortmund
„Rück-Show"	ZDF	1985	Rock/Pop	Oldies
„P I T"	ZDF	1985	Rock/Pop	
„Solid Gold"	ZDF/ SAT 1	1985	Rock/Pop	US-amerikanische Vorproduktion
„Musikladen Eurotops"	ARD RB	1985	Rock/Pop	
„Das waren Hits"	ZDF	1986	Jazz/Schlager	
„Fernsehgarten"	ZDF	1986	Schlager	
„nachtMusik"	ARD BR	1988	Klassik	
„Mosh Top 10"	RTL	1988	Rock	
„Rock T L"	RTL	1988	Rock/Pop	
„Musicland"	ARD SFB	1988	Pop	
„Musikrevue"	RTL	1989	Schlager	

Sendung	Sender	Jahr	Musikgenre	Bemerkungen
„Mini Playback Show“	RTL	1990	Pop	
„Clip“	3sat	1992	Rock/Pop	
„Die goldene Hitparade der Volksmusik“	SAT 1	1992	Volksmusik	
„Allegro“	ZDF	1992	Klassik	Musikquiz
„Jazz on tour“	ZDF	1992	Jazz	
„Space night“	ARD BR	1994	Pop/Electro	
„Wunschbox“	ARD SWR	1997	Volksmusik	
„Alpha-Jazz“	ARD Aplha/ BR-Aplha	1999	Jazz	
„Jazz oder nie!“	ARD BR	1999	Jazz	
„Willemsens Musikszene“	ZDF	1999	Rock/Pop	
„Musik zum Glück (Fernsehlotterie)“	ARD	2002	Schlager	
„Götz Alsmanns Nachtmusik“	ZDF	2005	Jazz/Klassik/Pop	

In der Erhebung fand das Fernsehprogramm in Deutschland vor dem 25.12.1952 keine Beachtung. Es gibt dazu zu wenige Belege und die existierenden uns bekannten zeigen ein ähnliches Musiksendungsverhalten wie im Nachkriegsfernsehen. Dennoch soll erwähnt werden, dass es in Deutschland mit dem „Fernsehsender Paul Nipkow“ bereits von 1934 an auch viele Musiksendungen gab (vgl. Reiss 1979, S. 97f.), bei denen sich auch einige Entertainer der Nachkriegszeit, zum Beispiel Heinz Erhardt oder Theo Lingen, entdecken lassen. Die bekannteste Fernsehübertragung des Senders war die Berichterstattung der Olympischen Spiele 1936 in Berlin. Hauptsächlich nationalsozialistisch geprägt hielt der Sender sich bis zum Ende des Zweiten Weltkrieges.

4.3.2.1.2 Sendezeit pro Woche und Senderanzahl

Abbildung 4

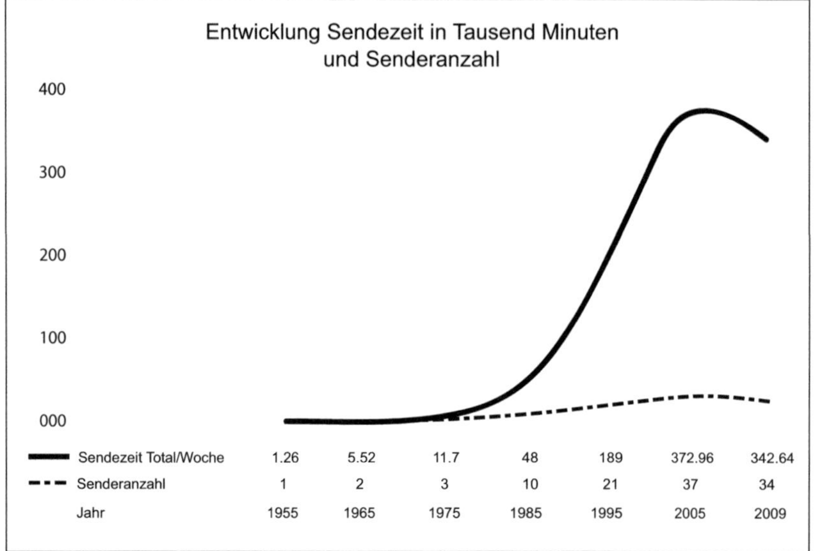

Sendezeit Total/Woche	1.26	5.52	11.7	48	189	372.96	342.64
Senderanzahl	1	2	3	10	21	37	34
Jahr	1955	1965	1975	1985	1995	2005	2009

In der quantitativen Entwicklung (Abb. 4) zeigt sich deutlich, wie groß das TV-Angebot bis zum Jahr 2005 wurde. Während zur Anfangszeit 1955 ein Sender (ARD) mit 1.260 Minuten pro Woche das Fernsehen noch nicht als Massenmedium darstellt, vor allem im Vergleich zum Radio, ist aber bereits zehn Jahre später eine Verdoppelung bei den Sendern (ZDF 1963) und eine Verfünffachung der Sendezeit zu verzeichnen. Ab 1965 hatten 55 Prozent aller deutschen Haushalte ein Fernsehgerät, 95 Prozent besaßen ein Radiogerät. Ab 1975 war das Fernsehen dem Rundfunk ebenbürtig (vgl. 1964–2005: ARD/ZDF-Langzeitstudie-Massenkommunikation). Erst ab 2005 sinkt der Anteil von Radios und Fernsehern in den Haushalten zwar nur wenig, die Nutzungsdauer steigt dafür aber erheblich. Während laut der Langzeitstudie von ARD/ZDF 2005 sowohl Radio als auch Fernsehen pro Tag circa 220 Minuten genutzt wurden, sinkt dieser Faktor in der Folgezeit auf circa 200 Minuten Fernsehen und auf 180 Minuten Radio pro Tag. Dieser Rückgang ist sicherlich auf die Internetnutzung zurückzuführen. Erst trifft es das Radio (2005), das seit längerem auch über das Internet gestreamt werden kann, dann das Fernsehen (2010), das ebenfalls in letzter Zeit aufgrund der Internetbandbreite in bester Qualität via Internet empfangen werden kann. Auch die neueste Generation der TV-Geräte schließt diese Möglichkeit des „Internetempfangs“ schon als „Smart TV“ mit ein. Hier muss nicht mehr das Live-Signal des Senders benutzt werden, sondern man kann sein eigenes Programm zeitunabhängig auswählen. Ob allerdings das Fernsehen als Livesendung ausgedient hat, lässt sich bezweifeln, denn die Livestreams gibt es noch. Dr. Ulrich Reinhardt, der geschäftsführende Vorstand der BAT Stiftung für Zukunftsfragen, äußert sich im Interview des „Nordbayerischen Kuriers“ vom Februar 2009 wie folgt:

> Fernsehen ist und bleibt das beliebteste Medium der Deutschen. Fast jeder Deutsche (94%) gibt an, wenigsten einmal pro Woche Fernsehen zu schauen. Die vermutete Konkurrenz mit dem Computer bleibt vorerst daher noch wenig brisant, auch wenn die Attraktivität sowohl des PC (2004: 37%, 2007: 44%) als auch des Internet (2004: 33%, 2007: 39%), gestiegen ist. Die Nutzungsarten der beiden Medien unterscheiden sich jedoch zu sehr, als dass das Internet das Fernsehen komplett ersetzen kann: Während der Nutzer des Internets aktiv und gezielt agieren muss, kann sich der Fernsehzuschauer vor allem entspannt und passiv im Fernsehsessel berieseln lassen.

Vielmehr ist zu erwarten, dass es das klassische Fernsehen als für den Zuschauer passiv erlebbares Programm weiterhin geben wird. Anders wären die in den letzten Jahren immer beliebter gewordenen Public-Viewing-Events nicht zu erklären. Fernsehen ist ein gemeinsames Erlebnis für diejenigen Zuschauer, die an einem Gerät sitzen, von der Kleinfamilie bis zur Massenveranstaltung. Das Smart-TV respektive die Internet-Streamingdienste der Sender stellen sich als eine neue Möglichkeit des „Empfangs“, eigentlich als ein neues Medium dar, das im Verlauf dieser Untersuchung noch genauer beschrieben werden soll (vgl. Kapitel 5).

Durch die Daten der Erhebung zeigt sich hier vor allem, dass das Fernsehen, und damit auch das Musikfernsehen respektive ihre musikalischen Inhalte, die hier als Musikkurzfilme bezeichnet werden, spätestens ab 1965 ein Massenmedium ist und deshalb mit populären (musikalischen) Inhalten funktionieren musste. Daraus folgt, dass das Fernsehen als Plattform gerade für Musikkurzfilme besonders geeignet war.

4.3.2.1.3 Populäre Musikgenres

Diese Statistik (Abb. 5) wurde ebenfalls aus den Daten der Erhebung generiert. In der Grafik ist aufgeführt, wieviel Prozent des musikbezogenen Fernsehprogramms welcher Musik zugeordnet werden kann. Interessant ist, dass der Pop-/Rockmusik eine besondere Rolle zukommt. Während die Genres Klassik, Jazz, Musical, Volksmusik und Schlager sich in ihrer Präsenz abwechseln, ist der Pop-/Rockbereich in den ersten zehn Jahren des deutschen Fernsehens fast nicht vorhanden.

Die ersten Rock-and-Roll-Sendungen in den USA und in England gab es schon in den 50er Jahren (vgl. Kapitel 4.2). Im Fernsehen des Nachkriegsdeutschlands gab es diese nicht. Neu war allerdings der Jazz in der deutschen Öffentlichkeit, der auch in den 50er Jahren in Deutschland beliebt war.

Abbildung 5

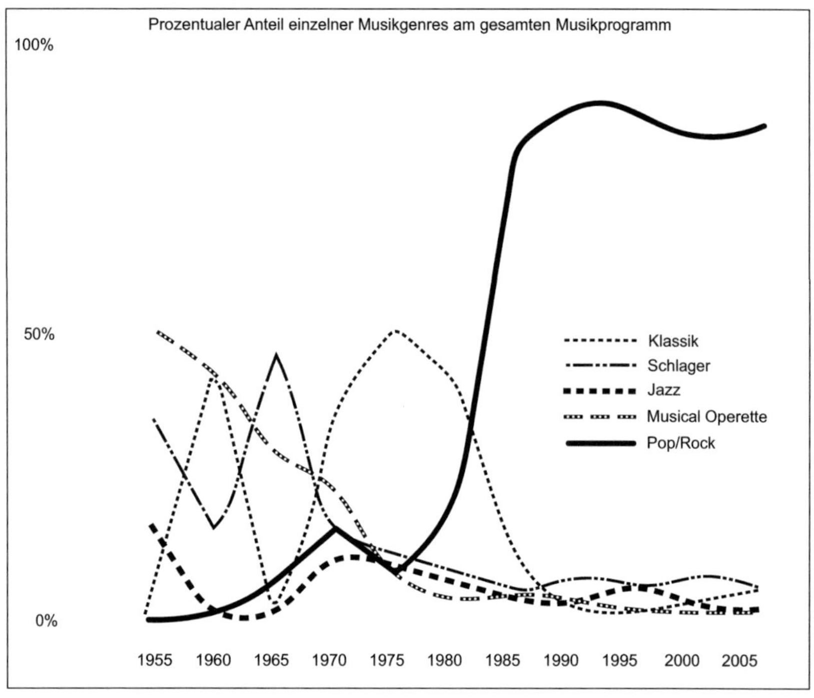

Der Pop-/Rock-Bereich ab Mitte der 80er Jahre die absolute Spitze. Der Trend begann um 1965, als die Beatmusik populär geworden war. Die erste Sendung, die in die Richtung Pop ging, war „Musik aus Studio B" mit Chris Howland ab 1961, die vom NDR einmal monatlich ausgestrahlt wurde. Eigentlich war die Sendung dem neuen deutschen Schlager verschrieben, der zu Beginn der 60er Jahre sehr beliebt war. Hier traten alle bekannten, meist nationalen Stars der Schlagerszene auf (Mary Roos, Udo Jürgens, René Kollo, Rex Gildo, Vivi Bach, Bill Ramsey, Roberto Blanco, Hildegard Knef, Catarina Valente u. a.). Am 5.4.1965 traten sogar The Supremes auf. Im Gegensatz zu „Heut gehen wir ins Maxim" war die Sendung eher auf ein jüngeres Publikum zugeschnitten und arbeitete mit der Schallplattenindustrie zusammen. Das heißt, die Sendung wurde auch als Promotiontool für Neuerscheinungen genutzt. Die erste Musiksendung, die nur für junge Leute gemacht wurde, war der „Beat Club" (Radio Bremen 1965–1972). Sie ging fast zeitgleich mit der englischen Sendung „Top of the Pops" auf Sendung. Die Beatmusik hatte sich in den Hitparaden durchgesetzt und Radio Bremen mit Mike Leckebusch und dem Discjockey Gerd Augustin konzipierten die Sendung für 14- bis 34-Jährige. Besonders die klare Unterscheidung vom „reaktionären" Fernsehen kam bei dem jungen Publikum sehr gut an. Im Prinzip handelt es sich bei derjenigen Art von Sendungen (das schließt auch die englischen und US-amerikanischen ein), die klar auf jugendorientierte Popmusik zugeschnitten waren, um die Vorläufer des Musikfernsehens wie MTV oder VIVA.

Bis 1985 schwamm das Genre Pop/Rock prozentual eher im normalen Bereich mit allen anderen populären Musikgenres zusammen. Die ersten zehn Jahre der Popmusikgeschichte (respektive die ersten 20 Jahre, wenn man den Rock 'n' Roll der USA einbezieht) bezeichnen musikalisch jeweils zu ihrer Zeit eine Musikrichtung.

Stark vereinfacht formuliert begann die Popmusik mit Elvis und dem Rock 'n' Roll (vgl. Billboard vom 5.5.1958, S. 5), bis die Beatmusik mit den Beatles die ältere Generation ablöste (vgl. Billboard vom 16.1.1965, S. 22). Darauf folgt der Rock Ende der 60er Anfang der 70er Jahre der Hippiezeit, die wiederum abgelöst wird vom Glam- und Prog-Rock und mit dem Punk, als völlig nihilistischer Reaktion, endet. Bis dahin gab es meist eine aktuelle Genreausprägung, die für die Jugend „den Nerv der Zeit“ traf. Erst nach Punk diversifizierte sich die Jugendkultur massiv in viele verschiedene Gruppen, die alle parallel existierten und sich alle in erster Linie über ihre besondere Pop-Musik und spezifische Kleidung formierten, woraus sich eine starke Gruppenidentität generierte. Die kaufkräftige junge Bevölkerung, die von der Musikindustrie spätestens ab den Beatles besonders berücksichtigt wurde, bietet dann wegen dieser Diversifizierung für gesamte Musikindustrie einen größeren Markt als je zuvor.

4.3.2.1.4 Privatfernsehen

Der hohe prozentuale Anstieg der Pop-/Rockmusik im deutschen Fernsehen ab 1985 ist dem Einzug des Privatfernsehens geschuldet. Eigentlich schon 1984 als Pilotprojekt begonnen, waren Privatsender spätestens ab September 1985 in den Fernsehzeitschriften sichtbar. Es gab sieben neue Sender: 3sat, SAT 1, RTL Plus, ZDF-Musik, Sky, TV5 und Music-BOX (vgl. GONG September 1985), wobei RTL-Plus erst ein Jahr später eine eigene Spalte im Programmheft bekam. 3sat und der ZDF-Musik-Kanal waren keine Privatsender, sondern Ableger des öffentlich-rechtlichen ZDF.

Da sich das Privatfernsehen durch Werbeeinnahmen finanzieren muss, sind diese Sender von den Einschaltquoten abhängig. Je höher die Einschaltquote einer Sendung, desto teurer wird eine Werbeminute zu dieser Sendezeit und desto mehr verdient der Sender. Seit 1985 wurde die GFK (Gesellschaft für Konsumforschung) von den öffentlich-rechtlichen und den privaten Sendern mit der gegründeten AGF (Arbeitsgemeinschaft Fernsehforschung) beauftragt, die Quote zu erheben. Bis 2012 ist die Erhebungsmethode nicht nur häufig fehlerhaft (vgl. Fischer 2003), sondern auch nicht besonders repräsentativ.

Erstens ist die Anzahl der gemessenen Haushalte mit circa 0,01 Prozent der Gesamtzahl der Fernsehhaushalte sehr gering. Die Repräsentativität der Messung wird aber von der AGF damit erklärt, dass diese Werte mit den (Telefon-) Stichproben der Arbeitsgemeinschaft Media-Analyse abgeglichen werden (vgl. zur Arbeitsgemeinschaft Fernsehforschung: o. Verf. o. J.a: agf).

Zweitens ist das, was den Teilnehmern bei der Messung abverlangt wird (Anmelden und Abmelden jeder einzelnen Person ist nur ein Aspekt) so aufwendig, dass man sich fragen muss: Wer nimmt freiwillig daran teil? Die Teilnahme ist zwar unentgeltlich, aber trotzdem werden die Teilnehmer mit kleinen Geschenken bedacht. Weiter muss man fragen: Wer nimmt freiwillig an Telefonumfragen teil? Auch hier lässt die Repräsentativität und damit Validität doch zu wünschen übrig.

Dennoch ist das Resultat der Quotenmessung seit 1985 unübersehbar. Ein Fernseheinerlei ist entstanden, das an Niveau mehr und mehr verliert, denn die gewöhnlichen Sendungen bekommen die besten Quoten, weil sie auch an die richtige Sendestelle gesetzt werden, in die Primetime. Wenn ein Genre (zum Beispiel Arztsendungen) aufgrund der Quote als erfolgreich bewertet wird, werden ähnliche Formate produziert. Dadurch entsteht nichts Neues, sondern man reproduziert nur das, was alle schon kennen.

Erst ab 2012 werden die Verfahren nachvollziehbarer. Das „Audio Matching" und vor allem IPTV (Internet Protocol TV) nehmen mehr Haushalte in die Messung auf. Mittlerweile sind circa acht Prozent der Haushalte dadurch messbar (vgl. dazu die Daten der AGF: Weber o. J.).

In diesem Zusammenhang kann festgestellt werden, dass es plausibel für das Privatfernsehen ist, die Quotenmessung als Legitimation zu nutzen. Allerdings erschließt es sich nicht, warum die öffentlich-rechtlichen Sender die Quote für ihre Programmplanung nutzen, schließlich werden ARD und ZDF durch die GEZ finanziert.

Diese Kommerzialisierung und Amerikanisierung des deutschen Fernsehens ab Mitte der 80er Jahre bot aber auch Platz für Musikfernsehsender wie MTV, auch wenn es nicht MTV in Deutschland war. Im deutschen Fernsehen waren es zwei Sender, die durch das Kabelnetz neu hinzukamen: ZDF-Musik und Music-BOX, die sich als Musikfernsehsender identifizieren lassen.

ZDF-Musik war ein Ableger des ZDF, der ab 1988 in 3sat integriert wurde. Der Sender hatte eine durchschnittliche Sendezeit von 360 Minuten (von 16.00 Uhr bis 22.00 Uhr). Analysiert man das Programm (Tab. 3), fällt sofort auf, dass hier ausschließlich ZDF-Wiederholungen gezeigt wurden.

Tabelle 3: ZDF-Musik in der Woche vom 28. September 1985 bis 4. Oktober 1985

Samstag	Sonntag	Montag	Dienstag	Mittwoch	Donnerstag	Freitag
16.00 Vorschau 16.15 „Rock-Pop in Berlin“ 18.16 „Rendezvous in Berlin“ 19.00 „heute“ 19.25 „Frau Luna“ (Operette Wdh. v. 1.1.76) 20.53 „Operetten-Cocktail“ (Wdh. v. 25.1.61)	16.00 Vorschau 16.15 „Frau Luna“ 17.49 „Operetten-Cocktail“ 19.00 „heute“ 19.12 „Starparade“ (Wdh. v. 2.11.76) 20.45 „Hallo Peter“ (Wdh. v. 11.6.76)	16.00 Vorschau 16.15 „Starparade“ 17.43 „Hallo Peter“ 19.00 „heute“ 19.25 „Erkennen sie die Melodie?“ (Wdh. v. 11.9.82) 20.14 „Das kann ja heiter werden“ (Wdh. v. 19.4 83) 20.39 „Die Musik kommt...“ (Wdh. v. 2.1.82) 21.29 „Sing mit den Fischer-Chören“ (Wdh. v. 78)	16.00 Vorschau 16.13 „Erkennen Sie die Melodie?“ 17.05 „Das kann ja heiter werden“ 17.30 „Die Musik kommt...“ 18.19 „Sing mit den Fischer-Chören“ 19.00 „heute“ 19.25 „Weltsprache Musik“ (Wdh. v. 82) 20.22 „Herbert von Karajan“ (Wdh. v. 79 20.53 „Ludwig van Beethoven“ (Wdh. v. 79) 21.38 „Herbert von Karajan dirigiert“ (Wdh. v. 73)	16.00 Vorschau 16.13 „Weltsprache Musik“ 17.22 „Herbert von Karajan“ 17.45 „Ludwig van Beethoven“ 18.23 „Herbert von Karajan dirigiert“ 19.00 „heute” 19.25 „California Melody” (Wdh. v. 84) 20.11 „Die Welt der Melodie“ (Wdh. v. 77) 20.38 „Die Musik kommt...“ (Wdh. v. 77)	16.00 Vorschau 16.15 „California Melody“ 17.01 „Die Welt der Melodie“ 17.38 „Die Musik kommt...“ 19.00 „heute“ 19.25 „Aida“ (Wdh. v. 81)	15.30 Vorschau 15.45 „Aida“ 19.00 „heute“ 19.25 „Disco ‘77“ (Wdh. v. 77) 20.10 „Rockpop ‘78“ (Wdh. v. 78) 20.55 „Lieder und Leute“ (ohne Angabe)

Bis auf die Nachrichtensendung „heute“ besteht das Programm aus Wiederholungen, die sogar am nächsten Tag wiederholt werden. Interessant ist die musikalische Ausgewogenheit, die genau das Musikverhältnis der vorigen Jahrzehnte des öffentlich-rechtlichen Fernsehens widerspiegelt. Folglich war dieser Sender nicht entscheidend für die enorme prozentuale Zunahme des Pop/Rock-Genres im deutschen Fernsehen. Der musikalische Anteil am kulturellen Fernsehen ist 3sat heute noch beim Sender deutlich sichtbar.

Analysiert man den anderen Musiksender, Music-BOX, so findet man zunächst ein 24- Stundenprogramm vor (im ersten Jahr waren es noch 18 Stunden), anfangs auch mit englischer Sprache. Als Beispiel folgt das Programm vom 9.11.1987:

> 24.00 Yesterday; 1.00 Video nonstop; 3.00 Nachtexpress; 4.00 Video nonstop; 7.00 Logo; 8.00 Backstage; 9.00 Sag was; 10.00 Auf Zack; 11.00 Blackboard; 12.00 Video nonstop; 13.00 Durchblick; 14.00 Videochart; 15.00 Studiothek; 16.00 Brandheiß; 17.00 Mensch Mädchen 18.00 Off beat 19.00 Kinobox; 20.00 Unser kleines Theater; 20.03 Kochen; 20.15 Heiratsfieber; 21.42 Quiz; 21.44

Das tägliche Erfolgserlebnis; 21.56 Porträt; 22.26 Gedicht 22.21 Alarmzeichen; anschl.: Hard 'n' Heavy

Music-BOX war der erste Pop-Musik-Sender Deutschlands. Die einzelnen Sendungen nehmen mit ihren Titeln schon die VIVA-Fernsehen-Formate ab 1993 vorweg, wurden aber teilweise von MTV übernommen. Der Sender wurde 1988 zu dem Sender TELE 5, der vor allem durch erfolgreiche Gameshows (beispielsweise durch „Ruckzuck“, 1988–2000) auffiel. Die ehemalige Musikredaktion wurde dann später zu Mitbegründern von VIVA-Fernsehen („Me, Myself & Eye“). In der Übergangszeit 1988 wurde ein Teil des Programms noch mit Musikkurzfilm-(Clip)-Strecken bespielt.

Der hohe prozentuale Anstieg des Pop-/Rockmusik-Anteils im deutschen Fernsehen 1985 ist auf diesen Sender zurückzuführen. Zwar gibt es auch viele Pop-Sendungen im öffentlich-rechtlichen Fernsehen, die Anfang der 80er Jahre neu hinzukamen (vgl. Tabelle oben), aber der Anteil ist im Gegensatz zu einem Sender, der wie MTV in den USA rund um die Uhr den Zuschauer mit Musikkurzfilme bedient, ziemlich klein.

Tabelle 4: Das MTV-Programm vom 7.9. bis 13.9.1991

Montag	**Dienstag**	**Mittwoch**	**Donnerstag**	**Freitag**	**Samstag**	**Sonntag**
7.00 Awake on the wildside 11 .00 The big picture 11 .30 Video countdown 13.30 XPO 14.00 Videos 17.00 Yo! Rap-show. Mit Fab Five Freddy 18.00 Week In rock 18.10 The big picture 19.00 European Top 20. Mit Pip Dann 21.00 Saturday night live 22.00 Partyzone. Mit Simone 0.30 Videos mit Kristiane Backer 3.00 NightVideos	8.00 Awake on the wildside 11.30 European Top 20 13.30 XPO 14.00 The big picture 14.30 Videos 18.30 Week in rock. Mit Steve Blame 19.00 US Top 20 Video countdown. Mit I. Norris 21.00 120 Minutes. Mit Paul King 13.00 XPO. Mit Sonya Saul 23.10 Headbangers ball 1.30 Videos mit Kristiane Backer 3.00 Night Videos (-7.00)	7.00 Awake on the wildside. 10.00 Videos 13.00 Videos 16.00 Greatest hits 17.00 Report 17.15 MTV at the movies 17.30 News 17.45 3 from 1 18.00 Prime 19.00 Yo! Raps today 19.10 Dial MTV 10.00 Videos 22.00 Greatest hits 23.00 Report 23.30 News 23.45 3 from 1 0.00 News 1.00 Power pack 2.00 Videos 3.00 Night Videos	7.00 Awake on the wildside 10.00 Videos 13.00 Videos 16.00 Greatest hits 17.00 Report 17.15 MTV at the movies 17.30 News 17.45 3 from 1 18.00 Prime 19.00 Yo! Raps today 19.30 Dial MTV 20.00Videos 22.00 Greatest hits 23.00 Report 23.15 MTV at the movies 23.30 News 23.45 3 from 1 0.00 Postmodern 1.00 Videos	7.00 Awake on the wild side 10.00 Videos 13.00 Videos 16.00 Greatest hits 11.00 Report 17.15 MTV at the movies 17.30 News 17.45 3 from 1 18.00 Prime 19.00 Yo! Raps today 19.30 Dial MTV 20.00 Videos 22.00 Greatest hits 23.00 Report 23.15 MTV at the movies 13.30 News 23.45 3 from 1 0.00 Postmodern 1.00 Videos	7.00 Awake on the wildside 10.00 Videos 13.00 Videos 16.00 Greatest hits 17.00 Report 17.15 MTV at the movies 17.30 News! 17.45 3 from 1 18.00 Prime 19.00 Yo! Raps today 19.30 Dial MTV 20.00 Videos 22.00 Greatest hits 23.00 Report 23.15 MTV at the movies 23.30 News 0.00 Postmodern 1.00 Videos/ Night Videos	7.00 Awake on the wildside 10.00 Videos 13.00 Videos 16.00 Greatest hits 17.00 Report 17.15 MTV at the movies 17.45 3 from 1 18.00 Prime 19.00 Yo! Raps today 19.10 Dial MTV 20.00 Videos 22.00 Greatest hits 23.00 Report 23.15 MTV at the movies 23.45 3 from 1 0.00 Postmodern 1.00 Videos

Der Musik-Kanal vom ZDF in demselben Zeitraum war ebenfalls ein reiner Musiksender, der aber das Publikum mit allen Musikarten zu erreichen suchte.

Nachdem sich aber Music-BOX in TELE 5 gewandelt hatte und die den Musikanteil deutlich reduziert hatten, kam MTV Europe 1989 im deutschen Kabelnetz hinzu. MTV übernahm den hohen Anteil von Pop/Rock von Music-BOX, denn etwas anderes lief auch bei MTV nicht. In der Fernsehzeitschrift „GONG" steht als Programm für MTV 1989 nur „rund um die Uhr: Popmusik, Videos, Gameshows, Specials". Erst ab 1991 wurde in der Programmzeitschrift ein Programm (Tab. 4) aufgeführt.

Das Programm änderte sich bis 1994 nur marginal, aber es entstanden Formate des allgemeinen Entertainments für junge Leute: „Beavis and Butthead" (MTV, 1993–1997), eine Zeichentrickserie, „Real World" (MTV, 1992 bis heute), eine Reality Show. Bis 2005 hat sich die MTV-Programmstruktur (Tab. 5) vollständig zugunsten des Entertainments geändert, sodass tagsüber die MTV-Eigenproduktionen des Entertainmentbereichs gezeigt wurden. Musikkurzfilme gab es nur noch nachts. Die hervorgehobenen Sendungen in den Spalten sind Musiksendungen, alle restlichen allgemeines Entertainment. Auch die Musiker bemerkten, dass Musikfernsehen nicht mehr viel mit Musik zu tun hatte, und beschwerten sich öffentlich, so etwa Justin Timberlake 2007 bei den Video Music Awards: „Play more damn videos", he said, „We Don't want to see the Simpsons on reality television. Play more videos!" An dieser Stelle sei bemerkt, dass Steve Blame mit seiner Äußerung, dass das Musikfernsehen tot sei, sicherlich Recht hatte. Für MTV gilt das ohne Zweifel.

Der Verlust des musikalischen Inhalts wurde aber von neuen Pop-Musik-Sendern aufgefangen, sodass der prozentuale Anteil der Pop-/Rockmusik im deutschen Fernsehen hoch blieb. Ab 1994 konnte VIVA über das Kabelnetz empfangen werden. Es war ein weiterer Musikfernsehsender nach dem Vorbild von MTV, der 24 Stunden sendete und tatsächlich als Gegenspieler von MTV geplant wurde. 1995 wurde VIVA ZWEI (1995–2001) als progressiver und journalistisch wie musikalisch anspruchsvollerer Sender ergänzt, der allerdings viele finanzielle Verluste einfuhr (vgl. Kurp 2002, S. 133ff.) und 2002 in VIVA Plus mündete. MTV reagierte auf VIVA ZWEI 1997 (Sachfehler? Im Kontext steht 1995) im Kabelnetz mit dem Sender VH1 (1995–2001), der ab 2001 zu MTV2Pop wurde. Alle Musikfernsehsender sendeten bis Ende der 90er Jahre hauptsächlich Musik, auch wenn mehr und mehr Formate hinzukamen, die keine Musik beinhalteten.

Es gab aber auch eine Sendung des öffentlich-rechtlichen Fernsehens, die maßgeblich an dem hohen Anteil der Pop-/Rockmusik im deutschen Fernsehen beteiligt war. „Space Night" auf Bayern3 ist eine Sendung, die seit 1994 nachts, in der Regel fünf bis sechs Stunden lang, ausgestrahlt wird und nichts anderes beinhaltet als ruhige, häufig elektronische Musik in Kombination mit Weltraumaufnahmen der NASA. Interessant für das Filmgenre Musikkurzfilm ist hier die zeitliche Erweiterung eines Clips auf mehrere Stunden mit einem ebenfalls durchgehenden

Musikmix eines Discjockeys, bei dem es unter anderem ja darauf ankommt, eine lange Musikstrecke aus einzelnen Tracks ineinander zu mischen.

Tabelle 5: MTV Programm Oktober 2005

Montag	Dienstag	Mittwoch	Donnerstag	Freitag	Samstag	Sonntag
6.00 Kickstart **9.00 Hot Music** 12.00 Europe Music Awards 2005 12.30 My super sweet sixteen 13.00 Newlyweds 13.30 Big Urban Myths 14.00 VH1's Illustradted 14.30 RoomRaiders 15.00 Made **16.00 TRL** 17.00 News Mag 17.10 Newstracks 17.30 One Bad Trip 18.00 Roomraiders 18.30 Dismissed 19.00 Viva La Bam 19.30 WildBoyz 20.00 News Mag **20.30 Noise** 21.00 Pimp my ride 21.30 Pimp my ride 22.00 Kuttner Show 23.00 Spin 0.00 Viva La Bam 0.30 Celebrity Death Match **1.00 Night Videos**	**6.00 Kickstart** **9.00 Hot Music** 12.00 Europe Music Awards 2005 12.30 My super sweet sixteen 13.00 Newlyweds 13.30 Big Urban Myths 13.50 News Mag 14.00 Boiling Point 14.30 RoomRaiders 15.00 Pimp my ride 15.30 Pimp my ride **16.00 TRL** 17.00 News Mag 17.10 Newstrack 17.30 Newlyweds 18.00 Roomraiders 18.30 Dismissed 19.00 Punk‘d 20.00 Special **20.30 Noise** 21.00 Kuttner Show 22.00 Urban 0.00 Viva La Bam 0.30 Celebrity Death Match **1.00 Night Videos**	**6.00 Kickstart** **9.00 Hot Music** 12.00 Europe Music Awards 2005 12.30 My super sweet sixteen 13.00 Newlyweds 13.30 Big Urban Myths 13.50 News Mag 14.00 Punk‘d 14.30 Roomraiders 15.00 Made **16.00 TRL** 17.00 News Mag 17.10 Newstracks 17.30 Wanna come in? 18.00 Roomraiders 18.30 Dismissed 19.00 Kuttner 20.00 Special **20.30 Noise** 21.00 Chapelle‘s Show 21.30 Viva La Bam 22.00 Fee for All 22.30 VH1‘s Illustrated **23.00 Rockzone** 0.00 Viva La Bam 0.30 Celebrity Death Match **1.00 Night Videos**	**6.00 Kickstart** **9.00 Hot Music** 12.00 Special 12.30 My super sweet sixteen 13.00 Newlyweds 13.30 Big Urban Myths 13.50 News Mag 14.00 Big Urban Myths 14.30 Roomraiders 15.00 Masters **16.00 TRL** 17.00 News Mag 17.10 Newstracks 17.30 Punk‘d 18.00 Roomraiders 18.30 Dismissed 19.00 Pimp my ride 19.30 Pimp my ride 20.00 Special **20.30 Noise** 21.00 Kuttner 22.00 Chapelle‘s Show 22.30 AAA **23.00 Live** 0.00 Viva La Bam 0.30 Celebrity Death Match **1.00 Night Videos**	**6.00 Kickstart** **9.00 Hot Music** 12.00 Special 12.30 My super sweet sixteen 13.00 Newlyweds 13.30 Adnance Warning 13.50 News Mag 14.00 Viva La Bam 14.30 Roomraiders 15.00 Meet the Brakers 15.30 Boiling Points **16.00 TRL** 17.00 News Mag 17.10 Newstrack 17.30 date My Mom 18.00 Roomraiders 18.30 Dismissed 19.00 Kuttner 20.00 Get Alive 21.00 Made 22.00 Pimp My ride 22.30 Pimp my ride 23.00 Masters 0.00 Viva La Bam 0.30 Celebrity Death Match **1.00 Night Video**	**6.00 Kickstart** **9.00 Hot Music** **10.00 Hot Music** 12.00 True Life 13.00 Boiling Points 13.30 AAA 14.00 One bad trip 15.00 Made 16.00 My super sweet sixteen 16.30 Newlyweds 17 .00 Masters 18.00 Room Raiders 18.30 Dismissed 19.00 Pimp my ride 19.30 Pimp my ride **20.00 Noise** 21.00 Chapelle‘s Show 23.00 Pimp my ride 0.00 Jackass **1.00 Night videos**	**6.00 Kickstart** **9.00 Hot Music** 12.30 News Mag 13.00 Ashlee Simpson Show 14.00 Punk‘d 15.00 Dismissed 15.00 Boiling Point 15.30 My super sweet sixteen 16.00 Made 17.00 Taildaters 17.30 Wanna come in? 18.00 The Real world Austin 18.30 The Real World Austin 19.00 Masters **20.00 Noise** 21.00 VH1‘s Illustradted 21.30 Free for all 22.00 Pimp my ride 22.30 Pimp my ride 23.00 Chapelle‘s Show 23.30 Beavis and Butthead 0.00 Viva la Bam 0.30 Celebrity Death Match **1.00 Night Videos**

Zu der Sendung „Space Night“ gibt es zwölf Musikcompilations, die einzelne Musikstücke der Sendung beinhalten. Diese Musikreihe wurde von 1995 bis 2005 meist als Doppel-CDs herausgegeben.

Ein ähnliches Konzept war eine Sendung auf dem Sender VIVA ZWEI mit dem Titel „2STEP“ (2000–2002). In einer Pressemitteilung von VIVA heißt es im Jahr 2000:

> 2STEP heißt die Plattform für die Neutöner des dritten Millenniums. In dem revolutionären und bislang weltweit einzigartigen Format dreht sich seit dem 15. Januar [2000] alles um Techno-Tüftler, Computerfreaks, Club-People, DJs und innovative Multiinstrumentalisten. Dabei verbindet 2STEP zwei Stufen zu einem mächtigen Schritt in die Zukunft der Klänge: subversive Clubkultur und innovatives Musikfernsehen. Den Sound liefern die Macher selbst. DJs aus den unterschiedlichen Clubszenen, von Techno und Drum ’n’ Bass bis hin zu anspruchsvoller Elektronik oder Hip Hop. Zur akustischen Ebene der DJ-Sets kommt die Visualisierung, der Bilderteppich. Den liefern Visualkünstler, Grafikstudenten und VJs, die die DJ-Sets bei Live Veranstaltungen in Szene setzen.

Diese Erweiterung der Musikkurzfilme war kulturell plausibel, nachdem sich die Clubkultur durch die elektronische Musik gravierend verändert hatte. Auch in den Clubs der Jahrtausendwende wurden jetzt Livebilder zur Musik generiert oder es wurden vorproduzierte Filme gezeigt, die von abstrakt bis zu Ausschnitten von Filmklassikern reichten. Dabei handelte es sich um beispielhafte Kunst, die im postmodernen Zusammenhang wegen ihrer fragmentarischen Elemente als dekonstruktiv und wegen der häufigen Zitate und des Samplings als appropriativ gelten können.

Sicherlich stellt sich hier schon die Frage, ob solche hoch künstlerischen Kombinationen von Musik und Bild tatsächlich noch Musikkurzfilme sind, die auch noch in die Definition dieser Arbeit passen. Das wird später noch detaillierter diskutiert werden, wenn die Qualität der Musikkurzfilme untersucht werden wird, die ab den 80ern im Fernsehen vermehrt auftauchen und so häufig als die ersten Musikkurzfilme bezeichnet wurden.

Wichtig für die Quantität der Pop-/Rockmusik im deutschen Fernsehen ab 1985 waren zuallererst der Privatsender Music-BOX bis 1988/89, dessen Platz dann von MTV Europe ab 1989 eingenommen und durch VIVA 1993 ergänzt wurde. Zusätzlich trieben VH1 und VIVA ZWEI ab 1995/97 die Quote der Pop-/Rockmusik im deutschen Fernsehen auf fast 90 Prozent gegenüber den restlichen, ebenfalls populären Musikgenres inklusive der klassischen Musik in die Höhe. Danach sank die Quote, was zum großen Teil von den Musikfernsehsendern selbst verschuldet war, indem sie ihr Musikprogramm ab 2005 auf die Nacht verbannten und mehr auf ein allgemeines, zielgruppenorientiertes Entertainmentprogramm setzten.

4.3.2.1.5 Musikquote im deutschen Fernsehen

Dass die Pop-/Rockmusik im deutschen Fernsehen ab 1985 die größte Rolle spielte, konnte gezeigt werden. Weil aber auch die übrige Musik populär war und genauso Musikkurzfilme generierte, stellt sich nun die Frage, wie groß der Anteil der Musik allgemein im deutschen Fernsehen war, um auch hier zu diskutieren, ob das Fernsehen für die Entwicklung der Musikkurzfilme konstituierende Relevanz zeigen kann. Musikkurzfilme, welche Musikrichtung auch immer, müssten fernsehabhängig sein. Wenn der Anteil der Musik im Fernsehen steigt, müsste auch die Musikkurzfilmproduktion steigen.

Die Statistik (Abb. 6) belegt, dass bis zum Jahr 2010 der Anteil der Musik im deutschen Fernsehen auf ein Rekordminimum von unter zwei Prozent gesunken ist. In den fünf Jahren zuvor lag die Quote immer darüber, obwohl im Jahr 2009 VIVA und MTV noch im Free-TV sendeten (MTV tat dies bis zum 1.1.2011).

Während der Musikanteil bis Mitte der 60er Jahre um acht Prozent, bis Mitte der 70er Jahre bei fünf Prozent und bis 1985 bei durchschnittlich 3,5 Prozent lag, steigt die Quote ab 1985 erwartungsgemäß auf durchschnittlich 13 Prozent, mit Spitzenwerten bis zu über 18 Prozent an. Hier findet sich anteilig die Steigerung der Pop-/Rockmusik durch die ersten Musikfernsehsender Music-BOX und MTV. Der kurze Einbruch 1992 und 1993 ist damit zu erklären, dass 40.000 Minuten Sendezeit durch neue Sender hinzukamen, die 24 Stunden sendeten (Kabel), und bestehende Sender wie RTL jetzt auch durchgehend sendeten. Das wurde dann aber ab 1994 durch die Einführung von VIVA (im Dezember 1993), VIVA ZWEI (im März 1995) und VH1 (ab 1997 im Kabelnetz) wieder kompensiert.

Insgesamt kann man eindeutig feststellen, dass der Durchschnitt des Musikanteils im deutschen Fernsehen bis zur Jahrtausendwende bei 14 Prozent historisch hoch war und dass es sich dabei hauptsächlich um Pop-/Rockmusik handelte, die vor allem durch die (Pop-) Musikfernsehsender Music-BOX, MTV, VIVA und ihre Ableger VIVA ZWEI und VH1 (später MTV2) gespielt wurde. Dass es nicht nur die Musikfernsehsender waren, kann man aus der Musiksendungsliste oben ableiten, wenn man sich die neuen Formate ab 1980 (Abb. 7) ansieht.

Auch hier ist der absolute Spitzenreiter der Pop-/Rockbereich. Wie oben erwähnt, wurden die Musikfernsehsender nicht mit einbezogen. Diese Sendungen waren hauptsächlich von den öffentlich-rechtlichen Sendern ARD und ZDF hergestellt worden. Erst ab 1989 konnte man auch bei den Privatsendern Musikfernsehsendungen sehen. 1985 lief bei SAT 1 „Solid Gold", eine US-amerikanische Produktion, und bei RTL ab 1988 zum Beispiel die Eigenproduktion „Mosh TV".

Im Unterschied zu den meisten Sendungen auf MTV oder VIVA, die ja meist Clipstrecken mit wenig und vor allem belangloser Moderation waren, wurden die Musiksendungen jener Sender mit mehr redaktioneller Kompetenz produziert.

Abbildung 6

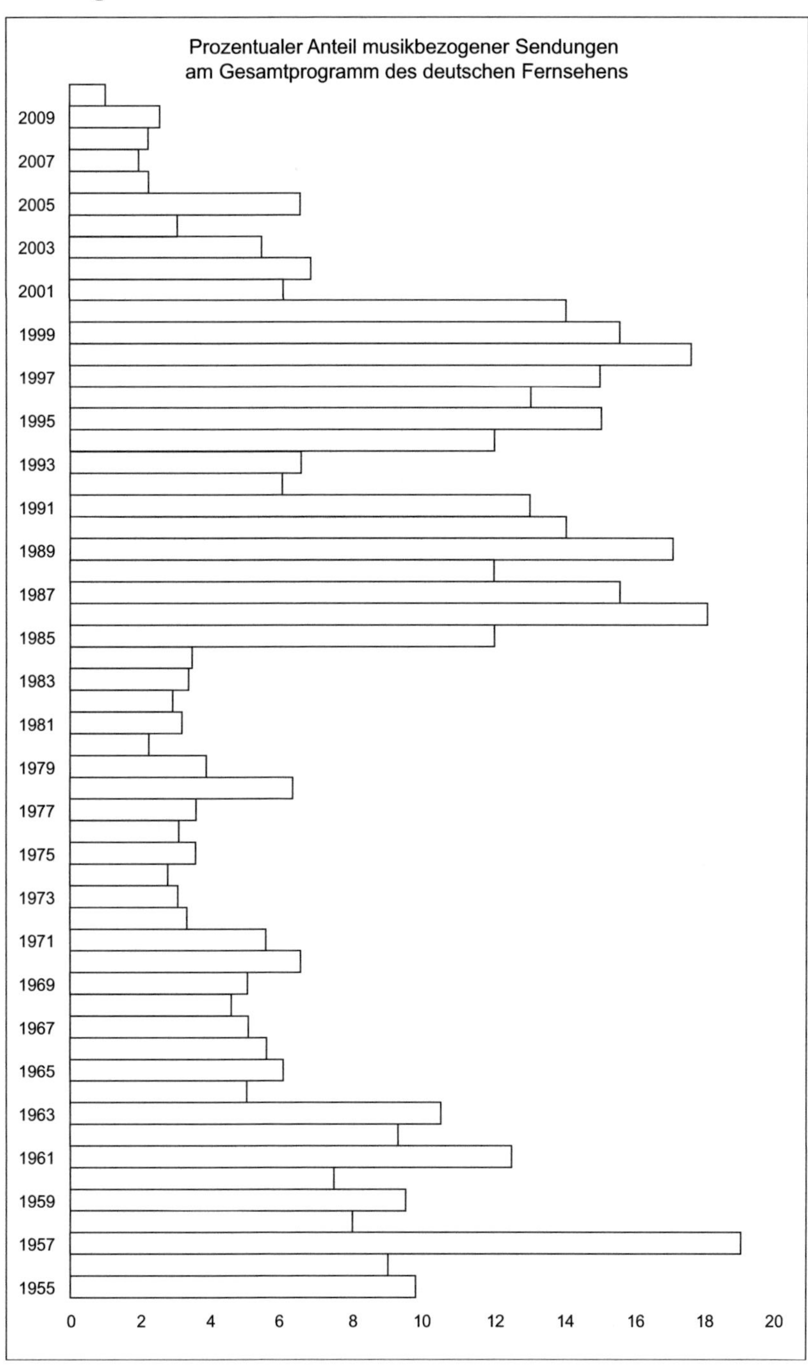
Prozentualer Anteil musikbezogener Sendungen
am Gesamtprogramm des deutschen Fernsehens
2009
2007
2005
2003
2001
1999
1997
1995
1993
1991
1989
1987
1985
1983
1981
1979
1977
1975
1973
1971
1969
1967
1965
1963
1961
1959
1957
1955
0
2
4
6
8
10
12
14
16
18
20

Abbildung 7

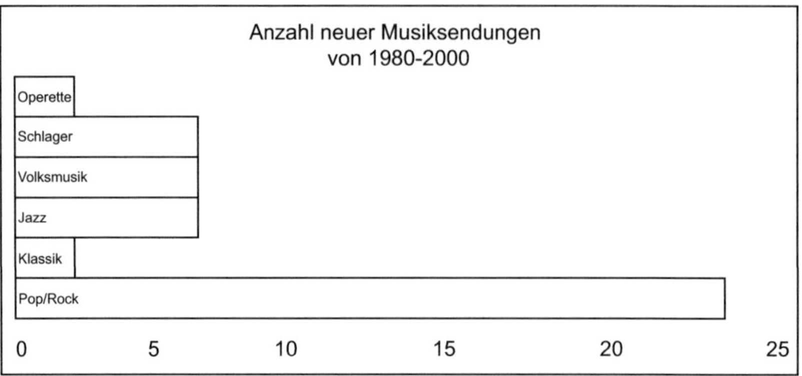

Genau deshalb erinnert man sich heute auch eher an Sendungen wie „Formel Eins“, „Ronny‘s Pop Show“, „P I T“, „Musikladen“, „Mosh!“, „Extratour“ und auch an die „Mini Playback Show“, aber weniger an „Awake on the Wild Side“ (MTV) oder „VIVA Wecker“.

Wenn man sich aber mehr an diejenigen Sendungen erinnert, die gar nicht an einen Musiksender gekoppelt waren, muss man annehmen, dass es sich um den kulturellen Trend handelte, der schon vorher beschrieben wurde.

Der massive Anstieg der Pop-/Rocksendungen im Fernsehen und die Gründung von Musikfernsehsendern muss zwangsläufig zu einem Anstieg der Musikkurzfilmproduktionen führen, egal, ob sie vorab produziert wurden, während der Sendungen zum Mitnehmen, wie es bei „Formel Eins“ und beim „Musikladen“ möglich war, oder ob einfach nur der Auftritt, live oder playback, mitgeschnitten wurde. Die Musikkurzfilme waren ab den 80er Jahren sehr beliebt in der Jugendkultur. Das bedeutet gleichzeitig, dass die Musikindustrie mehr in Quantität und Qualität der Musikkurzfilme investieren musste, um den Markt zu bedienen. Der Kulminationspunkt für Musikkurzfilme muss nach vorigen Feststellungen in den 90er Jahren liegen, denn damals gab es den größten Bedarf.

4.3.2.1.6 Quantität national und international

Über die Anzahl der veröffentlichten Musikkurzfilme im und für das deutsche und auch internationale Fernsehen eine genaue Aussage zu treffen, ist unmöglich.

Erstens müsste man alle jemals im Fernsehen mitgeschnittenen Auftritte im deutschen Fernsehen erfassen. Das würde aufgrund der unterschiedlichen Fernsehsender, Konzepte, Rechteinhaber und Archive unüberschaubar. Noch unmöglicher wäre es, alle Sendungen seit 1955 zu sichten und, gerade bei Shows, die einzelnen Titel zu separieren. Bei vielen alten Sendungen ginge das nicht mehr, weil die Aufzeichnungen unvollständig, wenn überhaupt vorhanden sind. Von der Sendung „Musik aus Studio B“ der ARD zum Beispiel blieb aus den ersten 60

Folgen mit Chris Howland nur eine übrig (Folge 50 vom 22.1.1968), weil der Produzent damals wegen Streitigkeiten alle Bänder löschen ließ.

Zweitens müsste man der Vollständigkeit halber alle Archive aller Sender durchsuchen, obwohl es viele Sender nicht mehr gibt, etwa Music-BOX.

Und drittens können die Musikkurzfilme nicht mitgerechnet werden, die von den Sendern nie gezeigt werden sollten und deshalb damals nach der Vorlage bei der entsprechenden Redaktion vernichtet wurden.

Ganz unsinnig wäre ein solches Vorhaben in der heutigen Zeit, in der Musikkurzfilme auch von nicht-autorisierten Produzenten beispielsweise für die Verbreitung auf YouTube oder von den Künstlern selbst hergestellt werden.

Daraus folgt, dass eine solche Untersuchung zwar nur exemplarisch und entsprechend nicht genau gesichert, aber doch in der Tendenz bestätigend sein kann.

Im Folgenden wurde zunächst eine Datenquelle aus dem Internet ausgewertet, die schon seit 1998 besteht und seitdem ständig aktualisiert wird: mvdbase.com.

Hier wird zu jedem Jahr seit 1975 ein Monat vorgestellt, der angeklickt alle Musikkurzfilme dieses Monats aufzeigen soll. Dieser digitale Katalog ist mit Sicherheit in den 80er und 90er Jahren nicht vollständig. Umso genauer wird er, je aktueller er wird. Das liegt daran, dass die Nutzer ähnlich wie bei Wikipedia selber Eintragungen vornehmen können, die dann geprüft werden. Bei den meisten Musikkurzfilmen sind der Monat oder die Woche, der Künstler, Titel und Regisseur vermerkt. Nach der Auswertung der Seite ergab sich 2009 die Grafik (vgl. Abbildung 3).

Man kann deutlich einen Anstieg der Veröffentlichungen zur Mitte der 80er Jahre erkennen, die sich stetig bis 2005 leicht erhöht. Die niedrigen Werte Mitte der 90er Jahre fallen deutlich aus dem Gesamtbild heraus. Hierbei muss es sich um Fehlerwerte handeln, denn Mitte der 90er Jahre bis 2000 gingen bei VIVA Fernsehen wöchentlich zwischen 20 bis 60 neue Musikkurzfilme ein, die dann von einer Gruppe von Redakteuren geprüft und für die Rotationen im Programm eingeordnet oder abgelehnt wurden. Das bedeutet, dass es in dieser Zeit pro Jahr ungefähr 1.000 bis 3.000 neue Musikkurzfilme gegeben haben muss. Im Kapitel zu MTV wurde Banks zitiert, der 35 bis 40 Videos pro Woche (das heißt 1.800 bis 2.000 pro Jahr) angibt, wobei sich diese Zahl auf die 80er Jahre bis circa 1990 bezieht, denn die Quelle für Banks ist von 1989 (vgl. Billboard vom 18.11.1989). Ganz genau ist das Jahr 1989 gemeint, in dem 40 Prozent mehr Musikkurzfilme bei MTV eingereicht wurden als ein Jahr zuvor (vgl. a. a. O., S. 92). Daraus folgt, dass 1988 ungefähr 25 Musikkurzfilme pro Woche eingereicht wurden. Das Magazin „Fortune" gibt im September 1984 an, dass die Musikindustrie im gleichen Jahr 2.000 Musikkurzfilme für insgesamt 100 Millionen US-Dollar produziert habe (vgl. o. Verf. 1984, S. 167), was von der Anzahl her dreimal soviel wie 1982 gewesen wäre. Das würde in die Entwicklung passen.

Auffällig ist aber der Anstieg der Produktionen ab dem Jahr 2005. Wenn wir nur die Anzahl von 2.000 Musikkurzfilmen pro Jahr annähmen, wäre das immer noch eine Steigerung um mehr als das Doppelte. Die Erklärung dafür ist, wie schon erwähnt, YouTube, der Internetvideo-Dienstleister. Ab Februar 2005 hieß es: „Broadcast Yourself!" Da ab hier der Filter einer Redaktion fehlte und zusätzlich die Produktionsmittel demokratisiert, das heißt billiger wurden, ist eine Steigerung der Quantität die logische Konsequenz. Hier deutet sich schon an, dass wir mit dem Internet eine vollkommen neue mediale Möglichkeit für Musikkurzfilme entdecken werden. Zunächst bleiben wir aber noch beim Fernsehen.

Da die Grafik (Abb. 2) schon interessant, aber nicht valide ist, wurde der von Banks angegebene Wert als schwarzer Balken einbezogen, der Wert für 1984 und 1982 aus dem „Fortune" Magazin berücksichtigt und weiter um die Aussagen zu den 90er Jahren von VIVA Mitarbeitern ergänzt (Abb. 8).

Um diese Statistik auf ihre Validität hin zu überprüfen, wird zu der Anzahl der Musikkurzfilme als nächstes der erste Teil eines Interviews mit einem Experten, der die Zeit bei VIVA und später MTV Deutschland von Anfang an genau kennt, wiedergegeben. Marcus Adam war von 1993 bis 1997 Redakteur im Musikmanagement von VIVA, von 1997 bis 1999 Head of Dancedepartement und Producer von „Clubrotation" (VIVA) und danach elf Jahre lang Vice President Talent and Music Germany & North Europe (MTV, VIVA) bei MTV Networks. Er deckt damit 18 Jahre Musikfernsehen in Deutschland ab.

> Martin Lilkendey (fortan mit *ML* abgekürzt): „Erinnerst du dich, wie viele Musikkurzfilme in den 90er Jahren bei VIVA Fernsehen eingereicht wurden? Nach Gesprächen mit einigen unserer alten Kollegen, müssten es circa 30 bis 60 pro Woche gewesen sein."
>
> Marcus Adam (im weiteren Verlauf *MA*): „Das trifft es ziemlich genau. Im Sommer waren es manchmal wenigstens 30 und in der Peak Zeit, das war dann immer ab Oktober im Vorweihnachtsgeschäft, 60."
>
> *ML*: „War das in den gesamten 90er Jahren, also in deiner VIVA-Zeit von 1993 bis 1997, so?"
>
> *MA*: „Ja, es wurden dann aber auch schon einmal abgelehnte wieder eingereicht. Abgelehnt wurden alle, die keine Release [Veröffentlichung] hatten. Das war zwingend, denn wozu sollten wir ein Musikvideo auf Rotation schicken, das für die Zuschauer nicht zu kaufen war? Zusätzlich sollten die Musikvideos eine professionelle Qualität haben. Was billig aussah, hatte keine Chance. Und es gab einige Produktionen, die auf BETA [Broadcasting Videostandart Aufnahmeformat der 90er Jahre] gedreht waren, das weißt du ja selber noch, das ging nicht. Eigentlich kamen nur Videos in Frage, die irgendwie professionell von der Plattenfirma kamen. Eine Ausnahme waren Wir sind Helden mit „Guten Tag" (2003) mit ihrem selbst gedrehten Video. Die hatten keine Plattenfirma. Wir fanden das

Stück so gut, dass wir die Plattenfirmen angespitzt haben, mit dem Versprechen, das Video in die Power Play Rotation zu nehmen.
Wir, die Musikfernsehsender, waren so eine Art Filter zusätzlich zu dem Filter Musiklabel, die ihrerseits nur zu besonderen Stücken ein Musikvideo herstellen ließen. Das hat sich ab 2005/06 massiv geändert. Einmal gab es viel mehr Musikvideos wegen der Demokratisierung der Produktionsmittel. Es wurde plötzlich möglich, alles selber zu machen, Musikproduktion, Vertrieb, Promotion und auch Videos. Dazu ist natürlich YouTube enorm wichtig."

Das Gespräch zeigt, dass die Schätzung von 30 bis 60 Videos pro Woche korrekt ist. Folglich kann man zu den Werten, die aus dem Internetportal abgeleitet wurden (Abb. 2), Schätzungszahlen von Banks, „Fortune" und „Billboard" für die 80er Jahre und die von Adam für die 90er Jahre und 2000er hinzufügen (Abb. 8). Um diese Angaben noch einmal zu überprüfen, wurden die Zahlen aus den Veröffentlichungen der wöchentlichen Playlists von MTV im „Billboard Magazine", die vom März 1983 bis 1989 nicht nur die gesamte Playlist, sondern auch die Neuheiten listeten, ausgewertet. Ab 1985 wurden kurzzeitig alle möglichen Neuerscheinungen (deren Anzahl allerdings von 60 bis drei stark schwankt) angegeben, von denen, nachdem sie durch das Komitee von MTV begutachtet worden waren, angeblich 80 Prozent abgelehnt wurden (vgl. Banks 1996, S. 176). Auffällig ist, dass die als neu angegebenen Musikkurzfilme (new videos added, vgl. Billboard vom 27.10.1984, S. 31) bis zur Mitte der 90er Jahre ziemlich konstant bei im Durchschnitt 13 neuen Musikkurzfilme in der Rotation von MTV lagen. Danach müssten 60 Prozent der eingereichten Musikkurzfilme abgelehnt worden sein.

Insgesamt wird daraus ersichtlich, dass es eine deutliche Steigerung der Musikkurzfilme im Bereich der Pop-/Rockmusik nicht nur in Deutschland gab, denn die Zahlen repräsentieren vor allem internationale Musikkurzfilme.

Abbildung 8

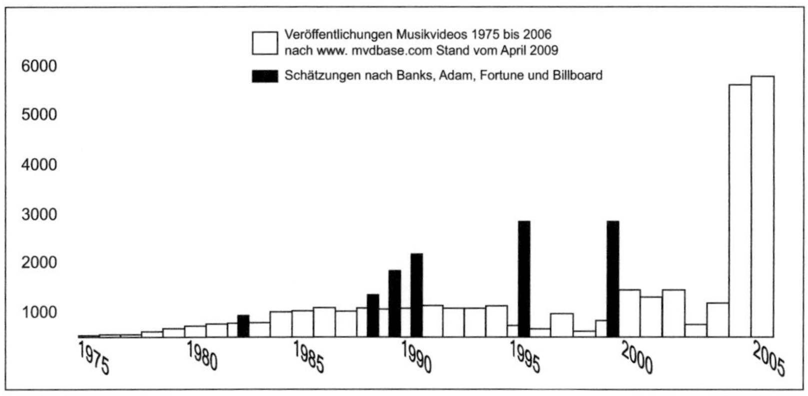

Der große Anstieg ab 2005 läutete den Umstieg der Musikkurzfilme auf das neue Medium Internet ein und verkündet gleichzeitig den Untergang des Musikfernsehens, wie es von Steve Blame verkündet wurde. Zusätzlich begann hier auch schon der Abstieg der Musikindustrie, wie es Tim Renner beschrieb.

Nach dieser Analyse liegt die Vermutung nahe, dass die Musikkurzfilme im Fernsehen und damit die Musikkurzfilme des Pop-/Rockbereiches ihren Höhepunkt in den 90er Jahren hatten. Offenkundig wurde hier am meisten in Musikkurzfilme investiert, denn die Musikkurzfilme werden ab 2005 wegen der Demokratisierung der Produktionsmittel viel günstiger.

Unterstützend kann hier die Analyse der Preisentwicklung von Musikkurzfilmen bis in die 90er Jahre sein. Mitte der 70er Jahre kostete ein Musikkurzfilm 5.000 bis 7.000 US-Dollar, zehn Jahre später ein Video für Newcomer 30.000 bis 40.000, für etablierte Künstler 50.000 bis 60.000 und für Superstars bis zu 100.000 US-Dollar (vgl. Billboard vom 17.11.1984, S. 4). Die teuersten Musikkurzfilme sind in den 90er Jahren zu finden (o. Verf. o. J.i: List):

Tabelle 6: Die teuersten Musikkurzfilme

Interpret	Titel	Jahr	Preis	Angeglichener Preis
Michael and Janet Jackson	„Scream“	1995	$ 7.000.000	$ 10.870.714
Madonna	„Die Another Day“	2002	$ 6.100.000	$ 8.025.365
Madonna	„Express Yourself“	1989	$ 2.000.000-5.000.000	$ 3.817.987 - $ 9.544.966
Michael Jackson	„Black or White“	1991	$ 4.000.000	$ 6.949.426
Guns 'n' Roses	„Estranged“	1993	$ 4.000.000	$ 6.552.407
Gwen Stefani	„Make Me Like You“	2016	$ 4.000.000	$ 4.000.000
Puff Daddy	„Victory“	1998	$ 2.700.000	$ 3.919.906
MC Hammer	„2 Legit 2 Quit“	1991	$ 2.500.000	$ 4.215.675
Mariah Carey	„Heartbreaker“	1999	$ 2.500.000	$ 3.551.239
Janet Jackson	„Doesn't Really Matter“	2000	$ 2.500.000	$ 3.435.266
Busta Rhymes & Janet Jackson	„What's It Gonna Be?!“	1999	$ 2.400.000	$ 4.047.048
Celine Dion	“It's All Coming Back to Me Now“	1996	$ 2.300.000	$ 3.470.252
Michael Jackson	„Bad“	1987	$ 2.200.000	$ 4.582.367
Backstreet Boys	„Larger Than Life“	1999	$ 2.100.000	$ 2.983.040
Michael Jackson	„Remember the Time“	1992	$ 2.000.000	$ 3.372.540
Madonna	„Bedtime Story“	1995	$ 2.000.000	$ 3.105.918

Interpret	**Titel**	**Jahr**	**Preis**	**Angeglichener Preis**
Missy Elliott	„She's a Bitch"	1999	$ 2.000.000	$ 2.840.991
George Michael	„Freeek!"	2002	$ 2.000.000	$ 2.505.638
Ayumi Hamasaki	„My Name' Women"	2005	$ 2.000.000	$ 2.423.241
Ayumi Hamasaki	„Fairyland"	2005	$ 2.000.000	$ 2.423.241
Ayumi Hamasaki	„Green"	2008	$ 1.600.000	$ 2.423.241
TLC	„Unpretty"	1999	$ 1.600.000	$ 2.272.793
Guns N'Roses	„November Rain"	1992	$ 1.500.000	$ 2.529.405
Blackstreet & Janet Jackson	„Girlfriend/Boyfriend"	1999	$ 1.500.000	$ 2.130.743
Madonna	„Give Me All Your Luvin'"	2012	$ 1.500.000	$ 1.577.885
MC Hammer	„Here Comes the Hammer"	1991	$ 1.300.000	$ 2.354.636
The Fugees	„Ready or Not"	1996	$ 1.300.000	$ 1.961.447
Kanye West	„Stronger"	2007	$ 1.200.000	$ 1.369.475
Duran Duran	„The Wild Boys"	1984	$ 1.000.000	$ 2.277.707
Michael Jackson	„Thriller"	1983	$ 1.000.00	$ 2.613.465
Janet Jackson (with Nelly)	„Call on Me"	2006	$ 1.00.000	$ 2.347.639
The Sisters of Mercy	„Dominion/Mother Russia"	1988	$ 1.000.000	$ 2.000.844
The Rolling Stones	„Love Is Strong"	1994	$ 1.000.000	$ 1.596.542
TLC	„Waterfalls"	1995	$ 1.000.000	$ 1.552.959
Sisqó	„Thong Song" (remix)	2000	$ 1.000.000	$ 1.374.106
Britney Spears	„Toxic"	2004	$ 1.000.000	$ 1.252.819
Kanye West	„Touch the Sky"	2006	$ 1.000.000	$ 1.173.820
Ayumi Hamasaki	„Jewel"	2006	$ 1.100.000	$ 1291.202
Mylène Farmer	„L' Âme-stram-gram"	1999	$ 1.000.000	$ 1.420.495
Janet Jackson	„I Get Lonely"	1998	$ 1.000.000	$ 1.451.817
Ayumi Hamasaki	„Virgin Road"	2010	$ 1.000.000	$ 1.085.152
T-ara	„Cry Cry/Lovey Dovey"	2011	$ 1.000.000	$ 1.051.923
B.A.P	„One Shot"	2013	$ 915.000	$ 929.509
Britney Spears	„Work Bitch"	2013	$ 850.000	$ 863.479
Pia Zadora	„Heartbeat of Love"	1989	$ 80.000	$ 1.527.195
Britney Spears	„Oops!..I Did It Again"	2000	$ 750.000	$ 1.030.580
Mylène Farmer	„California"	1996	$ 700.000	$ 1.056.164
David Bowie	„Ashes to Ashes"	May 1980	$ 582.000	$ 1.671.487
Britney Spears	„Hold It Against Me"	2011	$ 500.000	$ 507.929

27 der 50 teuersten Musikkurzfilme sind aus den 90er Jahrgängen (1989–2000), obwohl in der obigen Tabelle die Inflationsrate mitberechnet wurde. So kommt zum Beispiel Michael Jackson mit „Thriller" von 1983 noch auf Platz 32. Nur zwölf der teuersten Musikkurzfilme wurden nach 2005 produziert. Die 90er-Jahre-Musikkurzfilme häufen sich auf den oberen Plätzen, die ab 2005 produzierten Musikkurzfilme finden sich mehr im unteren Bereich. Daraus lässt sich schließen, dass die Musikkurzfilme der 90er Jahre die teuersten waren, während die vor den 90ern und danach weitaus günstiger wurden. Die Zeit von 2001 bis 2005 ist als Übergangszeit zu bewerten, denn die grau markierten Musikkurzfilme sind zwar nicht zahlreich, aber immerhin in der oberen Hälfte.

Dass es von 2005 an billiger geworden ist, lässt sich auch an einer Veröffentlichung der IFPI[16] festmachen. In der Online-Veröffentlichung „How do record labels invest" liest man zum Thema Musikkurzfilme:

> Video production is more important than ever in an era where many consumers access music through audio visual services such as YouTube and Vevo. Record companies typically produce two or three videos per album. Costs can vary widely between individual projects, with some superstar artist's videos costing well more than US-$ 500,000, while some innovative low budget videos can cost as little as US-$10,000. The average cost of video production for an emerging pop act in a major market is estimated to be around US-$ 50-300,000 for three videos. Such high expenditure is not always needed, of course, and videos can be produced much more cheaply. The approach will depend on the needs of the individual project. (O. Verf. 2016b: ifpi.record-labels-invest).

Deutlich wird hier, dass es sogar Musikkurzfilme gibt, die so billig sind wie der Durchschnittspreis für Musikkurzfilme in den 70er Jahren, wenn man die Inflationsrate berücksichtigt. Der Durchschnittspreis für einen Musikkurzfilm liegt demnach bei 12.000 bis 100.000 US-Dollar und für Superstars bei über 500.000 US-Dollar. Nach der Preisangleichung sind Musikkurzfilme heute billiger als Mitte der 70er und 80er Jahre.

Aus dieser Tabelle und der Feststellung von oben, dass in den 90er Jahren die höchste Quote von gespielten Musikkurzfilmen respektive die höchste Quote von Musik im deutschen Fernsehen zu finden ist, lässt sich schließen, dass die 90er Jahre auf jeden Fall finanziell die größte Rolle für Musikkurzfilme im Fernsehen spielten.

Dass die Musikindustrie sehr große Gewinne in den 90er Jahren machte, wurde schon vorher erwähnt. Ebenfalls wurde die Vermutung geäußert, dass dieses Phänomen nicht auf das Musikfernsehen, sondern auf die Einführung der CD und

16 | International Federation of the Phonographic Industry, gegründet in London 1933.

die damit einhergehende erneute Veräußerung des gleichen Produktes[17] zurückzuführen sei, was, auch weil die CD als Rohprodukt so billig ist, zu einer Gewinnmaximierung führte. Diese wurde Mitte der 90er Jahre erreicht. Genau zu diesem Zeitpunkt setzte in Deutschland das Musikfernsehen VIVA ein, werden am meisten Musikkurzfilme von den Plattenverlagen in Auftrag gegeben und am meisten Geld in die Produktionen gesteckt.

Die CD war seit ihrer Einführung Mitte der 80er bis 2001 für die großen Gewinne der Musikindustrie verantwortlich ist. Erst durch diesen Gewinn und den Aufstieg der Musikindustrie zum Global Player an den Börsen (vgl. Renner 2008, S. 112) war es der Industrie überhaupt möglich, so viel Geld in ihre Branche und damit auch in die Musikkurzfilme zu stecken.

Deshalb ist der Anstieg der Musikkurzfilmproduktion nicht auf das Musikfernsehen oder Musikkurzfilme selbst zurückzuführen, sondern erstens auf den Trend zum Video und Musikkurzfilm überhaupt und zweitens auf den ökonomischen Erfolg der CD.

Der quantitative Anstieg der Musikkurzfilme und das Medium Musikfernsehen sind hier als ein Resultat dieser beiden Punkte zu sehen.

Da in der vorangestellten Analyse der quantitative Boom der Musikkurzfilme nachgewiesen und begründet wurde, stellt sich nun die Frage, ob die Musikkurzfilme auch qualitativ durch die Ökonomie und den Trend zum Kommerz beeinflusst wurden. Gibt es neue Formen, die über die bekannten, die narrativen, performativen und assoziativen Musikkurzfilme hinausgehen?

4.3.2.1.7 Musikkurzfilme und Musikfernsehen der 80er und 90er

Die neu entstandene Videotechnik der 70er Jahre als Produktionstechnik führte kaum zu einer neuen formalästhetischen Qualität von Musikkurzfilmen. Man kann aber von der Mitte bis zum Ende der 70er Jahre eine Reihe an videotechnischen Effekten ausmachen, die häufig in der Literatur zu Musikkurzfilmen als Argument für etwas Neues auftauchen, beziehungsweise sogar die Grundlage für die Musikkurzfilme überhaupt ausmachen sollen. Ein Video in diesem Zusammenhang ist Bruce Gowers „Bohemian Rapsody“ von Queen (1975). Es wird hauptsächlich mit dem „besonders aufwendigen Konzept“ begründet (vgl. Keazor/Wübbena 2007, S. 61; Kopf 1987, S. 198; Austerlitz 2007, S. 25; Bühler 2002, S. 189). Das Video ist sicherlich mehr als ein gewöhnlicher performativer Musikkurzfilm, aber eben auch nicht aufwendiger als „Jammin' the Blues“ von Gjon Mili aus der Soundies-Zeit. Die Echoeffekte, die Gowers nutzte, ähneln sogar den Echos, die bei Mili noch analog per Kopie eingefügt wurden. Die Video-Effekte wurden vor allem in der Zeit um 1980 häufig genutzt (vgl. dazu die Songs „Atomic“, Blondie 1979; „Ashes to Ashes“, Bowie 1980; „Fade to Grey“, Visage 1982). Zuerst tauchten diese Ef-

17 | Zum Beispiel das „White Album“ der Beatles.

fekte aber im Fernsehen auf, weil hier durch die Studiotechnik die Möglichkeiten als Erstes zur Verfügung standen. Wie schon bei The Who und ihrem Auftritt bei „Ready Steady Go!" 1965 (vgl. Kapitel 4.3.1), boten sich die Musikauftritte der wilden Popmusik um 1970 für solche Regie-Experimente an. Durch die elektronische Blueboxtechnik konnte man jetzt die Farbe des Hintergrunds beliebig tauschen oder andere Motive einblenden (vgl. zum Beispiel den Auftritt von Procul Harum mit „Homburg" im „Beat Club" 1968 noch in Schwarzweiß). Als sich ungefähr 1970 das Farbfernsehen durchsetzte, wurden diese vor allem bunte Effekte vermehrt genutzt (vgl. zum Beispiel den Auftritt der Gruppe Free im „Beat Club" am 31.1.1970). Die Entwicklung zur Discomusik bis Ende der 70er Jahre und darüber hinaus führte beim „Musikladen" (Radio Bremen 1972–1984) zu einem inflationären Gebrauch dieser Videoeffekte in Kombination mit den Go-go-Girls des „Musikladens", die in jeder Sendung zum Einsatz kamen, um die Auftritte zu unterstützen. Die Freizügigkeit der Tänzerinnen passte gut in die damalige Discozeit, heute wirkt sie beinahe pornografisch.

In den 70er Jahren finden sich kaum Aufzeichnungen oder Musikkurzfilme, die nicht mit solchen elektrischen Videoeffekten arbeiten. Zusätzlich handelte es sich meistens um rein performative Musikkurzfilme, deren besondere Elemente nur aus den Videoeffekten bestehen, um eine glitzernde, bunte Glamour- oder Discowelt zu zeigen. Dieser Look wurde Ende der 90er, als die 70er-Jahre-Disco-Zeit ein Revival erlebte, in einigen Videos zitiert: Molokos „Sing It Back" (1998) zeigt die Sängerin genau wie Michael Jackson fast 20 Jahre vorher in „Rock With You" (1979): eine Performance vor schwarzem Hintergrund mit glitzernden Lichteffekten, Glitzergarderobe und Echoeffekten. Dieser performative Charakter ist auch bei „Bohemian Rhapsody" deutlich zu erkennen. Zusätzlich wird dort noch auf einen echten Bühnenauftritt von Queen umgeschnitten. So ungewöhnlich ist dieser Musikkurzfilm für die Zeit also nicht, jedenfalls nicht so bahnbrechend, wie er immer beschrieben wurde. Deutlich ist aber, dass es sich nicht nur um einen Bühnenauftritt handelt, sondern dass ein mit Effekten versehenes Additum hinzukommt, wobei die Bühne unwichtig wird, die Performation des Gesangs der Band aber erhalten bleibt und entsprechend künstlerisch inszeniert wird.

Weil aber diese künstlerisch gemeinten Effekte schon bei Gjon Milis „Jammin' the Blues" auszumachen sind, liegt die Vermutung nahe, dass sich die Musikkurzfilme als künstlerisches Experimentierfeld anbieten, um die neuesten technischen Möglichkeiten des Films oder Videos zu nutzen. In den 70er Jahren entstehen Musikkurzfilme, die vornehmlich, von den Fernsehauftritten abgeleitet, performativ sind und mit einem bunten, glamourösen sowie mit vielen Videoeffekten unterstützten Bild die Glamrock- bis hin zur Discozeit begleiten.

Artrock- und Progrock-Bands der 70er verzichteten weitgehend auf Musikkurzfilme, weil ihr künstlerisches Selbstverständnis eher Kinofilme favorisierte. Ein Beispiel liefert Pink Floyd, die 1972 den Dokumentar-Konzert-Film „Live At Pompeji" in die Kino brachten. Pink Floyd produzierten einige weitere Filme, darunter auch „The Wall“ (1982), aus welchem dann tatsächlich ein Musikkurzfilm extrahiert wurde, in dem die Band weder performt noch zu sehen ist – was für eine Artrockband ungewöhnlich ist. Yes, ebenfalls eine Band jener Zeit, produzierte auch einen Konzertfilm in Kinolänge („Yessongs“, 1975). Auch ihr Musikkurzfilm „Wonderous Stories“ (1977) ist ein rein performativer Musikkurzfilm. Ein Jahr später liefern Yes einen Musikkurzfilm, der schon die technischen Videomöglichkeiten des Keyings[18] nutzt. Die Band spielt im Meer passend zum Titel „Don’t Kill the Whale“. Genau wie Pink Floyd gibt es dann von Yes 1983 einen Musikkurzfilm, „Owner of a Loneley Heart“, in dem die Band nicht performt. Auch dieser Musikkurzfilm ist narrativ. Also änderten selbst die hartnäckig auf Konzerte fokussierten Bands der 70er Jahre ihre Grundhaltung gegenüber Musikkurzfilmen Anfang der 80er Jahre.

Die Narration im Musikkurzfilm scheint ein wichtiger Faktor bei den Musikkurzfilmen der 80er Jahre zu sein, die hier die Verwandtschaft zu den Filmmusicals offenbaren, gleichzeitig aber auch etwas aus den 70ern mitnehmen und integrieren: die neue Produktionstechnik und Special Effects. Der Bezug zu den Filmusicals wurde offensichtlich auch von den damaligen Medien entdeckt. Das Magazin „Fortune“ betitelte 1984 sein Portfolio zu den Musikkurzfilmen als „Four-Minute-Musicals“ und „Mini-Musicals“ (o. Verf. 1984, S. 167ff.).

Beispiele für solche technisch neuen Musikkurzfilme, die aber auch ähnlich dem Filmmusical eine bedeutsame Narration aufweisen, waren neben den bereits erwähnten in den 80er Jahren zum Beispiel:

- „Thriller“, Michael Jackson, 1983 (Special Effects bei der Verwandlung),
- „You Might Think“, The Cars, 1984 (Postproduction, Compositing, Keying),
- „Wouldn’t It Be Good“, Nik Kershaw, 1984 (Chromakey[19]),
- „Black Or White“, Michael Jackson, 1991 (Morphing Sequenzen) und
- „Scream“, Michael Jackson, 1995 (Set Design, Postproduction).

Es gibt noch weitere erwähnenswerte Musikkurzfilme, die ebenso die technische Ebene fokussieren, anders als die genannten aber nicht unbedingt die neuesten Techniken nutzten. Zum Beispiel ist „Sledgehammer“ von Peter Gabriel (1986) eigentlich ein klassischer Stop-Motion-Film, der aber über den Oskar-Fischinger-Trickfilm (vgl. Kapitel 3.6) hinausgeht und stark ins Narrative eines Musicals schlägt. Insofern handelt es sich bei „Sledgehammer“ schon um eine vorher nicht gesehene Variante eines Musikkurzfilms, der 1987 bei den Video Music Awards als „Best Video of the Year“, „Best Male Video“, „Best Concept Video“, „Most Experimental Video“, „Best Overall Performance“, „Best Direction“, „Best Special

18 | „Keying“ ist eine Methode aus der Videobearbeitung, in der Bildelemente vom Hintergrund freigestellt werden.

19 | Als „Chromakey“ bezeichnet man eine spezielle farbbasierte Variante des Keyings.

Effects“, „Best Art Direction“ und „Best Editing Video“ gewählt wurde und damit auch insgesamt 1987 das erfolgreichste Video war.

Während Michael Jacksons Musikkurzfilme aus dem Ende-70er-Album „Off the Wall“ allesamt performativ waren, änderte sich das mit „Beat It“, „Billie Jean“ und „Thriller“ (1983). Alle Beispiele zeigen eine starke Narration, die mit der Performation als Gesang und Tanz zu einem Kurz-Filmmusical kombiniert werden.

„Billie Jean“ ist die mysteriöse Verfolgungsjagd Jacksons durch einen Detektiv. Bei „Beat It“ ist es die Geschichte der Gewalt zwischen rivalisierenden Gangs, die sich dann aber durch den Einsatz des Sängers gemeinsam in der Tanzchoreografie als Widerstreit wiederfinden. Bei „Thriller“ schließlich artet die ganze Produktion zu einem echten Kurz-Filmmusical aus, das sogar einen eigenen Musikschnitt erhält, um die Spannung die 14 Minuten zu halten. Das besondere an „Thriller“ ist zudem, dass dieser Musikkurzfilm zu der damaligen Zeit einen echten Horrorfilm darstellte. Die Special Effects waren vom gleichen Künstler, Rick Baker, der auch die Masken zu „American Werewolf“ (1981, Regie John Landis) eins zu eins übernommen. Baker bekam 1982 einen Oscar für die beste Maske. „Thriller“ war also technisch und inhaltlich auf dem Stand eines ausgezeichneten Horrorfilms, der selten in Gänze gezeigt wurde. Im Januar 1984 wurde „Thriller“ in der Bundesrepublik Deutschland in der Musikkurzfilmshow „Formel Eins“ als Video der Woche in voller Länge gezeigt. Wegen des gruseligen Inhalts durfte diese Folge aber aus Jugendschutzgründen erst ab 21 Uhr ausgestrahlt werden („Formel Eins“ Folge 30, Erstausstrahlung am 23.1.1984, Bayerischer Rundfunk). Michael Jackson veröffentlichte auch über die 80er Jahre hinaus narrative Musikkurzfilme, die wie Filmmusicals funktionierten („Bad“, „The Way You Make me Feel“, „Smooth Criminal“, „Black Or White“, „Remember the Time“, „Who Is It“ oder „Scream“). Der Bezug zu bekannten Filmmusicals ist nicht zu übersehen. „Bad“ und „The Way You Make Me Feel“ erinnern mit den urbanen Tanzszenen an die „West Side Story“, „Smooth Criminal“ zum Beispiel an „Vorhang auf!“ mit Fred Astaire (1953). Das rein Performative wie beispielsweise „Dirty Diana“ oder das rein Narrative wie in „Liberian Girl“ ist bei Jackson die Ausnahme. Die Musikkurzfilme von Michael Jackson können deshalb als beispielhaft gelten, weil er als Popstar die 80er und 90er Jahre stark beeinflusste und präsenter war als irgendein anderer Popstar der Zeit.

Der Trend zum narrativen Musikkurzfilm mit oder ohne performative Elemente lässt sich schon an David Bowies Musikkurzfilm zu „Ashes to Ashes“ (1980) erkennen. Der Regisseur David Mallet nutzte elektrische Videoeffekte wie Chromakey und Farbveränderungen, um Bowie in möglichst unwirklichen Landschaften performen zu lassen. Die Schnitte auf verschiedene Szenen und die verschiedenen Kostüme unterstützen die Narration, die sich immer auf den Text des Liedes bezieht. So kann man den Musikkurzfilm als Übergang von den 70er-Jahre-Videoeffekten hin zum filmmusicalähnlichen und collagehaften, narrativen Musikkurzfilm der 80er Jahre bezeichnen. Bowies Musikkurzfilm zu „Heroes“ (1977) ist noch rein performativ. „Let's Dance" oder „China Girl" (1983) sind dann schon vornehmlich narrativ.

Der Trend zum Filmmusical zeichnete sich darüber hinaus auch im Kino ab. Ende der 70er Jahre kam vermehrt der Musikfilm/das Musical im Pop-/Rockbereich erfolgreich in die Kinos[20]. Auch in Deutschland gab es in den 80er Jahren sehr populäre Musikfilme, die sich ausschließlich auf die Jugendkultur bezogen: „Richy will Spaß" (1985), „Am Wannsee ist der Teufel los" (1981), „Gib Gas, ich will Spaß" (1983) waren Filme, die sich der deutschsprachigen Musik der Neuen Deutschen Welle Anfang der 80er Jahre annahmen und damit auch eine neue und aktuelle Form des Schlagerfilms produzierten (vgl. Hobsch 1998, S. 208). Selbst die ARD Sendung „Formel Eins" drehte einen eigenen Musikfilm, „Den Formel Eins Film" (1985), zu dem ein Soundtrack mit aktueller Popmusik veröffentlicht wurde.

Der offensichtliche Trend zur Erzählung im Zusammenhang mit Pop-/Rockmusik zeigt sich besonders in den Musikkurzfilmen. Weitere Beispiele für die Rückkehr der Narration als Kurzfilmmusicals in den Musikkurzfilmen der 80er Jahre sind: „Love Is a Battlefield" (Pat Benatar, 1983), „Don't You Want Me" (Human League, 1981), „Borderline" (Madonna, 1984), „Last Christmas" (Wham, 1984), „The Power of Love" (Frankie Goes To Hollywood, 1984), „Gold" (Spandau Ballet, 1983), „Smooth Operator" (Sade, 1983).

Das Performative wird zumeist in die Story integriert, die Künstler sind aber immer Teil der Geschichte respektive der Inszenierung und singen oder tanzen dabei. Manchmal wurde die Performation, also der Auftritt selber, dokumentarisch in eine Geschichte verpackt. Im Musikkurzfilm zu „Easy Lover" (1984) wurde der Auftritt der beiden Interpreten Phillipp Baley und Phill Collins in einem Fernsehstudio nachgestellt, sodass der Zuschauer glaubt, es handele sich um einen Dokumentarfilm.

Rein performative Musikkurzfilme findet man aber in den 80er Jahren immer noch im Rockgenre. „Jump" (Van Halen, 1984) oder „The Final Countdown" (Europe, 1986) sind dabei Beispiele für Musikkurzfilme von Metalbands, die eher große Bühnen mit Publikum zu ihrer Imagebildung benötigten, während Indiebands wie Joy Division („Love Will Tear Us Apart", 1981) oder The Smiths („This Charming Man", 1983) eher ihren Proberaum als Bühne nutzten, wahrscheinlich um möglichst authentisch und unabhängig zu wirken.

20 | „Rocky Horror Picture Show" (1975), „Saturday Night Fever" (1977), „Thank God It's Friday" (1978), „Grease" (1978), „Quadrophenia" (1979), „Blues Brothers" (1980), „Fame" (1980), „The Wall" (1982), „Flashdance" (1983), „Staying Alive" (1983), „Wild Style" (1983), „Footloose" (1984), „Breakin'" (1984), „Purple Rain" (1984), „A Chorus Line" (1985), „Absolute Beginners" (1986), „Dirty Dancing" (1987), „Who's That Girl" (1987), „La Bamba" (1987), „Moonwalker" (1988), „101" (1989), „Cry Baby" (1990), „House Party" (1990).

Produktionsmittel und Bildqualität

Die meisten Musikkurzfilme der 80er Jahre wurden genau wie ihre Vorgänger seit 100 Jahren auf Film (16 mm oder 35 mm) produziert. Die Ausnahme findet sich bis dahin nur in den 70er Jahren, als die Videoeffekte Hochkonjunktur hatten. Gerade als Anfang der 80er Jahre die filmische Narration in Form von Kurzfilmmusicals wieder interessant wird, musste auch die Bildqualität passen und qualitativ hochwertig sein. Daran sollte sich bis Ende der 90er Jahre nichts ändern.

Assoziative Musikkurzfilme und elektronische Musik

Schon zu Beginn der 80er Jahre werden Musikkurzfilme veröffentlicht, die die Interpreten nicht zeigen und deshalb nicht, wie die zuvor besprochenen Musikkurzfilme, in die klassischen Kategorien der Narration oder Performation passen und historisch nur bei den assoziativen Musikfilmen zu finden waren.

„Genius of Love“ (Tom Tom Club, 1981) ist ein Zeichentrickfilm, der assoziativ zur Musik funktioniert. Zwar gibt es angerissene narrative Elemente, diese bleiben aber hinter den assoziativen Elementen zurück. Die zumeist figurativen animierten Zeichnungen beziehen sich auf den Rhythmus oder die Melodie. Hier wird der Bogen zu den animierten Disneyfilmen wie „Fantasia“ (1940) gespannt und damit auch zu Oskar Fischinger und dem abstrakten Film (vgl. Kapitel 3.6). 1985 gewann ein Musikkurzfilm der britischen Band Art of Noise die MTV Video Music Awards in den Kategorien „Most experimental“ und „Best editing“. Für den Track „Close to the Edict“ fertigte man sogar drei verschiedene Versionen an. Die zweite Version gewann die Awards und ist ein assoziativer Musikkurzfilm, der nur aus collagierten Schnipseln besteht und die Band weder zeigt noch thematisiert. Das Video ist völlig losgelöst von der personalisierten Performance der Musiker oder anderer Tänzer. Die Assoziation wird nur durch den Schnitt, also die zeitliche Abfolge der einzelnen Bildelemente, erreicht. Diese Rückkehr des assoziativen Experimentalfilms ist den neuen elektronischen Bands geschuldet, die sich als auftretende Musiker nicht richtig personalisieren können oder wollen. Bei der deutschen Band Kraftwerk, die die einflussreichste und früheste elektronische Popband weltweit ist, wurde die Metamorphose des Musikers zu einer Maschine zum Markenzeichen. Ab dem Album „Mensch Maschine“ (1978) werden die Musiker tatsächlich zu Robotern. „Wir sind Musikarbeiter“, sagte Ralf Hütter 1981 in einer Fernsehreportage, um das neue Selbstverständnis zu markieren. Ab 1978 trat die Band mit Puppen auf, die so aussahen wie die Musiker selbst. Bei Fernsehauftritten (etwa „Wir sind die Roboter“ bei „Rock Pop“ im ZDF am 1.4.1978) wurde sogar während der Performance auf die Puppen umgeschnitten. Wer heute ein Kraftwerk-Konzert besucht, wird bei diesem Lied immer noch mit den, allerdings neuen Puppen mit sich bewegenden Roboterarmen konfrontiert. 1986 werden die Kraftwerk-Roboter zu computergenerierten Wesen im Musikkurzfilm zu „Music Nonstop“ oder „Boing Boom Tschak“. Hier performen die Drahtgittermodelle der Bandmitglieder. Dennoch sind die benannten Musikkurzfilme der Band Kraftwerk nicht assoziativ, sondern performativ, weil für die Band am Ende eben doch die Personen, auch wenn sie als Roboter transformiert scheinen, wichtig sind. Ein Indiz dafür ist, dass bei einigen Auftritten die Vornamen der Bandmitglieder als beleuchtete Neonschrift vor ihnen standen. Das soll die innovative Arbeit von Kraftwerk auch im Bereich Visualisierung und Musikkurzfilme nicht abwerten. 1977 stellte Kraftwerk mit dem Musikkurzfilm zu „Trans Europa Express" einen rein narrativen Musikkurzfilm vor, den die Band bei einer Reise mit dem Zug zeigt, ohne dass sie performen. Die Sequenzen sind mit dokumentarischen Szenen des Themas Zug gegengeschnitten. Das Video in Schwarzweiß erinnert an die expressionistischen Filme der Zwanzigerjahre, wie auch die Musiker selber, die damals noch nicht als Roboter auftraten. An diese Sachlichkeit der 20er Jahre knüpft auch der Musikkurzfilm „Telefonanruf" von 1986 an, der dann im Sinne unserer Definition als musicalartig, narrativ angelegt ist, weil die Bandmitglieder auch im Sinne eines Musicals in surrealen Arrangements performen.

Darüber hinaus finden sich aber in den 80er Jahren immer mehr Musikkurzfilme aus dem elektronischen Musikbereich, die rein assoziativ sind. 1988 wird der Musikkurzfilm „Pump Up the Volume" von dem elektronischen Act Marrs veröffentlicht. Auch hier findet sich wie bei Art of Noise eine Collage von Bild- und Filmschnipseln, die im vorliegenden Fall aus der Weltraumforschung stammen. Astronauten, Raketen, Bilder aus dem All oder Raumstationen sind in eine rhythmisch-filmische Gesamtkomposition gebracht, die als assoziativ zu bezeichnen ist. In solchen Musikkurzfilmen wurde visuell gespiegelt, wie die Musiker ihre Musik, die damals auch schon als Housemusic, dem Vorläufer des Techno, bezeichnet wurde, produzierten, nämlich durch Sampling, Drummachines und Sequencer.

Im gleichen musikalischen Umfeld wurde aber schnell wieder auf performative Musikkurzfilme zurückgegriffen, wenn es um Hits ging. Zum Beispiel zeigen „Theme From S'Express" (S'Express, 1988), „Good Life" (Inner City, 1989), „Pump Up the Jam" (Technotronic, 1990), „Rhythm Is a Dancer" (Snap, 1992) immer auch die Interpreten tanzend und singend, performend. Interessant ist, dass hier auch die Videoeffekte der 70er Jahre wieder aufleben. Offensichtlich wird das bei „Plastic Dreams" (Jaydee, 1993), dessen bunte Sequenzen mit tanzenden Silhouetten an den „Musikladen" Ende der 70er Jahre erinnern.

Die Technozeit war angebrochen und drängte die Musiker mehr und mehr als Person in den Hintergrund und machte Platz für experimentelle, assoziative und künstlerische Musikkurzfilme. Es wurde vor allem deutlich, dass ein Musikkurzfilm nicht an bestimmte Regeln (wie zum Beispiel die, dass der Künstler einige Sekunden zu sehen ist) gebunden sein muss.

Manche Musikstücke der neuen elektronischen Musik aus den Tanzclubs wie House oder Techno sind so erfolgreich, dass, nachdem sie in die normalen Charts aufgestiegen war, einen Musikkurzfilm brauchten. „The Bomb!" von den

Bucketheads war ein solcher Superhit, zu dem nachträglich ein Musikkurzfilm benötigt wurde. Der rein narrative Musikkurzfilm zeigt eine Gruppe von Clubgängern um einen afroamerikanischen DJ herum (der nicht der Produzent des Stückes, Kenny Dope Gonzales, ist), die in ihrem Tagesablauf im Plattenladen, zu Hause im Bett, im Club oder auf der Tanzfläche zu sehen sind. Diese rein narrativen Musikkurzfilme boten sich für elektronische Musik geradezu an, weil sie personifiziert und durch eine Story ein Image oder auch ein Gefühl vermitteln konnten, was im Gegensatz zu einem abstrakten, assoziativen Musikkurzfilm für den Konsumenten meist einfacher zu verstehen ist. Es gibt mehr Beispiele für die rein narrativen als für die assoziativen Musikkurzfilme dieser Zeit und Musikform. „Magic Carpet Ride" (Mighty Dub Katz, 1995) ist ein Western, bei dem der Held eine Frau ist, „Children" (Robert Miles, 1996) zeigt die Fahrt eines Mädchens durch Europa, „Da Funk" (Daft Punk, 1995/2000) erhält sogar den eigenen Titel „Big City Nights", bei dem es um die urbane Tour eines vermenschlichten Hundes mit seinem Radio durch New York geht, der zufällig eine Nachbarin aus der Highschool trifft. Dabei ist die Musik soweit in den Hintergrund geraten, dass sie nur noch Filmmusik ist. Ähnlich ist es bei „All I Need" (Air, 1998). Hier wird die Liebesbeziehung eines jungen Pärchens dokumentiert.

Diese reine Form der narrativen Musikkurzfilme ohne Interpreten war tatsächlich neu, weil sie nicht wie die Sequenzen eines Spielfilms zu einem größeren Ganzen gehörten, sondern konkret nur als Musikkurzfilme intendiert waren. Sie gingen noch weiter als die Scopitones (vgl. Kapitel 3.5), die ebenfalls nicht mehr zu einem größeren Kontext gehörten, dies aber suggerierten, weil sie die narrative Form eines Filmmusicals übernahmen und die Performation fehlte.

Die für den Popmarkt möglich gewordenen assoziativen Musikkurzfilme bleiben eher selten, sind dafür aber häufig ausgesprochen künstlerisch. „Star Escalator" (Sensorama, 1998; vgl. S. 66ff.), aber auch „Star Guitar" (Chemical Brothers, 2002) sind solche Beispiele. Bei „Star Guitar" glaubt man zunächst, eine Zugfahrt aus der Subjektiven eines Mitfahrers zu sehen. Nach und nach wiederholen sich vorbeifliegende Objekte wie Häuser, Türme, Masten, Leitungen, und dem Betrachter wird klar, dass es sich um eine computergenerierte Landschaft handelt, bei der jedes vorbeiziehende Element einem (digitalen) Instrument zugeordnet ist.

Die gewöhnlichen narrativen Musikkurzfilme mit performativem Anteil (wie in den Filmmusicals) und die hauptsächlich performativen Musikkurzfilme entwickelten sich in den 90er Jahren ebenfalls weiter, vor allem wegen der größeren Budgets. Unterschiede innerhalb der performativen Gattung wurden deutlicher. Die Rockvideos werden zumeist mit Bühne und Instrumente spielenden Interpreten umgesetzt, während sich die performativen Musikkurzfilme aus dem Hip Hop und Rhythm and Blues immer mehr zu aufwendig choreografierten Tanzvideos wandeln. Die ersten in diesem Bereich sind die Videos von Janet Jackson, die sich zumeist auf die Tanzfilme und Filmmusicals der Fünfziger Jahre beziehen und häufig eine urbane Studiobühne nutzen. Das setzt sich in Musikkurzfilmen wie denen von MC Hammer oder Bobby Brown fort und führt Mitte der Neunziger zu den sehr aufwendig choreografierten und inszenierten Musikkurzfilmen von Missy Elliot („The Rain", 1997). Diese Musikkurzfilme können als exemplarisch für die folgende Generation von Musikkurzfilmen gelten, in denen der Tanz eine große Rolle spielte. Lady Gagas Musikkurzfilme sind im Vergleich damit bloße Wiederholungen und erscheinen gar nicht so innovativ.

Bei den Rockvideos der 90er Jahre wird im Zuge des Grunge (Nirvana, Pearl Jam und Soundgarden) Authentizität der „ehrlichen", handgemachten Musik auch in den Musikkurzfilmen deutlich. In diesem Sinne unterscheiden sie sich klar von den glamourös inszenierten performativen Musikkurzfilmen des Hip Hop und R 'n' B. Keine Effekte, keine Studiobühnen, keine Tanzszenen, sondern das Publikum und die Livemusik sind die entscheidenden Elemente des typischen Rockvideos der 90er Jahre. Dieser Trend in der Rockmusik hat sich auch im MTV-Programm als besonders erfolgreich behauptet.

Seit 1989 produziert MTV „MTV Unplugged", eine Sendung, in der die Bands live und nur mit Akustikversionen auftreten dürfen. Spätestens seit dem Erfolg der Sendung mit Eric Clapton 1992 (er gewann sechs Grammys) wurden die Auftritte kommerziell ausgewertet, der Auftritt als Album und DVD verkauft. Dabei entstanden eine Reihe neuer, rein performativer Musikkurzfilme, die sich in der Regel nicht nur im Fernsehen wiederholen, sondern auch auf YouTube oder anderen Onlinevideostreamdiensten und bei MTV Online selbst einzeln finden lassen.

Der Regisseur als Künstler

Mitte der 90er Jahre verstanden sich mehr und mehr Musikkurzfilmregisseure als Künstler. Die Musikkurzfilme an sich genossen mehr kulturelles Ansehen als in den 80er Jahren, als der Musikkurzfilm als schlechte und billige Unterhaltung angesehen wurde. Interessanterweise gab es aber schon bekannte Kinofilmregisseure, die sich auf Musikkurzfilme einließen. John Landis als Regisseur zu „Thriller" war einer der ersten, Martin Scorsese drehte für Michael Jackson „Bad" (1987). Er hatte bereits Erfahrung im Musikfilmbereich, denn er war Regieassistent für die Woodstockdokumentation 1970. Zu „Liberian Girl" lud Jackson 34 prominente Filmstars und Musiker ein. Sicherlich waren das aber Ausnahmen in den 80er Jahren. Ab Mitte der 90er Jahre beginnen Regisseure Musikkurzfilme zu machen, die sich selbst als Künstler und ihre Arbeit als Kunst verstehen.

Spike Jonze ist einer dieser Regisseure mit künstlerischem Anspruch. Der oben erwähnte Clip „Big City Nights" (1995/2000) für Daft Punk gehört dazu, sowie „Sabotage" für die Beastie Boys (1994) mit fünf oder auch „Praise You" für Fatboy Slim (1999) mit drei Video Music Awards. Am Beispiel „Praise You" kann man erkennen, dass ein Musikkurzfilm zum Ende der 90er Jahre auch sehr erfolgreich sein konnte, wenn er technisch nicht besonders hochwertig war. „Praise

You" ist im Stil eines Amateurfilms produziert und zeigt den Straßenauftritt einer Hobbytanztruppe, der von Jonze mit dieser lange eingeübt wurde. Er selbst tanzt als Cheftänzer mit. Das Video ist dieses Mal tatsächlich auch technisch gesehen ein Video und gehört zu denen, die eben diese „schlechte" Videoästhetik konzeptionell nutzen. Deshalb kann das Video nicht mehr als 1.000 US-Dollar gekostet haben, wenn man die Kosten für Jonze abzieht. Ebenfalls an der Regie beteiligt war der Sohn von Francis Ford Coppola, Roman Coppola. Das Video ist so absurd, dass es unweigerlich komisch wirkt. Schon bei „Sabotage" für die Beastie Boys spielte Jonze mit der Ästhetik von schlecht gemachten 70er-Jahre-Krimis. „Praise You" wurde 1999 von der skurrilen Hobbytanztruppe sogar bei den VMA auf der Bühne live aufgeführt. Jonze drehte erst Musikkurzfilme und dann Kinofilme wie „Being John Malkovich" (1999) oder zuletzt „Her" (2013) und war damit für einige Oscars nominiert. 2003 gründete er zusammen mit Michel Gondry und Chris Cunningham das Directors Label, bei dem DVDs von bekannten Musikkurzfilm-Regisseuren veröffentlicht wurden. Hier wird deutlich, dass es zum ersten Mal um die Regisseure als Künstler ging und diese sich auch selbst so verstanden. Bisher wurden acht DVDs veröffentlicht, von denen sieben die Arbeit eines Regisseurs beinhalten: Spike Jonze, Chris Cunningham, Michel Gondry, Mark Romanek, Jonathan Glazer, Anton Corbjin und Stephane Sedbaoui.

An dieser Stelle muss Cunningham besonders erwähnt werden. Seine Arbeiten sind außergewöhnlich surreal und mysteriös, mit einer starken Bildsprache, die sich zwischen Erotik, Cyberpunk und Horror bewegt. Schockwirkungen, schnelle Schnitte, Bildfehler und das Licht sind seine bevorzugten Gestaltungsmittel. Ursprünglich ist er Special-Effects-Maskenbildner beim Kinofilm. Er arbeitete zum Beispiel für „Alien 3" (1992) von David Fincher, der seinerseits selber schon in den 80er Jahren ein bedeutender Musikkurzfilmregisseur war und es bis heute ist. „All Is Full of Love" (Björk, 1999) gewann ein Jahr nach Jonzes „Praise You" zwei Awards bei den VMAs.

> As a teenager I had quite an obsession with industrial robotics and electronic music. I always thought it would be nice to mix that aesthetic of robotic fetishism with something completely conflicting. All Is Full of Love is so much about romance and sexuality that I thought it might be interesting to push those ideas together with a sort of cold technology, and see if we could make it work […].
> I did technical drawings for the designs of the robots and the Björk androids and then had a model maker friend of mine build every thing as static props. There are actually no functioning robots in the video at all. Anything that moves is a computer graphic. The robotic arms that come in from the sides were two props on steel rods that we had two men push into frame. The actual moving part on the robots was a tilting mechanism that was crudely cable-controlled. All of the additional moving parts were tiny little CG [i. e. computer grafics, M. L.] elements

> that we added in post at Glassworks in London. (Cunningham, nach Probst 2000, S. 109ff.).

Cunningham zählte damals schon zu denjenigen Künstlern, die alles selber machen konnten. Er beherrscht die gesamte Pre- und Postproduktion, Kamera, Schnitt, Compositing und kann auch selber Musik produzieren. Seine Arbeit „Flex" (2000), zu der Aphex Twin die Musik zusammen mit Cunningham produzierte, zeigt, dass nun das Filmwerk im Vordergrund steht. Der Film wurde als Kunst-Videoinstallation in der Royal Academy of Arts in London ausgestellt. Ebenso wurde die Arbeit „Monkey Drummer" 2001 auf der 49. Biennale von Venedig gezeigt. Cunningham war damit der erste Künstler, der mit seinen Musikkurzfilmen in die anerkannte Kunstwelt vorstieß.

Diese künstlerische Haltung der Musikkurzfilmregisseure, die ab Mitte der 90er Jahre deutlich wird, führte dazu, dass Musikkurzfilme, wie es beispielsweise auch schon bei „Thriller" der Fall war, auch ohne dass man den Interpreten oder den Musiktitel gut finden musste, für den Betrachter attraktiv waren. Die Musik trat zu Gunsten eines guten Films in den Hintergrund. Die Musikkurzfilme konnten völlig unabhängig von der Musikindustrie oder dem Interpreten ein eigenständiges künstlerisches Produkt sein, die mit Veröffentlichungen wie „25 Musikvideo-Klassiker aus 25 Jahren Spex" (Spex, 2005) oder „Music Video Art" (Stern Neon, 2004) gewürdigt wurde.

In den nächsten zehn Jahren entstand daraus eine Tradition für Musikkurzfilm-Künstler. Die nächste Generation von Regisseuren wurde ab 2005 vorgestellt und zum Beispiel von Matt Hanson 2006 in dem Katalog „Reinventing music video" präsentiert. Hanson stellt 15 zu jener Zeit junge, neue Regisseure oder Produktionsfirmen vor und zeichnet damit einen Kanon des guten Geschmacks, was Musikkurzfilme respektive Musikkurzfilmregisseure zum damaligen Zeitpunkt anging. Die Musikkurzfilme sind alle aus der Zeit von 2002 bis 2005, markieren also die letzte Generation vor der YouTube-Wende 2005 (vgl. Kapitel 5). Die Beispiele sind alle sehr hochwertig und teuer produziert, sie zeichnen sich durch innovative Stories, aufwendige Trickaufnahmen, neueste Postproduktionsmöglichkeiten oder auch Zeichentrick aus.

Hervorgehoben werden muss hier auch, dass es nun keine Grenzen oder Regeln mehr gab. „Mono" (2003) von Courtney Love bietet kein typisch performatives Rockvideo, sondern ein rein narratives. „All Falls Down" (2004) von Kanye West ist kein typischer Hip-Hop-Musikkurzfilm, der für gewöhnlich hauptsächlich den glamourösen Prunk der Interpreten zeigen soll, sondern ein narrativer Musikkurzfilm mit fast ausschließlich performativem Anteil, die so typische Tanzperformance fehlt. In „Human" (2005) von Carpark North kommen die Interpreten überhaupt nicht vor, obwohl die Band ein klares personifiziertes Image pflegt (vgl. www.carparknorth.com).

Grenzüberschreitungen bei VIVA ZWEI

In den 90er Jahren wurden auch die moralischen Grenzen der Musikkurzfilme ausgelotet. Aber grenzüberschreitende Musikkurzfilme, wie auch schon „Thriller" (1983), der selten in voller Länge und vor 21 Uhr gesendet wurde, oder auch „China Girl" (1983) von David Bowie wegen der letzten Szene, in der sich Bowie und seine Partnerin am Strand nackt lieben und die nie ganz gezeigt wurde, waren auch schon in den 80er Jahren präsent. Madonna arbeitete ganz gezielt mit provokanten Musikkurzfilmen. „Like a Prayer" (3.3.1989) erschien einen Tag nach einem Pepsi-Werbespot (2.3.1989) mit Madonna, der denselben Titel benutzte. Madonnas Gage betrug fünf Millionen US-Dollar. Der Musikkurzfilm wurde kontrovers diskutiert, weil er einen für viele Katholiken blasphemischen Inhalt transportierte. Pepsi soll MTV gebeten haben, den Musikkurzfilm aus dem Programm zu nehmen, was aber abgelehnt wurde. Madonna selbst stellte fest: „Art should be controversial, and that's all there is to it." (Holden 1989, S. 1 und 12). Bei den VMA 1989 gewann der Musikkurzfilm den „Viewers choice award" und die Musikerin sagte, als sie auf die Bühne ging, um den Preis zu empfangen: „I would really like to thank Pepsi for causing so much controversy." (Madonna am 6.9.1989). Von nun an versuchte sie weitere provokante Musikkurzfilme, weil die einerseits ihr Image und andererseits ihre Plattenverkäufe positiv beeinflussten. Der Musikkurzfilm „Justify My Love" (1990) wurde von MTV nie gespielt. Dafür wurde die VHS-Kassette ein Verkaufshit (vgl. Banks 1996, S. 184). Der Schwarzweißfilm zeigt Madonna bei Liebespielen im Sado-Masobereich. 1992 wurde „Erotica" veröffentlicht, ein Musikkurzfilm, der tatsächlich dreimal auf MTV nach 21 Uhr gesendet wurde, bevor er aus dem Sendebetrieb genommen wurde. In diesem Video spielen Naomi Campbell und Isabella Rosselini mit. Madonnas stark sexualisiertes Image erreicht hier den Höhepunkt im Zusammenhang mit veröffentlichten Nacktfotos (vgl. Madonna/Meisel 1992) und auch durch Oben-ohne-Auftritte bei Jean Paul Gaultiers Fashionshow 1992. Madonnas Musikkurzfilme und Auftritte sind aber nicht allein dafür verantwortlich, dass MTV über die Jahre immer strenger und konservativer wurde. Schon 1989 beschwerten sich die Musiklabels im „Billboard Magazine", dass das Komitee (zehn Mitarbeiter waren 1989 zuständig für die Auswahl und Bewertung der Musikkurzfilme) zu lange brauche und zu streng sei (Billboard vom 18.11.1989, S. 1, 92 und 95). Banks erklärt, wie MTV versuchte, die Musiker und auch die Plattenfirmen anzuhalten, Musikkurzfilme und auch Liedtexte zu ändern. Meist scheiterten diese Versuche. Auch wurden MTV damals öffentlich Homophobie und Rassismus vorgeworfen (vgl. Banks 1996, S. 183ff.). Was sich hier bereits ablesen lässt, ist das Ausreizen des Mediums Musikkurzfilm hinsichtlich der Provokation, entweder aus ökonomischem Kalkül oder als notwendige Folge einer künstlerischen Entscheidung. Bei Madonna wird es wohl bis heute (vgl. Bitch I'm Madonna, 2015), sie ist mittlerweile 58, die Überzeugung „Sex sells" sein, was aber den künstlerischen Wert nicht unbedingt mindern muss. Madonna ist das Vorbild für die meisten weiblichen Popstars der Folgezeit bis heute. 2003 küsste Madonna bei einer Liveperformance Christina Aguileira („Dirty“, 2002) und Britney Spears („… Baby One More Time“, 1998). Lady Gaga oder Miley Cyrus versuchen gegenwärtig Gleiches: Sexy-Sein und provozieren.

In gewisser Weise versuchte jeder Musikkurzfilm irgendwie besonders zu sein, zumal die Konkurrenz immer größer wurde. Das wurde ab 1995 immer deutlicher, als Michael und Janet Jacksons „Scream“ die VMA als „Bestes Video“ gewann. Das Besondere an dem Musikkurzfilm war vor allem der Preis von sieben Millionen US-Dollar, der bis heute nicht übertroffen worden ist. Ein Jahr später gewann „Tonight“ sechs VMAs. Der Musikkurzfilm ist eine Hommage an George Méliès „Reise zum Mond“ (1902), zwar in Farbe, aber mit augenfällig ähnlicher Kulisse, Story und Ausstattung. „Tonight“ ist ein besonders fantasievoller, surreal narrativer Musikkurzfilm mit wenig performativem Anteil. 1997 wurden die Special Effects von „Virtual Insanity“ (Jamiroquai) der Grund für das beste Video des Jahres – ein Trick, der es schon Fred Astaire in „Royal Wedding“ 1950 erlaubte, über die Decke zu tanzen oder Stanley Kubricks Illusion, dass man in der runden Raumstation im Looping joggen konnte, vervollständigte. Im Musikkurzfilm gab es solche Tricks bis zu „Virtual Insanity“ noch nicht und so bot es eine sensationelle Inszenierungsmöglichkeit für die Performance von Jay Kay. 1998 gewann ein Musikkurzfilm zwei Awards, der sowohl filmisch als auch inhaltlich in neue Dimensionen vorstieß: „Smack My Bitch Up“ (Prodigy, 1998) ist ein außerordentlich radikaler, rein narrativer Musikkurzfilm, der vollständig aus der Subjektiven gedreht wurde. Es ist die Geschichte einer exzessiven Nacht im Londoner Clubleben mit allem, was man sich ausdenken kann: Drogen, Gewalt, Sex, Kriminalität. Selbst die geschnittene Version wurde in den USA und in Großbritannien nicht im TV gezeigt, bei VIVA ZWEI nur spät nachts. Das wirklich Bahnbrechende war nicht einmal der Inhalt, sondern die filmtechnische Subjektive, die danach bis heute in vielen Musikkurzfilmen und Spielfilmen genutzt wird und mittlerweile POV (Point of View) genannt wird. „Fallen Angels“ (Kar-Wei Wong, 1995) hatte schon eine ähnliche Ästhetik und bot ebenfalls eine Subjektive, die aber im Spielfilm nicht durchgehend eingesetzt wurde. Für einen Musikkurzfilm war das aber eine absolute Grenzüberschreitung, die bis heute weiterwirkt. Wer thematisch und technisch einen ähnlichen Musikkurzfilm macht, wird immer an „Smack My Bitch Up“ gemessen werden.

1999 gewann, wie oben erwähnt, „Praise You“, das im Vergleich zu allen anderen Musikkurzfilmen im Wettbewerb enorm günstig und mit amateurhaftem Look die Grenze des üblichen Geschmacks überschritt, eines Geschmacks, der teure, aufwendige und technisch brillante Arbeiten bis dahin bevorzugte. Danach gewann Cunningham mit „All Is Full of Love“. Er beschritt damit den Cyberpunk-Weg und glänzte mit einer fantastischen Ästhetik. In den folgenden Jahren waren immer wieder erfolgreiche Musikkurzfilme bei den VMAs vertreten, die als grenzüberschreitend zu bewerten sind: „Weapon Of Choice“ (2001), bei dem Christopher Walken, Oscarpreisträger 1978, eine denkwürdige Tanzperformance durch eine Hotellobby zeigt, „Fell In Love With a Girl" (2002), eine Legoanimation, „The Scientist" (2003), der Musikkurzfilm, der gänzlich rückwärts läuft, bei dem der Sänger Chris Martin aber nicht rückwärts singt. Ab 2004 findet sich weniger Innovation bei den Musikkurzfilmen, die bei den VMA gekürt wurden.

Im vorherigen Teil wurde auf Musikkurzfilme verwiesen, die in besonderer Weise die Grenzen des Musikkurzfilms erweiterten oder in Frage stellten und dafür bei den VMAs Preise erhielten. Da diese fast ausschließlich in der Zeit von 1995 bis 2004 auftraten, kann dies als Beleg dafür gelten, dass die Zeit für neue, innovative Musikkurzfilme im Fernsehen in der zweiten Hälfte der 90er Jahre zu finden ist.

Klar sichtbar wurde, dass in den 90er Jahren etwas qualitativ und quantitativ Neues in die Musikkurzfilme kam, weil erstens die Musikindustrie genug investieren konnte, zweitens die Plattformen in der Art von Musikfernsehsendern existierten, die viel Musik spielten, weil der Bedarf der jugendlichen Konsumenten vorhanden war, und drittens dadurch auch der Musikkurzfilmregisseur zum Künstler wurde und die Musikkurzfilme Kunst sein sollten.

4.3.2.1.8. VIVA Fernsehen und der Untergang

Diese Ausreizung und Innovation der Musikkurzfilme fand aber schon in den Sendern selber mit ihrem rockigen Image statt, das auch durch die Spots die Normalität eines Fernsehsenders verlassen hatte. Antiwerbung, Lautstärke, verrückte Moderatoren und Sendungen wie „Jackass" oder „Date My Mom" manifestierten die immer revolutionäre Stimmung der Jugend, die schon von Sokrates und Aristoteles konstatiert wurden. Das heißt, das Medium (Fernsehsender, -sendung) des Mediums (Musikkurzfilm) zeigte dieselbe Unangepasstheit und intendierte Störung, weil sie sich auf denselben Gegenstand, nämlich die Popkultur als das gesellschaftliche Zeugnis der Jugend, bezog.

Der Platz im Fernsehen für Grenzüberschreitungen, die nun einmal symptomatisch waren, mussten jeweils geschaffen werden und die Grenzüberschreiter mussten selbst von der Sache überzeugt sein. Sie mussten sich mit ihrer Arbeit identifizieren, um ein authentisches Ergebnis gestalten zu können, denn nur das Glaubwürdige wird die Popkultur überzeugen. Insofern hätten auch alle anderen Musikfernsehsender bei der Zielgruppe Erfolg gehabt. MTV setzte sich nur wegen der aggressiven Marktpolitik weltweit durch.

Glaubwürdig war auch der Musikfernsehsender VIVA und besonders dessen Ableger VIVA ZWEI. Bei VIVA ZWEI sollte Platz für das Besondere, das gegen den Mainstream bestehen konnte, geschaffen werden. Schon VIVA war ursprünglich in dieser Art und Weise konzipiert: ein Sender, der gegen das Monopol der Musikauswahl MTVs mit deutscher Musik ankämpfen sollte. Der Anteil deutscher Musik war mit 25 bis 30 Prozent ziemlich hoch, er sollte ursprünglich sogar 40 Prozent betragen (vgl. Hachmeister/Lingemann 1999, S. 142 und 147). Finanziert wurde VIVA von vier der fünf großen Musikfirmen: Time-Warner, Sony (ab 1999 an Edel Music verkauft), EMI, Polygram, die ungefähr 90 Prozent der Anteile hielten, bis nach einigen Anteilsveränderungen und dem Börsengang im Juli 2000 VIVA im Jahr 2004 für 308 Millionen Euro an VIACOM ging (vgl. Handelsblatt vom 20.6.2004). Diese kartellähnlichen Strukturen machten die Absichten der Beteiligten klar durchschaubar. Der über zehnjährige Erfolg des Unternehmens war aber hauptsächlich von den Mitarbeitern generiert worden. Für die meisten war der Sender als Arbeitsplatz eine Auszeichnung und allein das motivierte die jungen Studenten und Praktikanten dazu, alles zu geben. Die Bezahlung war zweitrangig, aber nicht wenig für Studenten, sodass viele ihr Studium abbrachen. Für die Moderatoren galt dasselbe. „Viva war 100 Prozent authentisch, ganz anders als der Rest des deutschen Fernsehens." (Schlegel, nach Hartwig, 2013). Einige Moderatoren haben nach VIVA eine große Karriere gemacht. Stefan Raab, Heike Makatsch, der eben gehörte Tobi Schlegel, Mathias Opdenhövel oder auch Nazan Eckes gehören dazu. Keiner hatte große Fernseherfahrungen – das war das Prinzip.

Das eingeschränkte Budget wurde aber auch nicht erhöht, als der Sender profitabler wurde. Den Profit strichen andere ein. 2000 ging VIVA an die Börse, Mitarbeiter konnten Anteile kaufen. Wie auch schon bei der Musikindustrie (vgl. Renner 2008, S. 112ff.), war der Börsengang der Anfang vom Ende.

Bis dahin aber boten VIVA und VIVA ZWEI in ihrer Unternehmensphilosophie Platz für das Besondere. Die Sendungen „Metalla", „Freestyle" und „Housefrau" zeigten genau dieses Ungewöhnliche, das dem Sender seine Fans brachte, und machten den Sender auf diese Weise glaubwürdig. Kaum war die Glaubwürdigkeit erreicht, wurden solche Formate aber abgeschafft, weil sie zu teuer waren. Trotzdem gelang es VIVA auch weiterhin, die Jugendkultur zu vereinnahmen, weil die Mitarbeiter auch für wenig Geld ihr Bestes gaben.

VIVA ZWEI startete im März 1995 und sollte das ältere Publikum ansprechen, während VIVA die Teenager versorgte. VIVA ZWEI sollte gegen den Mainstream und vor allem gegen MTV und VH-1 arbeiten. Hier liefen spätestens, nachdem 1996 das Konzept, das Design und die Programmstruktur geändert worden waren, diejenigen Musikkurzfilme, die sonst keinen Platz hatten oder auch nicht gezeigt werden durften. Schon die Werbekampagne 1996 zum Relounge zog böse Kritiken auf sich und in Bayern weigerten sich die Plakatierer ihre Arbeit auszuführen, die Zeitschrift „AMICA" wollte die Werbung nicht zeigen, weil sie frauenfeindlich und pervers sei (vgl. o. Verf. 1996). VIVA ZWEI wird vom Oldiesender zum Kunst- und Kulturprojekt[21], das Verluste einfährt.

Bei VIVA ZWEI wurden dem Zeitgeist entsprechend auch beim Inhalt der Sendungen Grenzen überschritten, zum Beispiel bei „Kamikaze" mit Niels Ruf im negativen Sinne oder bei „Fast Forward" im positiven Sinn, bei den Musikkurz-

21 | Im Jahr 2001 wurden sogar zwei Formate für den Grimmepreis nominiert: „Fast Forward" mit der Moderatorin Charlotte Roche und „2STEP".

filmen oder bei der Eigenwerbung, der Station-Promotion und Art Direction, die für das Außenbild des Senders arbeiteten.

Ein Beispiel, bei dem ich selber beteiligt war, soll das im Folgenden illustrieren. Im Jahr 1998 sollte es zu einem zweiten Relaunch von VIVA ZWEI kommen. Das hieß, das neue, aufgefrischte Design, die aufgefrischten Sendungen und die neuen Moderatoren (Roche, Ruf u. a.) mussten beworben werden. Üblicherweise ist dafür die Eigenwerbungsabteilung eines Senders, die Station-Promotion in Kooperation mit der Art Direction zuständig. In dieser Abteilung der VIVA Media AG arbeitete ich von 1996 bis 2002 als Producer von Trailern, sei es fest angestellt oder als freier Mitarbeiter, das hing jeweils von der Personalabteilung ab (das war mir damals ziemlich gleichgültig, weil ich noch als Kunststudent und DJ kein geregeltes Einkommen brauchte). Die Abteilung bestand aus nur wenigen Mitarbeitern: dem Abteilungsleiter, seinem Stellvertreter, zwei fest angestellten Producern, einer Sekretärin und ungefähr fünf freien Producern; mit dabei waren gelernte Fernsehjournalisten, Cutter, ausgebildete Designer, Filmstudenten und Künstler. Das trug zu einer ausgesprochen kreativen, angenehmen und kollegialen Arbeitsatmosphäre bei. Wir wurden im Sommer damit beauftragt, eine Werbekampagne zu konzipieren, die den Relaunch bewerben sollte. Dazu traf man sich zunächst im Sender zum Brainstorming. Der erste Gedanke war: Provozieren, nur wie? Sex, Drogen und Gewalt waren ja schon 1998 nicht mehr radikal neu. Sex im Zusammenhang mit der Kirche oder gleich dem Papst war im Gespräch, erschien allen aber doch zu platt. Damit die Zuschauer die Kampagne bemerken konnten, musste man sie zunächst stören. Gerade die VIVA ZWEI-Zuschauer waren mit Innovation im Fernsehbereich verwöhnt. Bei der Arbeit war es immer das Wichtigste, etwas Cooles und Wertvolles zu produzieren, etwas, von dem man selbst überzeugt sein konnte. Wir versuchten gute Bilder und Ideen umzusetzen und waren emotional beteiligt, wie die meisten, die für den Sender – und damit ist auch VIVA gemeint – arbeiteten. Man war nicht unbedingt der Meinung, dass wir die beste Arbeit leisteten, aber wir wussten, dass man die Möglichkeit hatte, etwas nach den eigenen Vorstellungen zu schaffen, das eine große Öffentlichkeit erreichen konnte (laut Pressemitteilung von 1999 erreichte VIVA ZWEI 74 Prozent aller Kabelhaushalte in Deutschland, was 22 Millionen Haushalten entsprach). Das Internet war noch weit von seinem gegenwärtigen Einfluss entfernt. Das bedeutete, dass eine Veröffentlichung auch bei einem kleinen Sender wie VIVA ZWEI viele Menschen erreichen konnte. Die Zuschauer, die wir erreichen wollten, waren die VIVA ZWEI-Zuschauer, die zwischen 29 und 45 Jahre alt und besonders musikinteressiert bis intellektuell waren. Alles, was uns einfiel, war für diese Adressatengruppe aber nicht gut genug, deshalb mussten wir uns einige Male treffen, bis wir auf der Dachtrasse des Abteilungsleiters bei gutem Wetter mit Blick auf den Eigelstein etwas formulieren konnten. Mir fiel auf, dass bis dahin nur Vorschläge existierten, die auf eine inhaltliche Ebene zielten, dass also etwas gezeigt werden sollte. Normalerweise hat man ja nur die Möglichkeit zu entscheiden, was man im Bild sehen soll. Dazu gehören natürlich auch der Schnitt, die Kamera, die Story, die Farben des Bildes, das Licht, die Bildfrequenz, die Geschwindigkeit und so weiter. Ich stellte daher die Frage in die Runde, ob wir nicht das Wie verändern könnten. Ein Kollege fragte mich sofort, ob ich das Sendebild auf den Kopf stellen wollte und ich antwortete, dass das eine gute Idee sei. Ich stellte mir sofort vor, wie genial es der typische VIVA-ZWEI- Zuschauer fände, dass sein Lieblingssender das Bild auf den Kopf stellte, um sich von allen anderen Sendern abzuheben. Entweder musste man dann seinen Fernseher auf den Kopf stellen, um das Bild richtig herum zu sehen, oder man gewöhnte sich an das im wörtlichen Sinne verkehrte Bild. Wir alle verstanden die Idee ziemlich schnell. Ich hätte das Bild gerne immer auf dem Kopf gesehen, wir einigten uns aber auf ein paar Wochen oder Monate. Die Idee musste aber noch vom Programmchef Michael Kreissl und von Dieter Gorny, der gefühlt alles bestimmte, abgesegnet werden. Kreissl wollte das nicht, Gorny fand das gut, also sollte die Idee für 24 Stunden umgesetzt werden. Für die Kampagne entwickelten wir zusätzlich die Idee einer organisierten Terrorgruppe, die wir „G2“ nannten. Ziel der Terrorgruppe sollte es sein, Störsignale über den Sender zu schicken, wobei der Einspieler natürlich auf dem Kopf stand, weiterhin sollten Flugblätter in der Medienlandschaft, vor allem auf der Popkomm 1998, aber auch in den Räumen der EMI verteilt, mit Flüstertüten eine Protestaktion gegen den Pop-Kommerz propagiert und möglichst viel gestört werden. Dazu wurden Schauspieler engagiert, die die Rolle der Terroristen übernahmen und beispielsweise bei der Comet-Verleihung (dem VIVA-Preis), die Bühne mit dem ahnungslosen Moderator Ill-Young Kim stürmten, um von der Security abgeführt zu werden.

Auf einem Flyer stand:

G2
Der Kampf gegen den Spießer-POP hat begonnen!
Gegen das Mittelmaß!
Gegen die Verlogenheit!
Gegen das Establishment!
Gegen die Anpassung!
Der Tag der POP-Befreiung kommt!
Wir wollen das radikal Neue!
Wir brechen die Dogmen!
Wir wollen das Subversive!
Die Welt soll POP stehen!
Am 7. September ist Schock-Tag!
(www.g-2.de)

Am 7. September 1998 wurde dann das neue VIVA ZWEI um 15.00 Uhr offiziell präsentiert und das Bild 24 Stunden auf den Kopf gestellt. Wir bekamen dafür ein

Jahr später den Eyes and Ears Award Europe für die beste Station-Promotion-Kampagne.

Diese Art der innovativen Arbeit war typisch für die meisten der ungefähr 300 VIVA Mitarbeiter Ende der 90er Jahre. Wahrscheinlich sind es bei solchen Projekten im Musikfernsehen die ersten Jahre, die sehr kreative Phasen erzeugen. Vergleichbar ist diese Art der Mitarbeiterüberzeugung mit den Schilderungen der ersten MTV-Generation, die von „Vanity Fair" 2000 interviewt wurde (vgl. Kapitel 4.2.3). Dieselbe Haltung findet sich auch bei Steve Blames Beschreibungen seiner Anfangszeit bei MTV EUROPE:

> MTV EUROPE ist der einzige Sender, für den ich gearbeitet habe, bei dem Freiheit belohnt wurde. Zumindest eine Zeit lang. Es war erwünscht, dass wir einen Beitrag zum Sender leisteten. Wir betrachteten MTV sozusagen als unseren Sender und kämpften gegen viele der von den Amerikanern kultivierten Sichtweisen auf Europa an. (Blame 2011, S. 143).

Als er versuchte, genau das bei VIVA ZWEI als Programmchef umzusetzen und dabei nicht nur als gewünschte Galionsfigur zu agieren, ließ die Geschäftsführung ihn von zwei Security-Männern aus dem Sender entfernen. Man hatte ihnen gesagt, ein gewaltbereiter Mann müsse aus dem Gebäude gebracht werden (vgl. a. a. O., S. 358). Wichtig ist in diesem Zusammenhang Blames folgende Bemerkung zu den VIVA ZWEI-Mitarbeitern, von denen einige bei seinem gewaltsamen Rauswurf weinten:

> VIVA hatte viele positive Aspekte. Ich habe mit einigen sehr talentierten, loyalen Leuten zusammengearbeitet. Tatsächlich beschäftigte die Firma VIVA viele kreative, interessante, sehr unterschiedliche und talentierte Individuen. Sie liebten ihre Arbeit. Sie waren das schöpferische, idealistische Futter, an dem der Konzern sich rund und gesund fraß. Und in diesem Sinne funktionierte VIVA wie MTV. (A. a. O., S. 339).

VIVA ZWEI entwickelte sich dann später wohl zu dem, wie es Blame gefallen hätte: Im Januar 2002 wurde VIVA ZWEI abgeschaltet und durch VIVA PLUS ersetzt. Diese Auflösung, die nicht nur VIVA ZWEI, sondern eigentlich den ganzen Sender betraf, zeichnete sich schon mit dem Börsengang von VIVA ab. Es gab noch weniger Geld, die Sendungen sollten alle von Sponsoren bezahlt werden. Geld für Trailer und Spots gab es ebenfalls nicht mehr. Das war der Zeitpunkt, an dem schon einige Mitarbeiter in die Selbstständigkeit oder zu anderen Produktionsfirmen oder Sendern gegangen waren. Dieser Abgang betraf alle Funktionen: Redakteure, Produzenten, Manager, Grafiker. Dann kam, um noch mehr Geld zu sparen, der Umzug vom Mediapark nach Mülheim. 2004 wurde VIVA an VIACOM verkauft, den Mutterkonzern von MTV. 2005 zog VIVA zu MTV nach Berlin, 45 Mitarbeiter gingen mit, 15 blieben in Köln, 20 wurden bei Brainpool, einer Produktionsfirma von VIVA, festangestellt und fünf blieben zu Gornys Assistenz (vgl. Bäcker 2005), alle anderen wurden entlassen.

VIVA gibt es seitdem nur noch als Randerscheinung. Bei MTV lief Musik nur noch nachts. Im Jahr 2009 fand man bei VIVA ebenso wie bei MTV kaum noch Musiksendungen. Vor allem durch den Wandel zum reinen Entertainmentsender für Jugendliche und durch das Entfernen der Musik kippte das Musikfernsehen in die Bedeutungslosigkeit. Damit verschwanden auch die Musikkurzfilme zum großen Teil aus dem Fernsehen und gleichzeitig auch der vormals hohe Anteil an Musik im deutschen Fernsehen überhaupt. Das Resultat ist eindeutig: Musik hat den geringsten Anteil am Fernsehprogramm: weniger als zwei Prozent (vgl. Abbildung 6).

Steve Blame hat insofern Recht, als dass das klassische Musikfernsehen nicht mehr existiert. In veränderter Form existiert es im Internet, wenn man den Begriff Fernsehen unabhängig von der aktiven Handlung und Bestimmung des Zuschauers beim Internet sehen will. Für die Musikkurzfilme ist das aber gleichgültig, denn die sollen von der Jugend, die durch Fernsehen heute nicht mehr angesprochen werden kann, gesehen werden.

Das folgende Interview mit Marcus Adam zeigt deutlich, wie sich das Musikfernsehen wandelte und der ursprüngliche Programminhalt, die Musikkurzfilme, für MTV oder VIVA an Relevanz einbüßten. Es zeigt aber gleichzeitig, dass das Genre der Musikkurzfilme nicht zerstört werden konnte. Die Statistik der stark ansteigenden Anzahl von Musikkurzfilmproduktionen ab 2005 belegt, dass erstens das Fernsehen nur eines von vielen Medien für die Musikkurzfilme war, gleichsam eine Zwischenstation, und dass zweitens Musikkurzfilme viel zu beliebt sind, als dass sie unbedeutend werden könnten: Das neue Medium war und ist das Internet (vgl. Kapitel 5).

4.3.2.1.9 Interview mit Marcus Adam

Marcus Adam (im Folgenden *MA*): Musiksender hatten einen großen Haken. Das Programm der Musiksender besteht oder bestand zunächst vornehmlich aus fremdem Content, also nicht selbst produziertem Programminhalt, auf den alle Musiksender Zugriff hatten. Nur Musikvideos zu senden, hat irgendwann niemanden mehr interessiert und man produzierte eigenen Content, sogenannte Longforms.

Martin Lilkendey (im Folgenden *ML*): Ab wann ungefähr änderte sich das Programm?

MA: Das wird vor allem um 2002 gewesen sein, als MTV entschied, in die offizielle GFK Messung zu gehen [ab Juni 2002]. Dann musste VIVA nachziehen und plötzlich war man nicht mehr ein Sender, der sagen konnte: ‚Schaltet bei uns Werbung, weil wir cool sind!', sondern: ‚Schaltet bei uns Werbung, weil wir 2,2

Prozent Marktanteil in der jungen Zielgruppe haben.‘ Damit hatten die Sender sozusagen ihre Unschuld verloren, weil dann nicht mehr nach Programminhalten, sondern ausschließlich nach Marktanteilanalysen geschaut wurde. „Dismissed“ wurde zwar gehasst, aber es hatte fünfmal mehr Zuschauer als irgendeine Musikstrecke. Da konnte man schon erkennen, dass Longform-Content, egal was es war, mehr Quote macht als Musik. Dann gab es coole Formate wie „Osbornes“ oder „Pimp my ride“, die ja auch noch einen Musikbezug hatten und sehr gut funktionierten. VIVA hatte MTV gegenüber die South-Park-Lizenz, was der Dorn im Herzen von MTV war. „South Park“ machte wahnsinnig viel Quote und begründete in der Zeit den VIVA-Erfolg. Wenn VIVA vom Marktanteil mal hinten lag, wurde einfach ein South-Park-Wochenende programmiert und schon lagen die wieder vor MTV, die dann zum Beispiel mit einem Osborne-Weekend-Special oder Jackass-Special quasi zurückschossen. Da war dann immer weniger Platz für Musik, weil die Musik einfach nicht genug Fernsehanteile brachte.

ML: Hatte der Rückgang des Musikanteils auch damit zu tun, dass es nach zehn Jahren einfach langweilig wurde, nur Musik zu sehen? Als wir damals 1989 das erste Mal MTV sahen, war das ja unglaublich besonders.

MA: Genau, das war ein Angebot, das sich komplett an eine sehr spezielle Zielgruppe wendete: exklusiv an ein junges Publikum. Das war das Besondere, das gab es ja vorher nicht. Gerade VIVA war für eine sehr junge Zielgruppe, noch jünger als MTV, gedacht, aber beide gezielt für junge Leute mit einem Durchschnittsalter von vielleicht 28. Das war dann eine Position im deutschen Fernsehen, die es heute nicht mehr gibt, weil diese Zielgruppe komplett das Internet übernommen hat. Jugendfernsehen gibt es eigentlich nicht mehr, vielleicht noch JOKO und KLAAS, aber das war es dann auch. Kinderfernsehen gibt es hingegen schon noch in Form von Nick oder Disney. Musik hingegen ist immer noch angesagt. Musik ist nach wie vor identitätsstiftend, peergroupbildend, aber es ist eben nicht so durch einen Zugang Fernsehen gesteuert, so dass es einen magischen Musikbrunnen gibt, aus dem das Musikfernsehen schöpft, sondern man kann es jederzeit und überall konsumieren. Damit ist natürlich auch das Exklusive, dieses Geheimnis, weg. Es gibt viele offene Türen, die man nutzen kann.

ML: Also finden wir hier auch die Demokratisierung[22] durch das Internet, den Computer?

MA: Natürlich, Demokratisierung und auch die komplette Veränderung des Konsumverhaltens und der Interessen. Letztendlich ist das Musikvideo immer auch der Spiegel einer popkulturellen Entwicklung, an der man sehen kann, dass es diese absoluten Megastars wie Michael Jackson immer weniger gibt. Immer mehr Kanäle sorgen für mehr Differenzierung, alles wird kleinteiliger und so kriegen die Stars heute auch schlechter ein Stadion mit 80.000 Fans voll. Wenn man das bedenkt, ist das Musikfernsehen eigentlich auch nicht tot, sondern hat sich

22 | Vgl. dazu Kapitel 5.2.

nur verändert, weil es ins Internet abgewandert ist. Die Kanäle dort sprechen von sich selbst ja auch von Musikfernsehen, zum Beispiel Vevo und ähnliche. Anders ist es schon, weil man einerseits die Möglichkeit hat, alles zu sehen, was man will, und andererseits sich von einem Algorithmus vorschlagen zu lassen, was als nächstes kommt, was man eben noch nicht kennt. Das, was früher der Musikredakteur gemacht hat, ist automatisiert.

ML: Aber da besteht doch ein Unterschied zwischen einem Musikredakteur und einer Maschine in Form des Algorithmus. Bringt das nicht eine gewisse Kälte mit?

MA: Na ja, persönlich-subjektive redaktionelle Entscheidungen sind ja auch nicht per se gut. Das war auch immer ein Thema bei allen redaktionellen Entscheidungen, dass man da, wo Redakteure, Musikliebhaber, entscheiden sollten, was gespielt wird, die Tendenz immer zum Besonderen [hatte], weil der Experte das für gut befunden hat. Ob das dem Konsumenten gefällt, war dem dann auch egal. Das war übrigens auch eine der großen Stärken von VIVA gegenüber MTV, wo man eher das spielte, was man selber gut fand und zusätzlich das, was in London für gut befunden wurde. Das war damals von dem deutschen Markt trendmäßig meilenweit entfernt. VIVA war das Gegenteil: Das Programmcredo – und das kann man natürlich auch nicht so gut finden – war gnadenloser Kommerz. In den Programmkonferenzen war einzig und allein die Frage entscheidend: Hat dieser Song das Potenzial, in die TOP 40 der Charts zu gehen? Darum ging es uns um nichts Anderes im Hauptprogramm. Es gab dann Genresendungen wie „Housefrau", „Metalla", „Wahwah" oder auch „Mixery Raw Deluxe", wo alle Musikliebhaber ihr Zeug machen durften. Insofern war VIVA eigentlich extrem ehrlich zu der Zeit. Kommerz ging vor, aber es gab eben auch die Spezialsendungen. Alles wurde aber authentisch von den Mitarbeitern versorgt und als das dann zu großem Erfolg führte, musste sich MTV Gedanken machen. Die zeigten dann auch mal Grönemeyer, wobei das eine Entscheidung für ganz Europa war, das war auch Finnland oder Portugal und, nichts gegen Herbert, aber der funktioniert da nicht. Dann hat MTV mit regionalen Programmfenstern angefangen. Da lief 90 Prozent aus England und im Rest auch mal Blümchen oder Scooter. Das war irgendwie nicht glaubwürdig. Bei MTV wurde man immer nervöser und hat immer mehr versucht, wie zum Beispiel „Ulmen", was ja auch ganz gut war.

ML: Ist daraus die Idee für MTV Deutschland entstanden?

MA: Genau. 1998 wurde noch mal einiges investiert mit Christiane zu Salm (heute Kofler). Dann holte man einige Leute von VIVA zu MTV, da war ich auch dabei. Das war 2000. Wir haben uns erst mal hingesetzt und überlegt: Was ist denn MTV? Was macht denn MTV authentisch? Wo sind wir denn positioniert? Wen wollen wir ansprechen? Da haben wir dann – tabula rasa – alles rausgehauen, was eben nicht mehr passte. Populär war die Überschrift, aber kantig, nicht zu kommerziell sollte es sein. Zurück zum alten MTV-Kern, das hat gut funktioniert. Zusätzlich kamen einige coole Longform-Formate aus den USA, das passte gut. Da war noch relativ viel Musik im Programm, was dann aber durch den Quotendruck immer weniger wurde. Der Verkaufschef von MTV konnte früher noch Werbespots ablehnen, weil die nicht cool genug waren. Als die Quote dann wichtiger wurde, war das vorbei. Dann begann die Klingeltonzeit. Man konnte sich nicht mehr aussuchen, von wem man das Geld nahm. Da standen dann die Kollegen von Jamba mit den Geldkoffern vor der Tür, während die Musikindustrie nicht mehr Werbung schalten wollte oder konnte. In den 90ern durften wir pro Stunde zwölf Minuten Werbung machen, diese [...] waren komplett von der Musikindustrie gebucht, die Tonträger-Veröffentlichungen beworben haben. Da der Sender VIVA ja nun mal der Musikindustrie gehörte, bekamen die sogar das Geld, das sie für Werbung bezahlten, nachher als Teilhaber teilweise wieder zurück. Aber eigentlich haben die Klingeltöne das Programm zerstört. Ich war da ja schon bei MTV und wir konnten die Werbespots alle mitsprechen, weil die Spots teilweise achtmal hintereinander geschaltet waren.

ML: Dieser Zeitraum Anfang des neuen Jahrtausends ist auch geprägt durch den Anschlag 2001, nach dem auch zum Beispiel in der Filmbranche das Geld ausging. Hat sich das auch bei MTV bemerkbar gemacht?

MA: Ja. Solche Ereignisse überschneiden sich dann. Damals war zusätzlich noch der Einbruch an der Börse wegen der Dotcom-Blase[23] zu sehen. Bei der Musikindustrie wurde es dann auch knapper. Alles in der Zeit. Logisch, dass sich das auch auf die Musikvideos auswirken musste.

Es sind einige Faktoren, die dazu führten, dass es weniger Musik im Fernsehen gab und dass weniger Budgets für die Musikvideos ausgegeben wurden. Also früher gab es weniger Kanäle, die von vielen geschaut wurden, das ermöglichte auch die Megastars. Noch vor dem Musikfernsehen war es so, dass, wenn du bei „Wetten dass...?“ einen Auftritt hattest, dich das Land von heute auf morgen kannte. Dann beim Musikfernsehen – zunächst bei MTV in den USA – haben sich das gesamte Budget und der gesamte Markt auf einen Kanal fokussiert. Dann verkauften die Musiker enorm viele Tonträger, so dass sie auch entsprechend viel von sich hielten und große Budgets für Musikvideos verlangten. Das wurde dann vor allem in den 90ern überdimensional, so dass es eben auch zu so Megabudgets wie denen von Michael Jackson kam. Aber auch wenn man heute nicht mehr die riesigen Budgets braucht, und im Fernsehen nicht mehr viel Musik läuft, gehört es nach wie vor zum Marketingplan eines Musikers, ein Video zu veröffentlichen. Jede Band, egal ob Plattenvertrag oder nicht, macht ihr Musikvideo und lädt das auf die entsprechenden Kanäle im Internet hoch. Und das eben in einer Superqualität. Was die heute produzieren, hat man früher nicht mal mit 35 mm Film hinbekommen. Während Musikvideos in den 90ern viel über Provokation und Radikalität funktionierten, geht es heute mehr um Emotionalität im romantischen Sinn, also etwas fürs Herz und mit Anteilnahme, was viral über das Internet populär wird. Oder nach wie vor mit einer guten Idee, wie zum Bei-

23 | „Dotcom-Blase“ ist ein Kunstbegriff für eine im März 2000 geplatzte Spekulationsblase.

spiel [die Band] OK GO, die dann ebenfalls die Runde macht. Und da werden die Videos bekannter als die Musik.

ML: Und damit sind wir bei YouTube, das 2005 startete. Danke Marcus.

4.4 Zusammenfassung Fernsehen

Ab den 50er Jahren haben sich in den USA die Familienshows etabliert, die als ersten Megastar Elvis hervorbrachten, indem er im Jahr 1956 mehrfach im Fernsehen auftrat. Die Familienshows sind bis heute, wahrscheinlich auf der ganzen Welt, eine hervorragende und bis zum Ende des 20. Jahrhunderts die beste Möglichkeit, ein großes Publikum zu erreichen. Parallel dazu entwickelten sich Jugendsendungen in den 50er Jahren in den USA und Europa, die ab 1965 vor allem in Europa die Beat- und später die Rockmusik für ein junges Publikum inszenierten. Im Gegensatz zu den zeitgleichen Scopitones waren die Musikkurzfilme des Fernsehens fast ausschließlich performativ als Teil einer Gesamtsendung. Da aber diese Auftritte von Elvis und nachfolgenden Stars heute alle separiert auf DVDs oder auch bei YouTube veröffentlicht wurden, handelt es sich dabei eben auch um Musikkurzfilme. Bis in die 70er Jahre hinein produzierte die Musikindustrie keine eigenen Musikkurzfilme, wobei die Beatles eine Ausnahme darstellten. So wurde zum Beispiel der Film „A Hard Day's Night" 1964 von United Artists produziert und der Soundtrack dazu ebenfalls von United Artists Records (UAS 6366) in den USA veröffentlicht, während die eigentliche, englische Version auf dem Label Parlophone (PMC 1230) erschien, das zur EMI gehörte. United Artists hatte so die Chance, die Beatles an der EMI vorbei in den USA zu veröffentlichen. Insofern war dieser Film ein Marketingvehikel von der Musikindustrie.

Erst Mitte der 70er Jahre entstanden Produktionsfirmen, die gezielt Musikkurzfilme für das Fernsehen und den Videomarkt im Auftrag auch der Musikindustrie herstellten, die größtenteils performativ waren, weil das die aktuelle Form der Auftritte im Fernsehen widerspiegelte. Der anhaltende Videotrend wurde Anfang der 80er Jahre vom Musikfernsehen forciert. Mit MTV gab es einen Fernsehsender, der nur deshalb Musikkurzfilme zeigen konnte, weil es dafür ein Publikum gab. Auch wenn es mehr Musikfernsehsender gab, setzte sich MTV nahezu als Monopolsender für Musik aufgrund aggressiver Marktpolitik durch. Die Abwendung des Musikfernsehens von den Musikkurzfilmen hin zu eigenen Produktionen verdrängte auch die Musikkurzfilme aus dem Medium Fernsehen fast gänzlich bis zum Ende des 20. Jahrhunderts. Die Statistiken belegen, dass Musikkurzfilme ab den 80er und vor allem in den 90er Jahren einen quantitativen Boom erlebten, der ab Mitte der 90er Jahre zu besonders künstlerischen Ausdrucksformen führte. Dafür waren aber in erster Linie der Gewinn der Musikindustrie und der Bedarf beim Publikum verantwortlich. MTV war lediglich ein mediales Vehikel, das das Fernsehen und auch die Musikindustrie beeinflusste, nicht aber vornehmlich den Musikkurzfilm als solchen. Der entwickelte ab den 80er Jahren einen Trend hin zum musical-ähnlichen und damit narrativen Musikkurzfilm im Gegensatz zu den konzertlastigen Musikinszenierungen der großen Stadionbands der 70er Jahre mit ihren Dreifach-Alben. Der assoziative Musikkurzfilm wurde durch die entpersonalisierte, elektronische Musik interessant und marktfähig, blieb aber weiterhin eine Ausnahme.

Am Beispiel des deutschen Fernsehens wurde die Entwicklung der Musik im Fernsehen stellvertretend für die gesamte westliche Fernseh- und Popwelt aufgezeigt. Stellvertretend ist das Beispiel Deutschland deswegen, weil die internationale Fernsehindustrie sehr ähnlich strukturiert war und ist. Sogar die Fernseheigner, die großen Medienkonzerne wie zum Beispiel Murdoch, BMG oder VIACOM sind internationale Konzerne und teilweise identisch mit den internationalen Musikverlagen. Die exemplarische Untersuchung der Musikquote im Fernsehen zeigt deutlich den Rückgang des Musikanteils und damit der Pop-Musikkurzfilme, die ab den 80er Jahren den Hauptteil der Musik im TV ausmachten, und damit auch den Verlust des Jugendfernsehens überhaupt. Da aber die Produktionszahl von Musikkurzfilmen ab dem Tiefststand der Musik im Fernsehen seltsamerweise stark anstieg, ist hier der Beleg dafür, dass das Fernsehen, speziell MTV, zwar Vehikel für Musikkurzfilme war, aber nicht der genetische Ausgangspunkt für Musikkurzfilme, wie es in der Literatur behauptet wird.

Sieht man die Entwicklung insgesamt, kann man feststellen, dass vor allem der Markt für das Genre der Musikkurzfilme mit dem Musikfernsehen stark expandierte. Die Anzahl der Musikkurzfilme bleibt bis 1980 relativ konstant. Die Tonbilder haben über einen Produktionszeitraum von zehn Jahren eine geschätzte Anzahl von durchschnittlich 350 pro Jahr. In den 30er bis 40er Jahren (der Zeitraum umfasst etwas mehr als zehn Jahre) kann man, rechnet man Soundies, Snaders und übrige Musikkurzfilme der Filmindustrie zusammen, 400 Exemplare pro Jahr zählen. Die Scopitones kommen scheinbar mit insgesamt circa 2.000 etwas kurz weg. Im Vergleich zu den anderen ist ihre Zeitspanne (circa sechs Jahre) aber auch kürzer. So kann man von 320 pro Jahr ausgehen.

Mitte bis Ende der 70er Jahre sind die Produktionszahlen unübersichtlicher. Folgt man der Statistik (Abb. 8), ist davon auszugehen, dass es nicht mehr als 700 Musikkurzfilme pro Jahr gewesen sein können, weil 1982 700 im Magazin „Fortune“ genannt wurden (vgl. o. Verf. 1984, S. 167). Deshalb ist die Produktionszahl Ende der 70er Jahre auf 400 pro Jahr zu schätzen.

Ab ungefähr 1984 steigt die Zahl dann auf 2.000, im Verlauf der 80er Jahre und in den 90er Jahren auf 3.000 pro Jahr. Erst ab 2005 steigt die Zahl nochmals fast auf das Doppelte mit 5.000 pro Jahr. Dafür verantwortlich war das neue Medium Internet mit den Eigenproduktionsmöglichkeiten der Künstler, was im folgenden Kapitel thematisiert werden wird.

Was aber in den 70er Jahren erstmals auftrat und dann in den 80er Jahren im Zusammenhang mit dem Musikfernsehen zum Standard wurde, war die gezielte Beauftragung von Produktionsfirmen durch die Musikindustrie. Diese Marketingstrategie gab es vorher nicht. Ähnlich war allerdings die Verzahnung der Musikindustrie mit der Filmindustrie in den 50er Jahren. Damals funktionierte das Prinzip nur anders herum. Es gab zunächst das Filmprojekt, zu dem dann die Musik geschrieben und gleichzeitig veröffentlicht wurde. In dieser Hinsicht war die Filmindustrie der Auftraggeber für die Musikindustrie. Diese Tatsache widerlegt ebenfalls die These von Schmidt, dass die Verschränkung von Bild- und Tonindustrie den Musikkurzfilm erst möglich gemacht habe:

Erstens gab es die Verzahnung schon vorher bei Messter sowie in der Filmindustrie der 50er Jahre und zweitens ist diese Verzahnung mittlerweile für die aktuellen Musikproduzenten irrelevant geworden, weil jeder seinen Musikkurzfilm selber produzieren und veröffentlichen kann. Folglich muss man konstatieren, dass die Musikindustrie lediglich 20 oder 25 Jahre als Auftraggeber bestimmend war. Das ist gegenüber der gesamten Historie der Musikkurzfilme nur etwa ein Viertel der Zeit und somit nicht als konstitutiv für den Musikkurzfilm an sich zu bewerten. Vielmehr ist die heutige Situation der Musikkurzfilme durch das Internet als autonomes Filmgenre zu beobachten. Aus der Untersuchung der Musikkurzfilme im Fernsehen folgt:

- Musikkurzfilme finden sich seit Beginn des Fernsehens im Programm als performative Varianten, die meist in ein Gesamtprogramm eingebettet waren.
- Daraus entstand das Jugendfernsehen, das der Vorläufer des Musikfernsehens war.
- Die Produktion von Musikkurzfilmen für das Fernsehen wurde ab den 70er Jahren von der Musikindustrie in Auftrag gegeben.
- Ab Ende der 70er Jahre übernahm die Pop-/Rockmusik den Hauptanteil des Musikanteils im deutschen Fernsehen.
- Mit dem Markt der für das Fernsehen produzierten Musikkurzfilme erwuchs ein qualitativer Musikkurzfilmboom.
- In den 80er Jahren führte der Trend von den performativen zu den narrativen, musical-ähnlichen Musikkurzfilmen.
- Die enormen Gewinne der Musikindustrie und das trendige Musikfernsehen erzeugten einen kreativen Kulminationspunkt in der zweiten Hälfte der 90er Jahre, was formalen Neuerungen im Musikkurzfilm mit sich brachte.
- Das Musikfernsehen veränderte sich zu einem Entertainmentsender und senkte damit den Musikanteil im Fernsehen auf unter zwei Prozent.
- Das Fernsehen war für die Musikkurzfilme das adäquate Medium gegen Ende des 20. Jahrhunderts und mit der Reichweite auch entscheidend für den Erfolg des Genres.
- Das Musikfernsehen und die Musikkurzfilme haben das Medium gewechselt: Das Internet übernahm die Rolle der Musikfernsehsender.

5 Musikkurzfilme im Internet

Das Internet wurde ab dem Jahr 2005 für den Musikkurzfilm entscheidend. YouTube begann sein Angebot im Februar 2005 als Videoportal, auf dem Videos umsonst geschaut und hochgeladen werden konnten. YouTube ist zwar nicht der einzige, aber doch seit elf Jahren der Marktführer und damit wohl das größte Musikkurzfilm-Archiv weltweit. Die Plattform war dafür sogar von Anfang an prädestiniert, weil nur kurze Videos hochgeladen werden können. Andere Videodienste waren und sind: Vimeo (2004), Dailymotion (2005), Sevenload (2006), MyVideo (2006), Clipfish (2006) und VEVO (2009).

Ab 2005 war es aufgrund der schnelleren Internetverbindungen möglich, Videos in anschaulicher Qualität zu streamen, das heißt, wie beim Fernsehen auch, ruckelfrei anzusehen. Das ist die technische Grundlage des Internetfernsehens, das innerhalb von einer Dekade perfektioniert wurde. 2016 braucht man nicht einmal mehr physische Videos zu leihen oder gar einen Kabelfernsehanschluss. Alles lässt sich über das Internet streamen. Anbieter wie Netflix oder Amazon sind die neuen Videotheken, alle Fernsehsender streamen ihr Programm live online und bieten das gesamte Angebot in Mediatheken an.

Das Potenzial des Dienstes YouTube war dem Konzern Google schon ein Jahr nach der Gründung 1,6 Milliarden US-Dollar wert (vgl. Berchem 2006). In den ersten Jahren gab es viele Differenzen zwischen der Musikindustrie, in Deutschland ist das bis heute auch die GEMA, und YouTube (vgl. dazu die folgenden Artikel: Kuri 2010; Collett-White 2007; Billboard vom 21.3.2009, S. 5 und o. Verf. 2010b: Urheberrechte). 2007 führte YouTube das Content-ID-System ein, das es erlaubt, die hochgeladen Videos urheberrechtlich zu untersuchen, damit die Rechteinhaber profitieren können. Trotzdem gibt es immer wieder Probleme zwischen Onlinediensten und den Verwertungsgesellschaften (vgl. Krempel 2016). Aber YouTube hat sich bis heute als Marktführer behauptet. Schon 2013 hieß es „YouTube: the new radio, the new MTV, the new record store, the new music magazine, the new everything“ (Robley 2013).

5.1 YouTube – Das neue Musikfernsehen

Tatsächlich kann man YouTube ganz konkret mit MTV aus der Zeit, in der sich der Sender noch durch Musik im Programm definierte, auf eine Ebene stellen. YouTube hat eine ähnliche, wenn auch etwas ausgedehnte Nutzungsdiskussion über den nicht selbst produzierten Content. Das Videoportal ist ausschließlich Plattform, wobei die Musik zwar nicht der einzige, aber der wichtigste Content ist (vgl. o. Verf. 2010a: http://sysomos.com).

Der Hauptinhalt ist also erstens Musik. Socialblade.com gibt an, dass Music als Kategorie mit 93.553.092 Abonnenten die führende Position vor Gaming mit 77.770.370 Abonnenten (Stand vom 17.4.2016) einnimmt und zum Beispiel Justin Bieber über seinen VEVO-Kanal über zehn Millionen Klicks innehat. YouTube ist also grundsätzlich genauso musikalisch wie die Musikfernsehsender (vgl. o. Verf. o. J.f: Top_100_YouTubers.).

Zweitens wurden und werden noch Rechtediskussionen geführt, so etwa bei MTV Anfang der 80er Jahre.

Drittens ist die Zielgruppe identisch. Es ist das junge Publikum, das YouTube selber mit 18 bis 34 Jahren angibt (vgl. o. Verf. o. J.l: youtube.statistics). Hier ist also die Zielgruppe zu finden, die Marcus Adam im Fernsehen heute nicht mehr repräsentiert sieht (vgl. Kapitel 4.3.2.1.9). VIVA gab in der Pressemitteilung von 1999 an, die Zielgruppe der 14- bis 29-Jährigen anzusteuern, während sich VIVA ZWEI bei den 18- bis 49-Jährigen positionierte. YouTube behauptet, überhaupt mit einer Milliarde Usern mehr Menschen zu erreichen als das Kabelfernsehen. Das Portal wird mehr und mehr als Fernsehersatz oder -ergänzung genutzt.

Viertens nimmt YouTube eine Monopolstellung in der Branche ein, die sich nicht nur, aber wesentlich auf Musik bezieht. YouTube hat genau wie MTV unzählige Ableger in mehr als 70 Ländern der Erde (vgl. Fußnote 35 und o. Verf. o. J.k: wiki_Ableger).

Fünftens sind mittlerweile alle großen Musikverlage auf YouTube mit einem eigenen Kanal vertreten. VEVO gehört Sony und Universal, EMI ist zwar ausgestiegen, hat aber seinen Content freigegeben (vgl. o. Verf. o. J.j: wiki/Vevo). Warner Music hat einen eigenen Kanal. Laut eigener Homepage stellt VEVO 140.000 High Definition Musikkurzfilme zur Verfügung und erklärt sich ebenda zum weltgrößten Anbieter von Musikkurzfilmentertainment inklusive Konzertmitschnitten (vgl. o. Verf. o. J.g: vevo). Zusätzlich gibt es einen linearen, das heißt einen Livestream, der redaktionell betreut wird (vgl. ebd.). Auch VIVA-Fernsehen oder MTV findet man auf YouTube mit eigenen Kanälen. Auffällig dabei ist der Umstand, dass bei MTV kaum Musikkurzfilme, vielmehr fast ausschließlich Sendungen („Teen Mom", „Real World", „Got You Covered", „Catfish" u. a.) zu sehen sind. Die einzige wirklich auf Musik gerichtete Sendung auf dem YouTube-Kanal von MTV sind die „Video Music Awards".

YouTube verbindet also nicht nur verschiedene Contents, die für eine junge Zielgruppe relevant sind, also vom Hobbyfilmer bis hin zu Spielfilmen, von Werbespots bis Nachrichtenmagazinen, sondern auch innerhalb der Kategorie Musik Plattenlabel und Musikfernsehen unter einem Dach, oder besser: auf einer Plattform, die eigentlich nichts anderes als ein interaktiver Fernseher mit nahezu endlosem Content, mit endlos vielen Kanälen ist.

Das revolutionär Neue ist, dass im Gegensatz zum Fernsehen der User (vormals der Zuschauer) selbstproduzierte Videos veröffentlichen und damit auch Geld verdienen kann. Das hebt den Hobbyfilmer auf die gleiche Ebene wie berühmte Regisseure und den ambitionierten Musiker, den Newcomer auf die gleiche Ebene wie Popstars und ihre großen Musikverlage. Jeder, der einen Internetzugang hat, bekommt durch YouTube (respektive andere Onlinevideoplattformen) die Möglichkeit, berühmt zu werden und damit Geld zu verdienen. Bezahlt wird nach Klicks. Diese Möglichkeit ist als Messmethode übrigens der GFK-Methode weit überlegen, weil die tatsächlichen Nutzungen gezeigt werden und nicht hochgerechnet werden müssen. Die differenzierten YouTube-Statistiken sind öffentlich und über die Internetseite Socialblade.com einsehbar. Dabei erklärt sich der populäre Gehalt des Programms und damit auch der Musikkurzfilme für dieses Medium von selbst. Was erfolgreich ist, muss im Internet populär sein, obwohl dem Unpopulären gleichzeitig Platz eingeräumt wird. Jenes stellt gegenüber den hier vorgestellten Medien eine weitere Neuerung dar.

Die Dimension der möglichen Nutzung wird klar, wenn man sich das Beispiel Psy ansieht: Das Video des Koreanischen Rappers „Gangnam Style" hatte 2014 mehr Aufrufe als der YouTube-Zähler zuließ. Mehr als 2.147.463.647mal wurde das Video aufgerufen. Daraufhin musste YouTube den Zähler umprogrammieren, sodass jetzt bis zu 9.223.372.036.854.775.808 Aufrufe möglich sind (vgl. o. Verf. o. J.c: YouTube/posts). In dieser Hinsicht ist YouTube ohne Zweifel außerordentlich demokratisch.

5.2 Die demokratisierten Mittel

Demokratisch wurden auch die Produktionsmittel schon ab Mitte der 90er Jahre. Mit demokratisch ist hier gemeint, dass die Produktionskosten drastisch sanken, die Mittel leichter zugänglich und auch autodidaktisch einfacher zu lernen waren. Demokratisch ist das eben deshalb, weil die Produktion und am Ende auch die Veröffentlichung von Musikkurzfilmen für jeden Interessierten nun unabhängig von Bildung und Finanzkraft möglich wurde.

Der NLE (Non-lineare-Schnitt) setzte sich ab Mitte der 90er Jahre im Fernsehproduktionsbereich durch. Mit einem Computer war es möglich, unabhängig von den Aufzeichnungsbändern zu schneiden, indem man die einzelnen Sequenzen auf der Festplatte aufzeichnete. Der Vorteil besteht etwa darin, dass man jederzeit auf jede Sequenz zugreifen kann, während man beim Analogschnitt am Dreimaschinenschnittplatz immer an die entsprechende Stelle spulen musste. So ein NLE-Schnittplatz wie zum Beispiel der AVID-Schnittplatz kostete damals um die 150.000 US-Dollar. Ab 1998 konnte man allerdings für den leistungsstärkeren Heimcomputer NLE Software schon billiger bekommen. Zum Beispiel lieferte Adobe mit dem Schnittprogramm „Premiere" eine semiprofessionelle Alternative zu dem teuren AVID, mit dem man schon fernsehtaugliches Material bearbeiten und liefern konnte, wenn mit dem Mini-DV-Video-Format gearbeitet wurde.

Ebenso waren das Mini-DV-Video-Format und die dazugehörigen Kameras ein wichtiger Schritt in die für jedermann erschwinglichen Medienproduktionen. Für 1.000 Euro erhielt man eine SONY-DV-Cam, die so klein war, dass sie ganz schnelle, neue und ungewohnte Perspektiven oder Kameraschwenks zuließ. Gerade bei VIVA kam diese Kamera häufig zum Einsatz und veränderte damit auch ein Stück weit die Ästhetik des normalen Fernsehens.

Ab diesem Zeitpunkt konnte man ohne Weiteres mit seiner eigenen Kamera und ein paar Ideen eigene Videofilme produzieren, die qualitativ der teuren Fernsehtechnik ebenbürtig waren.

Während die Computer immer leistungsfähiger wurden, bildete sich auch das Internet weiter aus. Ab 2005 bot die Internetgeschwindigkeit die Möglichkeit, größere Datenmengen zu übertragen, sodass Videos mit Ton qualitativ besser wurden. Der Ausbau des Internets führte übrigens auch dazu, dass nun Kreative aus verschiedenen Regionen der Erde zusammen an Projekten arbeiten konnten.

Wenn man sich die Technik leisten konnte, war es auch weniger schwierig, sich der Technik zu bemächtigen. Es wurde möglich, sich sämtliche neuen Techniken der Film- und Fernsehproduktionen autodidaktisch anzueignen. Durch die Digitalisierung des Wissens über das Internet – und das ist nicht nur Wikipedia, sondern das sind auch Online-Tutorials, die auch häufig über YouTube veröffentlicht werden – kommen übrigens auch alte Medien-Techniken wie die Daguerreo- oder Cyanotypie, 16-mm-Schwarzweiß-Filmproduktionen bis hin zu der Anleitung, wie man richtig moderiert, wieder in Gebrauch. Durch die Möglichkeiten des Internets, die simultane Abrufbarkeit von Wissen in Form von Text, Sprache und Bild, wobei das Wissen global generiert wird, ist es eigentlich für jeden denkbar, ein Experte im Bereich seines Interesses und seiner Wahl zu werden. Durch die heutige Technik kann jeder anspruchsvolle Filme herstellen, die potentiell qualitativ von professionell produzierten Filmen kaum zu unterscheiden sind.

Hier findet sich eine entscheidende Entwicklungsstufe der Medien, weil es bis dahin nicht möglich war, hochwertiges respektive gleichwertiges Material zu generieren und auch zu veröffentlichen. Seitdem Vollformat-Fotosensoren für die digitalen Spiegelreflexkameras auf den Markt gekommen sind (zum Beispiel Canon 5D Mark II im Jahr 2008), wird der Film als hochauflösendes Material nahezu überflüssig. 2015 schloss Arri in München sein bekanntes Filmkopierwerk. Der letzte Film, der hier bearbeitet wurde, war Steven Spielbergs „Bridge of the

Spys“ (vgl. Riedel 2015). Zwar gibt es nach wie vor sehr teure Produktionsmittel wie etwa die digitale Filmkamera von Arri, die Alexa, aber entscheidend ist die teure Technik nicht. Ob man eine 50.000 Euro teure Alexa oder eine 4k CAM wie die Black Magic für einen Zehntel des Preises nutzt, lässt sich nachher am Bild schwerlich sehen. Der Amateurbereich verschwindet mit den digitalen Mitteln also zunehmend.

Ebenso verhält es sich auch in der Postproduktion im Schnitt. Das oben angesprochene NLE Schnittsystem AVID ist heute nahezu auf jedem Computer zu gebrauchen und kostet so auch nur noch etwas über 1.000 Euro.

Auch im digitalen Special-Effects-Bereich kann man diese Entwicklung von den 90ern bis heute nachzeichnen. Ein Flame, ein Computer mit Spezialsoftware für Filmbearbeitung, kostete 1996 450.000 US-Dollar. Heute läuft die Nachfolgesoftware auf jedem neuen Computer und kostet 1.000 US-Dollar. Daraus folgt, dass heute fast jeder die hochwertigsten Filme produzieren kann.

Am Beispiel der Musikkurzfilme wird diese Demokratisierung und Selbstermächtigung durch die Produktionsmittel besonders deutlich: Bei YouTube wird es in der Zeit ab 2007 jedem ermöglicht, sich selbst durch seine Videos, seine Kunst oder was immer man auf diese Art mitteilen will, zu veröffentlichen und damit auch Geld zu verdienen. Hier erkennt man schon einen entscheidenden Unterschied zur Musikkurzfilmproduktion der letzten 30 Jahre, in der die Musikindustrie die Produktionen in Auftrag gab, um nicht mit dem Video selbst, sondern mit dem Musiktonträgerverkauf, also in zweiter Instanz, Geld zu verdienen. Die Videos heute kann man „monetarisieren“, das heißt YouTube verknüpft das selbst produzierte Video mit Werbung, für die der Konzern Geld bekommt. Einen Teil davon erhält der Urheber abhängig von der Anzahl der Aufrufe (vgl. o. Verf. o. J.d: Pressemitteilung; o. Verf. 2008b: YouTube_Partnerprogramm). Diese Art der Beteiligung funktioniert offenbar nicht nur für Privatpersonen, sondern eben auch für die Großkonzerne, Medienkonzerne und dazu gehört auch die Musikindustrie, die, wie oben erwähnt, ihre eigenen Kanäle auf YouTube betreibt und auch direkt an ihren eigenen Musikkurzfilmen Geld verdient.

Für den Musikkurzfilm bedeutete das insgesamt eine Rückkehr von der Abhängigkeit der Musikindustrie hin zum autonomen Entertainmentprodukt, für das jetzt wieder direkt bezahlt wird – wie bei den Tonbildern im frühen Kino, für den Musikfilm zum Beispiel als Filmmusical, für die Soundies und für die Scopitones.

Damit einhergehend bietet ein neues Medium, das Internet, eine demokratische, durch die verfügbaren Mittel und Distributionsformen einfache Möglichkeit, Musikkurzfilme herzustellen und zu veröffentlichen. Wenn diese dann erfolgreich werden, verdient man damit Geld. YouTube selber vereinnahmt die Videokünstler für sich:

> Investition in Videokünstler
> Das YouTube Spaces-Team konzentriert sich darauf, Videokünstler bei der Erstellung großartiger Inhalte zu unterstützen. Dies geschieht durch strategische Programme und Workshops, die größtenteils in den Produktionseinrichtungen der YouTube Spaces in Los Angeles, New York, London, Tokio, Sao Paulo und Berlin stattfinden.
> Bis März 2015 hatten Videokünstler in den YouTube Spaces bereits über 10.000 Videos produziert und damit mehr als eine Milliarde Aufrufe und eine Wiedergabezeit von mehr als 70 Millionen Stunden erreicht. (O. Verf. o. J.l: youtube.statistic).

Auch hat YouTube einen eigenen Video Music Award (MTV), nämlich den YouTube Music Award (YTMA), der seit 2013 jährlich vergeben wird.

Wie die reine Musikplattform MySpace führt diese Möglichkeit der Selbstveröffentlichung durch das Internet zum Erfolg und zu neuen Stars. Dazu gehören zum Beispiel die Arctic Monkeys oder auch Katy Perry. Der wohl bekannteste Star bei YouTube ist Justin Bieber, der aufgrund seiner Youtube-Videos 2008 einen Plattenvertrag bekam (vgl. Primus 2015).

Die Band OK GO hatte zwar schon einen Plattenvertrag, erreichte aber über ihre selbst gedrehten Musikkurzfilme auf YouTube internationale Berühmtheit. 2006 veröffentlichten OK Go das Video zu „Here It Goes Again“, einen Musikkurzfilm, bei dem die Band eine skurrile Tanzchoreografie auf Fitnesslaufbändern aufführt. Das Video ist ohne Schnitt mit fester Kamera gedreht und erinnert deshalb stark an die ersten Tonbilder, die häufig und wie die meisten Filme der Zeit, als Tableau die Bühne abfilmten. Am 31.8.2006 führten OK GO ihre Laufbandchoreografie bei den MTV VMA auf. Das Video hat bis heute mehr als 31 Millionen Klicks bei YouTube und die Single wurde fast eine Millionen Mal verkauft (vgl. Wood 2010, S. 20ff.). Die meisten ihrer Videos haben OK GO trotz ihres Erfolges selber gedreht.

5.3 Julien Bam

Vollständig ausgebildet hat sich diese neue Möglichkeit für einen Entertainment-Künstler erst in den letzten Jahren. Als Beispiel soll hier Julien Bam in den Blick genommen werden, der 2015 die 1LIVE-Krone für das „Beste Video“ gewann. Er hat seit 2012 einen eigenen YouTube-Kanal und mittlerweile (2016) über zwei Millionen Abonnenten. Bam, der ursprünglich aus dem Tanzbereich kommt, hatte zunächst eine Produktionsfirma, JuBaFilms, für Tanzfilme, die hauptsächlich Tanzvideos für den gleichnamigen Kanal auf YouTube und auch für die Sendung „Got to Dance“ (ab 2013 SAT 1/PRO 7) als Einspieler produziert. Sein Kanal zeigt vier Rubriken:

1. „Mein Leben“ ist die übergeordnete Rubrik, die alle Videos präsentieren kann.

2. „Dance-Videos“ sind ausschließlich Tanzvideos, die entweder Tanz dokumentarisch oder witzig thematisieren, performative Tanzvideos, die auf ein Musikstück angelegt sind oder in denen Bam Freunden Breakdance-Elemente beibringt. „Most Epic Dance Moves“, mit der er die 1LIVE-Krone gewann, gehört in diese Kategorie. Wenn dabei die Musik und der Tanz in einen synchronisierten Zusammenhang gelangen, handelt es sich um performative Musikkurzfilme, die in der Tradition der Tanzfilme ab den 30er Jahren wie von Busby Burkley, bis zu den heutigen Musikkurzfilmen von der Musikgruppe Jungle stehen, die ausschließlich performative Musikkurzfilme mit dem Schwerpunkt Tanz veröffentlichten („Platoon“, „The Heat“, 2013; „Busy Earning“, „Time“, 2014; „Julia“, 2015) und konsequent nie die Musiker selbst zeigen.

Im Gegensatz zu den herkömmlichen Musikkurzfilmen spielt der Protagonist Bam aber eine der Musik übergeordnete Rolle. Er ist der Star, der ähnlich wie Fred Astaire als Tänzer performt und gleichzeitig das Video selbst produziert hat.

3. „Music & Covers“ stellt eigene Musikproduktionen und Coverversionen vor. Hier erkennt man sofort die klassische Form der Musikkurzfilme. Die Videos sind performativ. Bam hat bislang sieben Musiktitel veröffentlicht, die über I-Tunes verfügbar sind. An dieser Stelle wird deutlich, dass über das Medium des eigenen YouTube-Kanals nun alle Produktions- und Marketingmittel in einer Hand liegen. Bam produziert die Musik, verlegt sich selber über I-Tunes und promotet sich über seinen Kanal mit Musikkurzfilmen, zu denen er auch noch selbst die Choreografie anbietet. Zu „Ai Ni“ präsentiert Bam dem Zuschauer einen Musikkurzfilm, der durch das Schulambiente und die Schuluniformen, hier in Form von Collegejacken, stark an Britney Spears „... Baby One More Time“ (1999) erinnert.

In diesem Zusammenhang zeigt sich eine Auffälligkeit: Die Musik, die bei YouTube und ähnlichen Plattformen in Form von Musikkurzfilmen vorhanden ist, wird häufiger für das Hören von Musik gewählt, als reine Musikportale, die nur die Audioversionen anbieten. Nach MUSICBUSINESSWORLDWIDE lag die Streamingrate von Musik inklusive Video 2013, 2014 und 2015 immer vor den Audiodiensten wie zum Beispiel SPOTIFY oder Beats Music. Das belegt nochmals, dass Musikkurzfilme nie Werbefilme sind, weil sie das Produkt schon enthalten und als eigenständige Produkte der Unterhaltungsindustrie angesehen werden müssen. YouTube kann also auch als Musikdienst vollkommen ausreichend sein. Wie früher bei MTV oder VIVA oder Music-BOX als Fernsehen, bei dem nicht immer hingeschaut werden musste, man vielmehr nur zuhören konnte wie bei einem Radiosender, erscheint hier YouTube mit gleicher Funktionsmöglichkeit.

4. „Hey-Ju Videos“ ist die Rubrik, in der Bam auf filmische und musikalische Art Fragen beziehungsweise Kommentare aus dem Netz beantwortet. Hier zeigt sich auch ein Musikkurzfilm mit dem Titel „Hey-Ju“, in dem Bam als Rapper performt und auf witzige Weise die Fragen und Aufforderungen seiner Fans beant-

wortet. Auch diesen Titel kann man dann über I-Tunes kaufen. Dass der Interpret mit den Musikverkäufen mehr Geld verdient als mit der YouTube-Monetarisierung, mag bezweifelt werden. Das Video ist bereits mehr als drei Millionen mal angeklickt worden. Noch mehr Aufrufe hat der zweite Titel im Anschluss „Hey-Ju 2", bei dem die Eurovision-Siegerin Lena Meyer-Landrut mit Bam zusammen performt. Dieser Musikkurzfilm wurde mehr als fünf Millionen Mal geklickt, was an der doppelten Präsenz der beiden Stars zu liegen scheint.

Der gesamte Kanal von Bam kann eigentlich als zeitgemäße Form des frühen Kinos (vgl. Kapitel 2.3) bezeichnet werden, der performativ ist (vgl. Elsässer 2002, S. 74), der zeigen will und sich unter anderem dadurch auszeichnet, dass er sich wie im Fernsehen der Moderator oder der Ansager zumeist direkt an den Betrachter wendet (vgl. a. a. O., S. 80). Diese direkte Kommunikation des Protagonisten mit seinem Publikum ist es, die heute keine Illusion mehr ist, sondern in der tatsächlich, wie man es bei Bams Musikkurzfilm „Hey-Ju" eingeblendet sehen kann, Fragen der Zuschauer beantwortet werden.

Verblüffend in diesem Zusammenhang ist auch, dass die einzelnen Genres mit dem Kinoprogramm des frühen Films identisch sind. Die Musikkurzfilme gab es als Tonbilder. Beliebt waren früher auch die Trickfilme, wie sie von Georges Méliès in Frankreich erfunden und produziert wurden. Der Stoptrick erlaubte es Méliès, im Film Zaubertricks zu vollführen („L'homme à la tête en caoutchouc", 1901). Mit ähnlichen Tricks arbeitet auch Bam, zum Beispiel beim Video „Ein perfekter Tag", bei dem ihm die unwahrscheinlichsten Sachen, etwa die, eine Münze in einen Fahrkartenautomaten zu werfen, auf Anhieb nacheinander gelingen. Bam hat zwar bei den Kunststücken nicht getrickst, wohl aber in der Chronologie, denn er hat die einzelnen Unmöglichkeiten sehr oft versuchen müssen, wie es der Spot am Schluss verrät. Wie bei Méliès täuscht dem Betrachter nur der Zusammenschnitt auf die gelungenen Versuche den „perfekten Tag" vor. Seine Vorliebe für Zaubertricks und Spezialeffekte werden in seinen Videos immer wieder offenbar und dem Betrachter hochwertig präsentiert.

Die Zaubertricks, Musik und Tanzaufführungen, Sketche und Gags wie zum Beispiel die Verunstaltungen von anderen YouTubern mit der Hilfe von Photoshop, Kampfsportszenen und Reportagen, dazu die Kommunikation mit dem Zuschauer, die Elsässer als unabdingbar für das performative Kino bezeichnet (vgl. a. a. O., S. 151), bilden Verwandtschaften zum frühen Kino der Attraktionen.

5.4 Musikkurzfilme bei YouTube

Gerade wegen der Einbeziehung des Zuschauers (des Abonnenten) müssen die meisten Musikkurzfilme, die von YouTubern, aber auch von der Musikindustrie produziert werden, in erster Linie performativ sein.

Es gibt auch rein narrative Musikkurzfilme, die aber auffällig als alternativer Musikkurzfilm von Usern für YouTube meist aus fremdem Material zusammengeschnitten oder einfach als einzelne Szene abgeklammert aus einem Spielfilm ausgewählt werden. Für den Titel „Creep“ von Radiohead (1993) gibt es einen offiziellen Musikkurzfilm, der rein performativ ist, in dem die Band auf der Bühne vor Publikum gezeigt wird. Das Stück wurde aber auch als Filmmusik zu „Happy End mit Hindernissen“ (2004) in einer Szene verwendet, in der die Protagonistin (Charlotte Gainsbourg) sich in einen Fremden (Johnny Depp) in einem CD-Geschäft spontan verliebt, während beide nebeneinander die gleiche CD, nämlich Radioheads „Creep“, über Kopfhörer hören. Sucht man den Titel im Internet, findet man zuerst diese narrative Variante vor der performativen, offiziellen Version. Hier zeigt sich, dass die Internetnutzer offenbar die narrative Variante bevorzugen, weil sie in diesem Fall besser funktioniert.

Eine weitere Neuerscheinung ist die Möglichkeit, eine eigene Version über YouTube zu veröffentlichen, ohne den Künstler zu fragen, was dann häufig als rechtliche Konsequenz die Sperrung der Audiospur zur Folge hat. Mitunter ist aber die neue, fremde Version eines Musikkurzfilms überraschend gut bis brillant, sodass solche selbst autorisierten Musikkurzfilme auch bei YouTube bleiben. Im Februar 2016, kurz nach David Bowies Tod, erschien auf YouTube ein Musikkurzfilm zu dem Titel „Right“ (vgl. o. Verf. 2016c: youtube.watch), der von einem Fan aus altem Filmmaterial zusammengeschnitten wurde, das bei den Aufnahmen zum entsprechenden Album („Young Americans“) gefilmt worden war. Der Musikkurzfilm ist so gut geworden, dass sich bei den Kommentaren sogar Kommentare und Glückwünsche der Manager von beteiligten Musikern finden, zum Beispiel von Mike Garson.

Die britische Band Radiohead ist mittlerweile dafür bekannt, ihre Musikkurzfilme von Fans produzieren zu lassen. 2008 gab es einen Wettbewerb zusammen mit der Animationsfilmplattform ANIBOOM, den unter anderen Clement Picon mit seinem Schwarzweißclip zu „Reckoner“ gewann. Der animierte Film zeigt die Umweltzerstörung durch die Menschen und ist deshalb ein rein narrativer Musikkurzfilm. Lori Keong stellt in ihrem Artikel „The 15 Best Fan-Made Radiohead Videos“ 2013 für Radiohead 15 fremdproduzierte Musikkurzfilme vor, die ausnahmslos nicht performativ, aber ausgesprochen künstlerisch sind (vgl. Keong 2013).

Erkennbar wird hier scheinbar eine Art demokratischer Befreiung von Musikkurzfilmen im Gegensatz zu den von der Musikindustrie und von dem Musikfernsehen gesteuerten Clips. Die Produzenten können unabhängig von Fernsehen und Musikverlag alles selbst gestalten und veröffentlichen.

Allerdings müssen sich alle Videos und damit auch die Musikkurzfilme an die Regeln von YouTube halten. So gibt es hier zwar auch einen Filter, nur nicht wie beim Musikfernsehen in Form von Redakteuren, sondern über die Community, die dazu aufgerufen ist, Verstöße entsprechend zu melden. Die Zeit der anstößigen und grenzüberschreitenden Musikkurzfilme ist somit vorbei. Niemand geht das Risiko ein, von YouTube nicht gezeigt zu werden. Deshalb kann man nur bedingt von einer Befreiung der Musikkurzfilme sprechen.

Feststellen kann man aber, dass die Masse an Musikkurzfilmen auf YouTube eine neue Quantität und Qualität generiert hat. Die Überzahl an performativen Musikkurzfilmen ist eigentlich das Bekenntnis zu dem ewigen Gefallen am Auftritt eines Musikkünstlers, eines Stars, der schon in der Frühzeit des Kinos das Publikum anlockte.

Darüber hinaus ist YouTube mittlerweile das weltweit größte Archiv nicht nur an Musikkurzfilmen, sondern allgemein an historischen Film-, Fernseh- und Videodokumenten. British Pathé hat 2014 über 80.000 Filmdokumente auf den eigenen YouTube-Kanal geladen und diese damit vor allem für eine junge Zielgruppe zugänglich gemacht. Die meisten auch in dieser Arbeit besprochenen Beispiele für Musikkurzfilme sind bei YouTube zu sehen, bei dem Experimental-Tonfilm von William Dickson für Edison im Jahr 1895 angefangen.

5.5 Zusammenfassung Medium Internet

Mit der fortschreitenden Digitalisierung unserer Welt hat sich ab 2005 die Möglichkeit, Videomaterial im Internet anzusehen und selbst zu veröffentlichen, entwickelt. YouTube greift sich damit die Zielgruppe, die vormals den Musikfernsehsendern gehörte: das junge Publikum zwischen 14 und 49 Jahren. Nicht nur dieselbe Zielgruppe, sondern auch die dauernden Auseinandersetzungen mit Urheber- und Verlagsrechten, die noch größere Reichweite und die Monopolstellung zeigen direkte Parallelen zu MTV als Beispiel für das Musikfernsehen. Wegen der Demokratisierung der Mittel ist es jetzt aber möglich, selber das Programm mitzubestimmen, eigene Musikkurzfilme zu eigener Musik mit einer besseren Quotenmessung zu produzieren, ohne die Musikindustrie oder ein Musikfernsehen einbinden zu müssen, und damit auch noch Geld verdienen zu können. Die unabhängigen Produzenten, egal, ob Musikkurzfilm allein, nur Musik oder beides gleichzeitig, stehen nahezu gleichberechtigt neben den großen Musikverlagen, die ebenfalls ihre Kanäle auf YouTube eröffnet haben. Dabei ist Julien Bam nur ein Beispiel, wenn auch ein besonders prominentes, für eine neue Generation von Videoproduzenten, YouTube selbst nennt sie „Videokünstler", die auch Musikkurzfilme produzieren. Die Musikkurzfilme bleiben (mit Ausnahmen) hauptsächlich performativ, weil dies erstens eine Sperrung aufgrund von Regelverletzungen unwahrscheinlicher macht und zweitens die Performation ein unabdingbarer Aspekt der Kommunikation des YouTubers mit dem Betrachter als seinem Abonnenten ist. Dies stellt drittens den gesamten Inhalt eines YouTube-Kanals in die Nähe des frühen Kinos der Attraktionen, in dem auch die ersten Musikkurzfilme vor mehr als 100 Jahren gezeigt wurden.

6 Zusammenfassung und Ergebnisse

In der vorliegenden Arbeit wird die Geschichte des Musikkurzfilms (Musikvideos) anhand von Beispielen beschrieben, um die These, dass der Musikkurzfilm als eigenständiges Filmgenre seit mehr als 100 Jahren besteht, zu belegen.

Die Belege in Form von Filmen, Tonträgern, Filmlisten, Katalogen, journalistischen Berichten, Filmlexika, Geschäftsberichten, Statistiken, Programmzeitschriften, Interviews und wissenschaftlichen sowie biografischen Texten können nur exemplarisch sein, weil viele Originale verloren gegangen sind oder erst entdeckt werden müssen. Schon Elsässer beschreibt, wie die Retrospektive in Pordenone 1990 zu einer neuen Periodisierung des frühen Films führte (vgl. Elsässer 2002, S. 127ff.), weil neues Material präsentiert wurde. Mittlerweile ist dank des Internets eine sehr große Zahl an Quellen nutzbar, sodass zu jedem zeitlichen Abschnitt viele Beispiele gefunden wurden, die als Resultat einer empirisch-deskriptiven Methode ein plausibles, mosaikartiges Bild der Geschichte der Musikkurzfilme gezeichnet haben. Besonders hervorzuheben ist dabei das Videoportal YouTube, das nahezu alle hier aufgeführten Filmbeispiele sichtbar und verfügbar macht.

Zusätzlich wurden über die Bestätigung der These hinaus weitere wesentliche Erkenntnisse gewonnen, die den Diskurs über den Musikkurzfilm erweitern mögen, der insgesamt ein sehr komplexes Gebiet verschiedener Wissenschaften ist. In dieser Auseinandersetzung wurden neue Ansatzpunkte für die Medientheorie, Kunst- und Filmgeschichte gezeigt, die aber nicht ausgewertet oder verfolgt werden konnten, weil es in erster Linie um die historische Beschreibung eines Genres ging, das bis jetzt nicht hinreichend sorgfältig diskutiert wurde. Vielleicht war bislang eine befriedigende Analyse auch nicht möglich, weil sich das Genre bis heute ständig verändert und viele Aspekte zur Bestimmung des Musikkurzfilms von anderen Stellen verklärt wurden.

Da die von uns differenzierte Definition, was ein Musikkurzfilm ist, sich bis heute an hier angeführten Beispielen bestätigt hat, ist sie auch historisch belegt.

Ein Musikvideo ist ein Musikkurzfilm der Unterhaltungsindustrie, in dem ein populäres Musikstück filmisch narrativ, performativ oder assoziativ thematisiert und gleichzeitig hörbar wird.

Das Neue an unserer Bestimmung gegenüber älteren ist zum einen die bislang gängige formale Identifikation als Film, weshalb auch der Begriff „Musikkurzfilm“ treffender als der Begriff „Musikvideo“ ist, und zweitens die inhaltliche Bestimmung der Musikart als populäre Musik, die nur in Ausnahmen unpopulär sein kann (vgl. Kapitel 1). Auf dieser Grundlage wurden exemplarische Beispiele gesucht, die:

- … fest mit Ton synchronisiert sein müssen,
- … die Länge eines Musikstückes haben,
- … die populäre Musik ihrer Zeit nutzen und
- … einem Publikum als Unterhaltungsprodukt präsentiert werden.

6.1 Die Geschichte des Musikkurzfilms

Aus der obigen Bestimmung folgt zwingend, dass die ersten Musikkurzfilme nicht vor der Erfindung des Tonfilms existieren können, obwohl die Vorläufer in Form von Theaterinszenierungen viel früher auszumachen sind. Hier fand sich schon die erste Kuriosität, dass gerade der erste Tonfilm von Dickson aus den Edison-Labors, der zwar über das Experiment nicht hinauskam, 100 Jahre später zusammengesetzt einen performativen Musikkurzfilm offenbarte. Aber schon wenige Jahre später nach der Erfindung des Films gehörten die Tonbilder, Filmparlantes und Talkies international zum ständigen Repertoire einer Filmvorführung, bei der die Musikkurzfilme zu der Zeit wegen ihrer Kürze geradezu prädestiniert für das Programm waren. Die populäre Musik der Zeit lässt sich in diesen Musikkurzfilmen klar ausmachen: Operette, Schlager, Chanson, Ragtime. Der Ton beziehungsweise die Musik war nach Elsässer das herausragende Merkmal der frühen Kinoerlebnisse (vgl. Elsässer 2002, S. 77). Auch eine Kooperation mit der Musikindustrie ließ sich bei Messter nachweisen, bei der die Musikkurzfilme in zweiter Instanz als Werbeinstrument funktionierten.

Als sich der narrative Film bis zu Beginn des Ersten Weltkrieges durchgesetzt hatte, erfuhren auch die Musikkurzfilme eine Multiplikation durch die ersten längeren Musikfilme, die bis Ende der 20er Jahre eine Ausnahme blieben (vgl. Kapitel 2.3). Das bedeutet aber auch, dass sich der Musikfilm aus dem Musikkurzfilm als seinem direkten Vorläufer entwickelt hatte.

Der Musikfilm wurde nach der Hinwendung zum Tonfilm am Ende der 20er Jahre wieder besonders erfolgreich durch die Filmmusicals, die ebenfalls Musikkurzfilme beinhalten, allerdings hauptsächlich narrativ mit Performation in die Story des Films eingebettet sind (vgl. Kapitel 2.4), auch wenn sie immer für sich alleine stehen könnten. Hier begannen die Filmfirmen die Musikverlage zu kaufen, um einfacher und gewinnbringender an der Musik für die Musicals beteiligt zu sein, die damals auch zu der erfolgreichsten Musik wurde.

Es gab aber auch Musikkurzfilme für das Kinoprogramm, zum Beispiel als Vorfilme, die besonders zahlreich in den Datenbanken gefunden wurden (vgl. Kapitel 3.2).

In den 40er Jahren gelingt dem Musikkurzfilm eine besondere Präsentationsmöglichkeit, weil sie als Soundies das erste Filmgenre war, das sich außerhalb des Kinos vermarkten ließ, wenn man von dem ganz frühen Fernsehen der 30er Jahre absieht. Prinzipiell sind sie den ersten performativen Musikkurzfilmen sehr ähnlich, lieferten aber gleichzeitig die Vorlage für spätere Fernsehproduktionen, wie die Snaders, oder wurden selbst an das Fernsehen in den 50er Jahren verkauft. Die populäre Musik war der Swingjazz. Bis heute erfahren die Soundies eine außerordentliche Wertschätzung bei Sammlern, im Internet oder als Zweitauswertung in Form von DVDs (vgl. Kapitel 3.1).

Die Nacherfindung dieser Jukeboxen für Musikkurzfilme kam in den 60er Jahren als verbesserte und auch kolorierte Version in Form der Scopitones, die ebenfalls außerhalb des Kinos oder Fernsehens zunächst in Europa und dann international die populäre Musik der Zeit, den Schlager, präsentierten. Hier findet sich eine inhaltliche Neuerung durch die französischen musicalhaften Kurzfilme, die ausgesprochen narrativ waren und deshalb an die Form der Filmmusicals erinnerten, aber nicht in ein Gesamtgeschehen eingebettet waren. Sie blieben deshalb fragmentarisch, aber ohne dass dadurch der Zuschauer dabei etwas vermisste. Diese Besonderheit wurde später bei den Musikkurzfilmen der 80er Jahre aufgegriffen (vgl. Kapitel 3.5).

Die so oft bei der Geschichte der Musikkurzfilme erwähnten Experimentalfilme der 20er, 30er und 40er Jahre sind aufgrund ihrer geringen Anzahl, der meist unpopulären Musik und der seltenen Form der assoziativen Musikkurzfilme wunderbare künstlerische Ausnahmen, die aber die unbedingte Hinwendung der Musikkurzfilme zur Unterhaltungsindustrie so stark kontrastieren, dass sie dadurch die Bestimmung und die historische Entwicklung der Musikkurzfilme gleichfalls bestätigen.

Die Untersuchung des Fernsehens als Medium für die Musikkurzfilme nimmt natürlicherweise den größten Teil dieser Arbeit ein, weil erstens mit der Behauptung der Fachliteratur im Allgemeinen die Geburtsstunde des Musikkurzfilms mit der Geburtsstunde des Musikfernsehens (in Form von MTV 1981) zusammenfallen soll und entsprechend viel Material zu dieser Zeit vorhanden ist, aber auch zweitens, weil das Fernsehen tatsächlich quantitativ wohl die meisten Musikkurzfilme in 50 Jahren gezeigt hat, die (im Falle der Soundies und Filmmusicals) zunächst nicht für das Fernsehen produziert wurden und insofern schon die Zweitauswertung waren. Die Eigenproduktionen in Form der musikaffinen Sendungen, die es seit Beginn des Fernsehens gibt, und die Fremdproduktionen, die ab den 70er Jahren und dann verstärkt in den 80er und 90er Jahren von der Musikindustrie für das Fernsehen produziert wurden, bildeten den größten Anteil von Musikkurzfilmen im Fernsehen.

In der Untersuchung wurde zunächst das US-amerikanische Fernsehen angeführt, weil es sich aufgrund des Zweiten Weltkrieges etwas schneller entwickelte und hier MTV als zentrales Untersuchungsobjekt der Fachliteratur 1981 debütierte. Danach wurde das europäische Fernsehen exemplarisch am englischen und deutschen Fernsehen in Bezug auf die Musikkurzfilme beschrieben, weil hier erstens die größten Fernsehmärkte in Europa sind, zweitens die entsprechenden Sendungen gut dokumentiert sind und nicht zuletzt, weil hier auch musikalisch ein sehr großer Teil der internationalen populären Musik vorhanden war und ist. Der abschließende Fokus auf das deutsche Fernsehen ist aufgrund der Datenanalyse über die Programmzeitschriften und die eigene Kenntnis des Fernsehprogramms als Konsument und später auch als Produzent naheliegend. So gilt auch hier das Prinzip des Exemplarischen, dessen internationaler Charakter zwar nur postuliert, aber doch sehr plausibel ist. Schon der frühe Film gilt als international (vgl. Elsässer 2002, S. 128), auch die Scopitones waren eine internationale Erscheinung und beim Fernsehen war es auch von Anfang an, also den 50er Jahren, üblich, TV-Formate international zu vermarkten, was bis heute stark zugenommen hat. Wer in den 80er Jahren Angst vor der Amerikanisierung des deutschen Fernsehens hatte, sieht sich heute bestätigt. Gleiches gilt für das Medium Internet noch viel mehr.

Während die Soundies als Sendematerial direkt ins Fernsehen in den USA übernommen wurden, hatte Snader schon gezielt für das neue Medium produziert. Die Familienshows präsentierten musikalische Auftritte neben anderen Programminhalten. Diese Auftritte sind ebenfalls als Musikkurzfilme zu bewerten, weil sie für sich alleine stehen können. Elvis war der erste Superstar, der mit Hilfe der Fernsehshows innerhalb kürzester Zeit berühmt wurde und so die Familienshows bis in die heutige Zeit zu Sprungbrettern für zukünftige Musikstars gemacht hat. Die Shows waren darauf angewiesen, dass die Musik populär war, denn sie mussten selber populär sein (vgl. Kapitel 4.2.1).

In den USA gab es die ersten Shows, die nur mit populärer Musik für Teenager bestückt waren und lieferten so das erste Musikfernsehen, das 1981 über verschiedene Sendeformate wie „American Bandstand“ oder „Soul Train“ zu MTV führte.

MTV bestimmt sich als Konsequenz aus dem musikalischen Popmarkt Ende der 70er Jahre, der nun offensiv kommerziell geprägt wurde, und dem damit eintretenden neuen Erfolg der Musikindustrie, die nun auch verstärkt als Auftraggeber für Musikkurzfilme fungierte. Aus Sicht der Musikindustrie wurden die Musikkurzfilme in erster Linie als Werbung produziert, während das Fernsehen mit den Musikkurzfilmen Geld verdienen konnte, weil die Fremdproduktionen unentgeltlich angeboten wurden. MTV expandierte innerhalb kürzester Zeit zum aggressiven, aber gleichzeitig kreativen Marktführer weltweit. Mit MTV Europe beginnt eine Regionalisierung, die, vor allem in Deutschland, neue Konkurrenz in Form von VIVA Fernsehen hervorruft. Ab der Jahrtausendwende etwa wandte sich vor allem MTV, aber auch die Konkurrenz von den Musikkurzfilmen endgültig ab und manövrierte sich damit selbst in die Bedeutungslosigkeit (vgl. Kapitel 4.3.2.1.9).

Vom Beginn des Fernsehens an besitzen die Musikkurzfilme einen deutlich performativen Schwerpunkt. Ausnahmen und besondere Innovationen finden sich gegen Ende der 60er Jahre im Zusammenhang mit der Beatmusik und den entsprechenden Sendungen, aber auch speziell bei den Beatles. Während die Musikkurzfilme mit Beginn der Musikfernsehsender ab den 80er Jahren auffällig stark narrative, musicalartige Schwerpunkte setzten (vgl. Kapitel 4.3.2.1.7), kam es in der zweiten Hälfte der 90er Jahre aufgrund der medialen Möglichkeiten, der Popularität des Genres Musikkurzfilm und der riesigen Gewinne der Musikindustrie zu einem kreativen Höhepunkt, an dem sich die Regisseure offiziell in der Kunstwelt einfanden. Bis ungefähr 2005 zeigten sich Musikkurzfilme, die alle Kategorien bedienten, ihre selbst gewählten Grenzen überschritten und sogar die assoziativen Musikkurzfilme mit populärer Musik ermöglichten (vgl. Kapitel Der Regisseur als Künstler).

Obwohl der Anteil musikalischer Inhalte im Fernsehen auf ein Rekordtief von unter zwei Prozent fiel (vgl. Kapitel 4.3.2.1.5), wurden ab 2005 viel mehr Musikkurzfilme produziert, was der Vermutung, dass die Musikkurzfilme fernsehabhängig sind, deutlich widerspricht. Das ist einerseits auf die billigeren Produktionsmittel und andererseits auf das neue Medium Internet in Form von YouTube zurückzuführen. Dieses bietet die Möglichkeit, Musikkurzfilme eigenständig ohne Fernsehsender zu veröffentlichen und zu vermarkten, was zusammen mit den billigeren Produktionsmitteln zu Künstlern führte, die alles selbst machen können. YouTube hat von dem Fernsehen die Zielgruppe der jungen Zuschauer übernommen (vgl. Kapitel 5.5). Bei YouTube findet sich das neue Musikfernsehen, aber auch das übrige Fernsehprogramm – das wird an den YouTubern mit ihren Kanälen sichtbar (vgl. Kapitel 5.1). So ist YouTube scheinbar wie ein neuer Fernseher, der zusätzlich die größte Mediathek der Welt beherbergt.

Die Musikkurzfilme werden weniger experimentell und weniger grenzüberschreitend, weil die Präsenz auf YouTube nicht gesperrt werden soll. In der Folge sind die meisten aktuellen Musikkurzfilme stark performativ. Das Performative stützt das Einbeziehen des Betrachters, der bei YouTubern besonders wichtig ist, nicht zuletzt, weil die Abonnenten, die Fans, die entscheidende Zielgruppe sind.

Dadurch schließt sich historisch der Kreis mit den ersten Musikkurzfilmen des frühen Films, weil sie sich ebenfalls direkt an das Publikum wandten und wie bei den YouTube-Kanälen in ein Gesamtprogramm aus vielen Kurzfilmgenres eingebettet waren. Mit der Generation der YouTuber verschmelzen die Kurzfilmproduzenten und die Schauspieler beziehungsweise Künstler mit den Kinobetreibern, die im frühen Kino das Programm bestimmten.

Darüber hinaus bietet das neue Medium als Distributionsplattform den Musikkurzfilmen und den Künstlern die Unabhängigkeit von der Musikindustrie und dem klassischem Musikfernsehen, was eine außerordentliche mediale Demokratisierung mit sich bringt.

6.2 Ergebnisse

6.2.1 Das Filmgenre Musikkurzfilm

Als erstes zentrales Ergebnis steht die Bestätigung der These, dass der Musikkurzfilm ein Filmgenre seit mehr als 100 Jahren ist. Dafür wurden Belege aus der Film- und Fernsehgeschichte als Unterhaltungsindustrie nahezu durchgehend bis heute gefunden, die mit der vorangestellten Definition übereinstimmen.

Im Kino, dem ersten Medium für Filme, gab und gibt es bis heute verschiedene Formen von Musikkurzfilmen.

Die ältesten sind die Tonbilder, Filmparlantes und Talkies, die von 1900 an bis 1917 produziert und gezeigt wurden. Weltweit gab es dann schon mindestens 3.000 Musikkurzfilme, die wegen ihrer Produktion, ihrer Form und ihrer Funktion als Unterhaltungsmedium, das sogar mit der Musikindustrie kooperierte, der Definition am nächsten kommen.

Der historisch folgende längere Musikfilm ist als ein kleiner Anteil an der Gesamtfilmproduktion bis 1927 auszumachen. Das in den 30er Jahren populär werdende Filmmusical bietet danach ebenfalls eine Fülle von Musikkurzfilmen, wenn man die einzelnen Szenen separiert betrachtet, was heute bei YouTube durchaus üblich ist. Mit über 13 Prozent der Gesamtproduktion dieses Genres zum Beispiel in den USA der 40er und 50er Jahre bis heute und ungefähr 25 Prozent in Deutschland kann man hier ebenfalls eine große Popularität ausmachen. Die Einschränkung dieser Musikkurzfilme, dass sie in einen größeren narrativen Zusammenhang gehören, kann nicht über dieselbe Grundform, denselben Inhalt und dieselbe Funktion hinwegtäuschen, sodass diese Exemplare zwingend auch als Musikkurzfilme zu betrachten sind. Interessant sind im Zusammenhang des Kinoprogramms auch die wirklichen Kurzfilme im Vorprogramm (vgl. Kapitel 3.2), die circa 3.000 Musikkurzfilme zählen.

Die Klassifizierung der Soundies als Musikkurzfilm fällt sehr leicht, weil sie ein eigenes Medium genutzt haben, die Musikkurzfilm-Jukebox (vgl. Kapitel 3.1). Mindestens 1.800 Soundies wurden innerhalb von sechs Jahren ausschließlich für die Jukeboxen produziert und geben bis heute in verschiedenen Medien Zeugnis über die Zeit des Swingjazz.

Die Scopitones als Nacherfindung und Verbesserung der Soundies waren schon ein internationales Phänomen der 60er Jahre, in denen der Schlager zusammen mit der Beatmusik weltweit die erfolgreichste Musikgattung war. Nachgewiesen wurden mindestens 2.000 Scopitonefilme.

Die Experimental- und Avantgardefilme der 20er und 30er Jahre bilden nicht nur formal als assoziative Musikkurzfilme und mit unpopulärer Musik, sondern auch quantitativ eine Ausnahme dieses Genres (vgl. Kapitel 3.6).

Das Fernsehen produzierte ganz gezielt Musikkurzfilme, die wie die Filmmusicals in ein Gesamtprogramm eingebettet waren. Zunächst waren es die Familienshows, dann die Sendungen mit Musik für junge Leute, Rock 'n' Roll, Beat, Rock, Disco und Popsendungen, die erstens selber Musikkurzfilme in Form von Auftritten und zweitens fremdproduzierte Musikkurzfilme generierten, die ab ungefähr 1975 bis Mitte 2005 meist von der Musikindustrie kamen. Nach den Statistiken müssten in den 80er Jahren ungefähr 18.000, in den 90er Jahren 30.000 und in den 2000er Jahren 40.000 Musikkurzfilme produziert worden sein, was eine immense Steigerung bedeutet, die mit der Gewinnmaximierung der Musikindustrie korreliert und ebenfalls die Entwicklung der Musikfernsehsender als Symptom hervorruft.

Ab 2005 ist die Plattform für Musikkurzfilme das Internet, bei dem YouTube bis heute eine Monopolstellung innehat. Vermutlich war die Produktionszahl der Musikkurzfilme von 2005 bis 2015 noch viel höher als in den zehn Jahren zuvor, weil die Distributions- und Produktionsmöglichkeiten entsprechend demokratischer wurden (vgl. Kapitel 5). Sehr auffällig ist bei den aktuellen YouTube-Kanälen, dass das Programm dem frühen Kino sehr ähnlich ist, weil hier die Musikkurzfilme Teil eines größeren Programms sind, das den Zuschauer konsequent einbezieht.

Die Untersuchung zeigt also deutlich, dass die Musikkurzfilme seit mehr als 100 Jahren existieren – und das sogar in mehr Medien als alle anderen Filmgenres. Die einzige Ausnahme bildet die Dekade von 1917 bis 1927, in der sehr wenige synchronisierte Musikkurzfilme produziert wurden.

Selbst wenn man die Filmmusicals und die Musikfilme, also diejenigen längeren Filme, die Musik thematisieren, nicht zu den Musikkurzfilmen zählen wollte, ist die Reihe wegen der Musikkurzfilme im Kino, die im Vorprogramm liefen, durchgehend.

Das Genre begleitet und präsentiert dabei immer die populäre Musik seiner Zeit. Die Funktion ist zweifelsfrei die Unterhaltung, sodass die Musikkurzfilme in erster Linie selbstständige ästhetische Konsumprodukte sind, während die oft beschriebene Werbefunktion sekundär bleibt. Auffällig ist auch, dass die Verschränkung von Musikindustrie mit Musikkurzfilm-Distributionsmedien wie dem Musikfernsehen hinsichtlich der Produktionsbeauftragung für maximal 30 Jahre (1975–2005) nachweisbar ist. Auch das unterstreicht, dass der Musikkurzfilm ein eigenständiges Unterhaltungsgenre des Films ist, mit dem als eigenes Filmgenre Geld verdient wurde und wird. Folglich kommen auch die Produzenten der Musikkurzfilme hauptsächlich aus der Unterhaltungs- und nicht aus der Musikindustrie.

Mit der abschließenden Tabelle (Tab. 7), die die aus Kapitel 2.5 (Tab. 1) ergänzt, folgt eine Gesamtübersicht:

Tabelle 7

MEDIUM	***BEZEICHNUNG***	***DAUER***	***ART***	***INTERPRET***	***MUSIK***	***PROMOTION***	***PRODUKTIONSZWECK***	***ZEIT***	***BEISPIELE***
KINO	***TONBILDER***	kurz	performativ (Bühne)	als Protagonist	populär	Schellackplatten (dt Grammophon)	Unterhaltung	1903-ca 1914 (und später)	Messter / A Girardi- Rauschlied 1906; Gaumont Anna qu'est-que tu t'attends; 1906 oder 1916
KINO	***ABSTRAKTER FILM***	variabel	assoziativ	nicht vorhanden	eingeschränkt	nein	Unterhaltung/Kunst	1920-heute	Allegretto 1936
KINO	***KURZ-/VOR-/ WERBEFILM***	kurz	narrativ/performativ	als Protagonist	populär	Crosspromotion	variabel	1930-heute	Jammin The Blues 1944; Levi´s Werbungen:Joker 1989 Boombastic 1995 Underwater Love 1997
KINO	***FILMMUSICAL***	kurz/lang	narrativ	als Protagonist	populär	Crosspromotion	Unterhaltung	1930-heute	Singin In The Rain 1952; Moulin Rouge! 2001
KINO	***MUSIKFILM***	kurz/lang	narrativ/performativ/ assoziativ	variabel	populär	Crosspromotion	Unterhaltung	1950-heute	Love Me Tender 1956; A Hard Day's Night 1964; Richy Guitar 1985; Dirty Dancing 1987
KINO	***FILMMUSIK SPECIAL SEQUENCE***	kurz/lang	narrativ/performativ/ assoziativ	variabel	populär	Crosspromotion	Unterhaltung	1960-heute	Reifeprüfung 1967; Kill Bill 1 2003
KINO	***OPENER***	kurz/lang	narrativ/assoziativ	nein	populär	Crosspromotion	Unterhaltung/ Werbung	1960-heute	James Bond Opener; Saturday Night Fever 1977; Casino 1995
JUKEBOX	***SOUNDIES***	kurz	performativ/narrativ	als Protagonist	populär	nein	Unterhaltung	1940-1946	Take Me Back Baby Count Basie 1941; Down, Down, Down Louis Jordan 1942
JUKEBOX	***SCOPITONE***	kurz	Performativ/narrativ	als Protagonist	populär	nein	Unterhaltung	1960-1968	Une Fille Comme Tant D'autres Francoise Hardy 1963; Qu'elle Est Belle M Mathieu 1966
FERNSEHEN	***SHOWS***	kurz/ variabel	performativ	als Protagonist	populär	Crosspromotion	Unterhaltung	1950-heute	Hound Dog Elvis 1956; Beatles She loves you 1964; Move On Up Curtis Mayfield 1970
FERNSEHEN	***MUSIKSENDER***	kurz	performativ/narrativ/ assoziativ	als Protagonist/ variabel	populär	ja	Unterhaltung	1981-2005/heute	Musikkurzfilme aus der Musikindustrie
FERNSEHEN	***KINO Zweitauswertung***	s.o.	s.o.	s.o.	s.o.	s.o.	s.o.	s.o.	s.o.
INTERNET	***VIDEO-PLATTFORM***	kurz	performativ/narrativ/ assoziativ	als Protagonist/ variabel	populär	ja	Unterhaltung	2005-heute	Eigenproduktionen; Musikkurzfilme aus der Musikindustrie; Ausschnitte; Musikkurzfilme

6.2.2 Musikkurzfilm und Musikfilm

Wedel formuliert in seiner Arbeit „Der deutsche Musikfilm – Archäologie eines Genres" 2007 für den Musikfilm, dass er als ein narratives (Film-) Genre mit einer Mindestlänge von einer Stunde Laufzeit verstanden wird, innerhalb derer die wiederholte musikalische Nummer mit diegetisch, also erzählerisch verankertem Gesang ein signifikantes Verhältnis zwischen filmischer Narration und musikalischem Diskurs etabliere. Dazu nennt er Subgenres wie Filmoper, Operettenfilm oder Sängerfilm und öffnet die Definition für alle anderen Subgenres, die während seiner Untersuchung auftreten können (vgl. Wedel 2007, S. 23). Vor allem aufgrund der Bestimmung der Laufzeit würde der Musikkurzfilm nach der Definition in dieser Arbeit niemals in das Genre Musikfilm passen. Deshalb ist der Musikkurzfilm kein Subgenre des Musikfilms, obwohl der Musikfilm in einzelnen Fällen Musikkurzfilme beinhalten kann. Vielmehr ist er ein eigenes Filmgenre.

Wegen seiner historischen Originalität gegenüber dem Musikfilm und seiner durchgehenden Popularität im Gegensatz zum Musikfilm, der teilweise nur noch acht Prozent der Gesamtproduktionen ausmacht, wegen der einzigartigen medialen Unabhängigkeit und nicht zuletzt wegen der auffallenden künstlerischen Intentionen sollte man den Musikkurzfilm als stark unterschätztes und sogar bedeutenderes Filmgenre als den Musikfilm ansehen.

6.2.3 YouTube und der frühe Kinofilm

Abschließend kann festgehalten werden, dass das neueste Medium, das Internet (hier in der Form des Marktführers YouTube vorgestellt), den Musikkurzfilm zu neuer demokratischer Popularität geführt hat. Das Genre konnte sich von der Einflussnahme der Musikindustrie und – mit Einschränkung – auch des Distributionskanals lösen, führte und führt mit Unterstützung der neuesten Technik zu neuen Produkten von Einzelpersonen, den YouTubern. Sie lassen die historisch älteste Form der Musikkurzfilme, die performativ direkt an den Betrachter gewendet und in ein Kurzfilmprogramm eingebettet waren, aufleben. Dabei muss der Betrachter aber nicht das ganze Programm sehen. Der Zuschauer selbst kann wählen und so auch den von der Musikindustrie produzierten Musikkurzfilmen, die jetzt auch als Musikmedium die nur hörbaren Musikstreamingdienste ablösen (vgl. Kapitel 5.3), immer noch Platz einräumen, zumindest solange die Musikkurzfilme gelungen sind und den Geschmack des Publikums treffen.

Am Ende zählen die Klicks, weil der Erfolg an der Popularität gemessen wird. Genau diese historisch belegte Popularität spricht sowohl für den Erfolg des einzigartigen Filmgenres der Musikkurzfilme als auch dafür, dass wir eine stark konsumorientierte kulturelle Identität besitzen.

– Du kannst nur sein, was Du wahrnimmst. –

7 Anhang

7.1 Bibliografie

Almind, Gerd J. (2016): Jukebox History 1934–1951. In: Juke-box.dk (Zugriff am 16.5.2016).

Altrogge, Michael (2001): Tönende Bilder. Bd. 2: Das Material: Die Musikvideos, Berlin.

Anson, Robert Sam (2000): The Eighties. Birth of a MTV Nation. In: Vanity Fair vom November 2000, S. 1–23. http://www.vanityfair.com/news/2000/11/mtv200011 (Zugriff am 15.5.2016).

Aristoteles (1994): Kleine naturwissenschaftliche Schriften (Parva naturalia), übers. und hg. von Dönt, Eugen, Stuttgart.

Austen, Jake (2005): TV-A-Go-Go: Rock on TV from American Bandstand to American Idol, Chicago.

Austerlitz, Saul (2007): Money For Nothing. A History of the Music Video from the Beatles to the White Stripes, New York.

Bäcker, Markus (2005): Kahlschlag in Köln. In: Berliner Zeitung vom 20.3.2005, o. P.

Banks, Jack (1996): Monopoly Television. MTV's Quest to Control the Music, Colorado/Oxford (Critical Studies in Communication and in the Cultural Industries).

Bauer, Alfred (1950): Deutscher Spielfilm Almanach. 1929–1950, Berlin.

Berchem, Andreas (2006): Google kauft YouTube. In: DIE ZEIT online vom 6.10.2006. http://www.zeit.de/online/2006/41/google-tube (Zugriff am 16.4.2016).

Billboard Magazine (11894), hg. von Segal, Lynn, New York u. a. https://www.google.com/ search?tbm=bks&q=billboard+magazine&oq=billboard (Zugriff am 15.5.2016).

Birett, Herbert (1991): Das Filmangebot in Deutschland 1895–1911, München.

Blame, Steve (2011): Getting Lost Is Part of the Journey. MTV, Deutschland und ich, Köln.

Bódy, Veruschka/Bódy, Gábor (Hg.) (1986): Video in Kunst und Alltag. Vom kommerziellen zum kulturellen Videoclip, Köln (DuMont-Taschenbücher; 185).

Dies./Weibel, Peter (Hg.) (1987): Clip, Klapp, Bum. Von der visuellen Musik zum Musikvideo, Köln (DuMont-Taschenbücher; 198).

Bühler, Gerhard (2002): Postmoderne auf dem Bildschirm – auf der Leinwand. Musikvideos, Werbespots und David Lynchs Wild at Heart, Sankt Augustin (Filmstudien; 24).

Burke, Ken/Griffin, Dan (2006): The Blue Moon Boys: The Story of Elvis Presley's Band, Chicago.

Collett-White, Mike (2007): Prince To Sue YouTube, eBay Over Music Use. http://www. reuters.com/article/us-prince-youtube-idUSL1364328420070913. Artikel vom 18.9.2007 (Zugriff am 11.4.2016).

Deutsches Filminstitut (o. J.): http://www.filmportal.de/institution/messters-projection-gmbh-berlin_4688fed313fb452b8f332cd027c8fc5d (Zugriff am 11.5.2016).

Deutsche Grammophon Aktiengesellschaft (Hg.) (1925): Platten-Verzeichnis. Serie: Grün-Etikett. Doppelseitige 25-und-30-cm-Platten, Berlin.

Edwards, Gaven (2013): 12 Thrilling Facts about Micheal Jackson's 'Thriller Video'. The real story behind the King of Pop's spooky mini-movie. In: Rolling Stone Magazine vom 29.10.2013. http://www.rollingstone.com/music/news/12-thrilling-facts-about-michael-jacksons-thriller-201310 29 (Zugriff am 15.5.2016).

Elsaesser, Thomas (2002): Filmgeschichte und frühes Kino. Archäologie eines Medienwandels, München.

Faulstich, Werner: Die Mediengeschichte des 20. Jahrhunderts, München 2012.

Fischer, Stefan (2003): Erforschung des TV-Zuschauer-Verhaltens. Das bekannte Unwesen. In: Süddeutsche Zeitung vom 11.8.2003. http://www.sueddeutsche.de/kultur/erforschung-des-tv-zuschauer-verhaltens-das-bekannte-unwesen-1.429430 (Zugriff am 15.5.2016).

Freeman, William M. (1964): The new jukebox finds popularity. In: New York Times vom 8.11.1964, o. P.

Geduld, Harry M. (1975): The Birth of the Talkies. From Edison to Jolson, Bloomington/London.

Gehr, Herbert (1993): The Gift of Sound and Vision. In: Sound and Vision. Musikvideo und Filmkunst, hg. von Hoffmann, Hilmar/Schobert Walter, Frankfurt a. M., S. 10–28.

Gifford, Denis (1986): The British Film Catalogue. 1895–1985. A Reference Guide, überarb. und erw. Aufl., New York/Oxford.

Goodwin, Andrew (1992): Dancing In the Distraction Foctory. Music Television and Popular Culture, Minneapolis.

Ders. u. a. (1993): Fatal Distractions. MTV Meets Postmodern Theory. In: Sound and Vision. The Music Video Reader, hg. von Frith, Simon u. a., New York, S. 45–66.

Hachmeister, Lutz/Lingemann, Jan (1999): Das Gefühl VIVA. Deutsches Musikfernsehen und die neue Sozialdemokratie. In: Neumann-Braun, Klaus (Hg.) (1999): Viva MTV! Popmusik im Fernsehen, Baden-Baden, S. 132–174.

Hanson, Matt (2006): Reinventing Music Video. Next-generation directors, their inspiration and work, Nies.

Harrison, George (1992). Anthology, Milwaukee.

Hartwig, Sonja (2013): VIVA liebte dich! http://www.spiegel.de/einestages/viva-musiksender-feiert-20-geburtstag-a-951317.html (Zugriff am 16.5.2016).

Hesseling, Claus (2005): Video killed the video star? In: Die Gegenwart. Online Magazin (42/2005), hg. von Brückerhoff, Björn, Bielefeld.

Hobsch, Manfred (1998): Liebe, Tanz und 1.000 Schlagerfilme, Berlin.

Holden, Stephen (1989): Madonna re-creates herself-again. In: New York Times vom 19.3.1989. http://www.nytimes.com/1989/03/19/arts/madonna-re-creates-herself-again.html (Zugriff am 15.5. 2016).

Jason, Alexander (1930): Handbuch der Filmwirtschaft. Bd. 1, Berlin.

Jossé, Harald (1984): Die Entstehung des Tonfilms. Beitrag zu einer faktenorientierten Mediengeschichtsschreibung, Freiburg i. Br./München (Alber-Broschur Kommunikation; 13).

Keazor, Henry/Wübbena, Thorsten (2007): Video Thrills the Radio Star. Musikvideos: Geschichte, Themen, Analysen, 2., überarb. Aufl., Bielefeld.

Kemper, Peter (1995): Weltfernsehen MTV. Ein Clip zielt ins Herz, nicht ins Hirn. In: Frankfurter Allgemeine Zeitung Magazin Nr. 823 vom 8.12.1995, S. 18–24.

Keong, Lori (2013): The 15 Best Fan-made Radiohead Videos. http://www.pastemagazine.com/blogs/lists/2013/07/-1-all-i-need.html (Zugriff am 24.4.2016).

Kerscher, Gottfried/Richard, Birgit: MoVie und MuVie. In: Ehrenspeck, Yvonne/Schäfer, Burkhard: Film- und Fotoanalyse in der Erziehungswissenschaft, Opladen 2003, S. 203–227.

Kloft, Michael (1999): Spiegel-TV Reportage Fernsehen unter dem Hakenkreuz. Unbekanntes von der braunen Mattscheibe https://www.youtube.com/watch?v=VLDcA51lKqA (Zugriff am 21.5.2016).

Koerwer, Martin (1994): Filmfabrikant Oskar Messter. Stationen einer Karriere. In: Oskar Messter. Filmpionier der Kaiserzeit (1994), hg. von Kessler, Frank u. a., Basel/Frankfurt a. M. (KINtop Schriften; 2), S. 27–91.

Kopf, Biba (1987): If It Moves, They Will Watch It. Popvideos in London 1975–1985. In: Bódy, Veruschka/Weibel, Peter (Hg.) (1987): Clip, Klapp, Bum. Von der visuellen Musik zum Musikvideo, Köln (DuMont-Taschenbücher; 198), S. 196–211.

Krämer, Sybille: Friedrich Kittler. Kulturtechnicken der Zeitachsenmanipulation. In: Lagaay, Alice/Lauer, David (Hg.): Medientheorien. Eine philosophische Einführung, Frankfurt a. M. 2004, S. 201–225.

Krei, Alexander (2007): http://qmde.de/23171 (Zugriff 12.12.2015).

Krempel, Stefan (2016): Musikindustrie: Kulturpauschale auch zur Piraterriebekämpfung nutzen. http://www.heise.de/newsticker/meldung/. Artikel vom 18.2.2016 (Zugriff am 11.4.2016).

Kugel, Candy (1998): The Creation of an Icon: MTV. http://www.awn.com/mag/issue2.10/ 2.10pages/2.10mtv.html (Zugriff am 15.5.2016).

Kuri, Jürgen (2010): YouTube löscht fast 30.000 Videos nach Beschwerden von Rechteinhabern. http://www.heise.de/newsticker/meldung/YouTube-loescht-fast-30-000-Videos-nach-Beschwerden-von-Rechteinhabern/heiseonline.pdf (Zugriff am 15.5.2016).

Kurp, Matthias u. a. (2002): Musikfernsehen in Deutschland, Wiesbaden.

Lagaay, Alice/Lauer, David: Einleitung: Medientheorien aus philosophischer Sicht. In: Dies. (Hg.): Medientheorien. Eine philosophische Einführung, Frankfurt a. M. 2004, S. 7–31.

Lewisohn, Mark (2006): The Complete Beatles Chronicle. Foreword by Martin, George, Hamlyn..

Low, Rachel (1949): The History of the British Film 1906–1914, London.

MacGillivray, Scott/Okuda, Ted (2007): The Soundies Book. A Revised and Expanded Guide to the „Music Videos“ of the 1940s, New York u. a.

Madonna/Meisel, Steven (1992): Madonna: Sex, New York.

Mank, Thomas (1993): Die Kunst des absoluten Films. In: Sound and Vision. Musikvideo und Filmkunst, hg. von Hoffmann, Hilmar/Schobert, Walter, Frankfurt a. M., S. 72–87.

Moritz, William (1987): Der Traum von der Farbmusik. In: Bòdy, Veruschka/Weibel, Peter (Hg.) (1987): Clip, Klapp, Bum. Von der visuellen Musik zum Musikvideo, Köln (DuMont-Taschenbücher; 198), S. 17–52.

Morse, Margret (1991): Television Criticism, New York.

Neumann-Braun, Klaus (Hg.) (1999): Viva MTV! Popmusik im Fernsehen, Baden-Baden.

Nicholl, Charles (2006): Leonardo da Vinci. Die Biographie. Aus dem Englischen von Bischoff, Michael, Frankfurt a. M.

Okuda, Ted (2007): The Soundies Book. A Revised and Expanded Guide, Lincoln.

Orlowski, Bob (2001ff.): scopitonearchive.com/cinebox/index.html (Zugriff am 16.5.2016).

O. Verf. (1936): Wegbereiter des deutschen Films. Zum 70. Geburtstag von Oskar Messter. In: Filmwelt Nr. 47 vom 22.11.1936, Berlin, o. P.

O. Verf. (1984): Betting Millions on Four-Minutes-Musicals. In: Fortune Magazine vom 17.9.1984, S. 167ff.

O. Verf. (1996): Schneller Sex. In: Spiegel, Nr. 52, 1996. http://www.spiegel.de/spiegel/print/d-9140317.html (Zugriff am 16.5.2016).

O. Verf. (2008a): http://www.independent.ie/business/irish/in-brief-muzu-tv-adds-to-online-content-26470708.html (Zugriff am 2.8.2015).

O. Verf. (2008b): Kreativität ist Geld wert. YouTube Partnerprogramm startet in Deutschland. http://www.lifepr.de/pressemitteilung/google-germany-gmbh/Kreativitaet-ist-Geld-wert-YouTube-Partnerprogramm-startet-in-Deutschland/boxid/51790 (Zugriff am 17.4.2016).

O. Verf. (2010a): http://sysomos.com/reports/youtube-video-statistics#categories, (Zugriff am 16.5.2015).

O. Verf. (2010b): Urheberrechte. Deutsche Musikindustrie klagt gegen Youtube. http://www. welt.de/wirtschaft/article9979818/Deutsche-Musikindustrie-klagt-gegen-Youtube.html (Zugriff am 11.4.2016).

O. Verf. (2012): Bei YouTube entdeckt, von Usher gefördert. So wurde Justin Bieber zum Superstar. http://www.bild.de/unterhaltung/musik/justin-bieber/vom-youtube-phaenomen-zum-weltstar-24457284.bild.html (Zugriff am 18.4.2016).

O. Verf. (2016a): https://www.gema.de/aktuelles/youtube/ (Zugriff am 1.12.2015).

O. Verf. (2016b): http://www.ifpi.org/how-record-labels-invest.php (Zugriff am 17.3.2016).

O. Verf. (2016c): https://www.youtube.com/watch?v=Gqtp1tvpkBk (Zugriff am 24.4.2016).

O. Verf. (o. J.a): https://www.agf.de/agf/geschichte/geschichte_1.phtml (Zugriff am 11.3.2016).

O. Verf. (o. J.b): https://www.gema.de/aktuelles/youtube/ (Zugriff am 1.12.2015).

O. Verf. (o. J.c): https://plus.google.com/+YouTube/posts/BUXfdWqu86Q, 2014 (Zugriff am 10.4.2016).

O. Verf. (o. J.d): Pressemitteilung Google. LifePR, 26.6.2008 (Zugriff am 17.4.2016).

O. Verf. (o. J.e): https://support.google.com/youtube/answer/72851?hl=de&ref_topic= 6029709 (Zugriff am 17.4.2016).

O. Verf. (o. J.f): Top 100 YouTubers. http://socialblade.com/youtube/top/100/most subscribed (Zugriff am 17.4.2016).

O. Verf. (o. J.g): http://www.vevo.com/c/DE/DE/about (Zugriff am 10.4.2016).

O. Verf. (o. J.h): http://en.wikipedia.org/wiki/Censorship_on_MTV (Zugriff am 24.12.2015).

O. Verf. (o. J.i): https://en.wikipedia.org/wiki/List_of_most_expensive_music_videos (Zugriff am 17.3.2016).

O. Verf. (o. J.j): https://en.wikipedia.org/wiki/Vevo (Zugriff am 10.4.2016).

O. Verf. (o. J.k): https://de.wikipedia.org/wiki/Liste_der_Ableger_von_Pop_Idol (Zugriff am 12.12.2015).

O. Verf. (o. J.l): https://www.youtube.com/yt/press/de/statistics.html (Zugriff am 10.4.2016).

Parra, Pinn Jal de la (2003): U2 live. A Concert Documentary, 2. Aufl., London.

Primus, Eileen (2015): Er gewann die 1Live-Videokrone 2015. 15 Fakten über YouTube-Star Julien Bam. http://www.bild.de/unterhaltung/leute/youtuber/das-ist-einslive-krone-gewinner-julien-bam-43681324.bild.html (Zugriff am 23.4.2016).

Probst, Christopher (2000): Amorous Androids. In: American Cinematographer (81; Heft 2/2000), S. 109–112.

Ramsaye, Terry (1954): A Million and One Nights. A History of the Motion Picture. Reprint 11926 London.

Reiss, Erwin (1979): „Wir senden Frohsinn". Fernsehen unterm Faschismus. Das unbekannteste Kapitel deutscher Mediengeschichte, Berlin.

Renner, Tim (2008): Kinder, der Tod ist gar nicht so schlimm. Über die Zukunft der Musik- und Medienindustrie, überarb. Neuaufl., Berlin.

Riedel, Katja (2015): Arri schließt Kopierwerk. Ende des analogen Films. http://www.sueddeutsche.de/muenchen/filmtechnikfirma-arri-verabschiedet-sich-vom-analogen-kinofilm-1.2794051 (Zugriff am 17.4.2016).

Robley, Chris (2013): Why YouTube is More Important Than Anything Else in Your Music Career. http://diymusician.cdbaby.com/youtube/why-youtube-is-more-important- (Zugriff am 11.4. 2016).

Rolling Stone Magazine (Zs. 11967) hg. von Benner, Jann, San Francisco.

Scagnetti, Jean-Charles (2010): L'aventure scopitone 1957–1983. Histoire des précurseurs du vidéoclip, Paris (Édition Autrement – collection Mémoires/Culture; 151).

Schmidbauer, Michael/Löhr, Paul (1996): Das Programm für Jugendliche. Musikvideos in MTV Europe und VIVA. In: Televizion 9/1996 (Heft 2) http://www.br-online.de/jugend/izi/deutsch/publikation/televizion/televizion.htm (Zugriff am 3.7.2016).

Schmidt, Axel u. a. (2009): Viva MTV! reloaded. Musikfernsehen und Videoclips crossmedial, Baden-Baden.

Schmitt, Thomas Jacques Louis (2010): The Genealogy of the Clip Culture. In: Keazor, Henry/Wübbena, Thorsten (Hg.) (2010): Rewind Play Fast Forward. The Past, Present and Future of Music Video, Bielefeld, S. 41–57.

Ders. (2013): Liste des phonoscène Gaumont. http://www.www.dutempsdescerises auxfeuillesmortes.net/textes_divers/phonoscenes/liste_phonoscenes_T_L_J_Schmitt.pdf (Zugriff am 15.5. 2015).

Schultz, Oliver Lerone (2004): Marshall McLuhan. In: Lagaay, Alice/Lauer, David (Hg.) (2004): Medientheorien. Eine philosophische Einführung, Frankfurt a. M., S. 31–69.

Schweinitz, Jörg (2011): Artikel Genre. In: Koebner, Thomas (Hg.) (2011) Reclams Sachlexikon des Films, Stuttgart, S. 289–291.

Seibert, Fred (o. J.): http://fredseibert.com/post/68726321/the-mtv-network-ids (Zugriff am 11.2.2015).

Simeon, Ennio (1994): Messter und die Musik des frühen Kinos. In: Kessler, Frank u. a. (Hg.) (1994): Oskar Messter. Filmpionier der Kaiserzeit, Basel/Frankfurt a. M. (KINtop Schriften; 2), S. 135–147.

Smith, Jeff (1998): The Sounds of Commerce. Marketing Popular Film Music, New York (Film and Culture).

Steinberg, Cobbett (1985): TV Facts, New York.

Van Eimeren, Birgit/Ridder, Christa-Maria (2011): Trends in der Nutzung und Bewertung der Medien 1970–2010, Frankfurt a. M. (Media Perspektiven; 1).

Victor, Adam (2008): The Elvis Encyclopedia, Duckworth.

Weber, Anke (o. J.): https://www.agf.de/agf/geschichte/ (Zugriff am 11.3.2016).

Wedel, Michael (1998): Schizophrene Technik, sinnliches Glück. Die Filmoperette und der synchrone Musikfilm 1914–1929. In: Uhlenbrok, Katja (Hg.) (1998): MusikSpektakelFilm. Musiktheater und Tanzkultur im deutschen Film 1922–1937, München, S. 85–104.

Ders. (2007): Der deutsche Musikfilm. Archäologie eines Genres 1914–1945, München.

Weibel, Peter (1986): Musik-Videos. Von Vaudeville bis Videoville. In: Bódy, Veruschka/Bódy, Gábor (Hg.) (1986): Video in Kunst und Alltag. Vom kommerziellen zum kulturellen Videoclip, Köln (DuMont-Taschenbücher; 185), S. 24–41.

Ders. (1987): Von den visuellen Musik zum Musikvideo. In: Weibel, Peter/Bódy, Veruschka (Hg.) (1987): Clip, Klapp, Bum. Von der visuellen Musik zum Musikvideo, Köln (DuMont-Taschenbücher; 198), S. 53–164.

Wicke, Peter/Ziegenrücker, Wieland und Kai Erik (2007): Handbuch der populären Musik, Mainz.

Wood, Mikael (2010): Go Your Own Way. Groundbreaking YouTube Auteurs OK Go Partgays With Their Longtime Record Label, EMI, And Set Sail In Unchartered Waters. In: Billboard Magazine vom 3.4.2010, S. 20ff.

7.2 Abkürzungsverzeichnis

a. a. O.: am angegebenen Ort
Anm.: Anmerkung(en)
a. M.: am Main
Aufl.: Auflage
Bd.: Band
bes.: besonders
ca.: circa
Corp.: Corporation

ebd.: ebenda
erw.: erweiterte
f.: folgende
ff.: fortfolgende
Hg.: Herausgeber
i. e.: id est
Inc.: incorporated
hg.: herausgegeben
i. Br.: im Breisgau
Kap.: Kapitel
LA: Los Angeles
MA: Marcus Adam
ML: Martin Lilkendey
mm: Millimeter
Mt: Matthäusevangelium
NY: New York
o. ä.: oder ähnliche(s)
o. J.: ohne Jahr
o. O.: ohne Erscheinungsort
o. P.: ohne Paginierung
o. Verf.: ohne Verfasser
R 'n' B.: Rhythm and Blues
S.: Seite(n)
SF: San Francisco
s. o.: siehe oben
sog.: sogenannte(r/s)
überarb.: überarbeitete
unveränd.: unveränderte
u. a.: und andere
u. ö.: und öfter
u. s. f.: und so fort
u. v. m.: und viele mehr
vgl.: vergleiche

7.3 Personenverzeichnis

7.4 Sachregister